Luis Buñuel

Libro práctico y aficiones

Carlos Barbáchano

Luis Buñuel

Prólogo de Antonio Lara

El libro de bolsillo
Cine y comunicación
Alianza Editorial

Diseño de cubierta: Alianza Editorial
Todas las ilustraciones publicadas en este libro han sido cedidas por la Filmoteca Española

Calle Juan Ignacio Luca de Tena, 15;
28027 Madrid; teléfono 91 393 88 88
ISBN: 84-206-3572-3
Depósito legal: M. 39.929-2000
Impreso en Fernández Ciudad, S. L.
Printed in Spain

Prólogo
Luis Buñuel no ha muerto

Hay demasiados libros en el mundo y muchos son perfectamente inútiles. Si la mayor parte desapareciera –o, aún mejor, si se quedaran en la mente de sus autores como mero proyecto–, todos saldríamos ganando. Pero este volumen que tienes en las manos, desocupado lector, no pertenece a esa categoría, destinada al olvido y al almacén de papel viejo, sino a la de los textos vivos y necesarios, que se leerán y releerán siempre, con la seguridad de reavivar un placer incomparable. En el sector de las publicaciones sobre cine no hay tantos excesos cuantitativos como en el resto de las actividades editoriales, pero sí existe una cierta tolerancia hacia el trabajo mediocre, que repite, cansinamente, los mismos datos y puntos de vista, sin ofrecer una sola idea que compense el esfuerzo de la lectura.

Carlos Barbáchano ha sabido esquivar los riesgos habituales del género y se acerca a Luis Buñuel con curiosidad y respeto, pero sin reverencias ni precauciones innecesarias. La obra buñueliana está ahí, como un monumento aparentemente sencillo y sin estridencias, que no es fácil describir ni, mucho menos, analizar, aunque bastantes investigadores y estudiosos lo han intentado. Si se hiciera un recuento de la bibliografía originada por algunos autores cinematográficos encontraríamos, con toda probabilidad, que los libros sobre el cineasta de Calanda son más numerosos que los dedicados a otras figuras gloriosas del cine. No hablo de artículos, estudios, monografías, inventarios y recensiones hemerográficas –casi imposibles de contar, por su enorme abundancia–, sino sólo de volúmenes editados en forma de libro, esa invención suprema que –en una época donde cintas, discos, disquillos y pantallas albergan inmensas y desconcertantes memorias– sigue siendo el máximo fetiche cultural, conservando el mágico atractivo de los manuscritos redactados en tiempos de barbarie.

Un libro nuevo sólo se justifica por la luz que aporta y por la curiosidad que satisface. No hay manera de conciliar su necesidad con arreglo a otros criterios. De acuerdo con ellos, Carlos Barbáchano ha sabido ofrecer lo que yo –y espero que se unan a mí otros muchos lectores– estaba deseando hallar: una visión honda, exhaustiva y densa sobre Buñuel y su obra, a la luz de las últimas aportaciones conocidas.

Este director de cine fue también, y sobre todo, un hombre singular, qué duda cabe, y su huella cultural sigue viva entre nosotros, aunque el paso del tiempo haya hecho palidecer el aura de escándalo y controversia que siempre acompañó a su andanzas por este viejo planeta. No es raro, desde luego, que tantos críticos, estudiosos, historiadores o simples curiosos, contribuyan a aumentar la montaña de papel impreso provocada por el cineasta aragonés, con la única repercusión cierta –excepciones como ésta aparte– de complicar la vida a los investigadores que intenten estudiar, en el futuro inmediato y remoto, la malignidad escondida en las obras de tan curioso y polémico creador.

Este libro alberga uno de los mejores estudios publicados sobre Buñuel hasta la fecha y, en cualquier caso –al margen de sus méritos, que son muchos e indiscutibles–, se trata de una obra hecha con amor y admiración, únicas razones válidas a la hora de justificar la gran inversión de tiempo y energías necesarias para llevar a buen fin semejante empresa. El texto está construido con un gran sentido común, y no se deja arrebatar por esa forma irracional del respeto que llega a ser nociva en bastantes trabajos críticos, ni tampoco por la pasión desordenada de pretender la originalidad a toda costa. Si tuviera que señalar algún rasgo preponderante de esta monografía, pondría de relieve su sentido del equilibrio y el afán de comparar y comprobar los datos, opiniones y críticas –toda la información disponible, en suma– en el marco de una teoría y de una práctica que supera los estrechos ámbitos usuales, limitados siempre a compartimentos estancos, para llegar al meollo, al terreno vivo en el que confluyen las principales corrientes y aportaciones. El autor destaca, muy especialmente, el ambiente donde se formó su protagonista en aquel Madrid entrañable de los años veinte, pero no desatiende ninguna de las restantes claves que puedan hacernos entender mejor, y con más precisión, a Buñuel y sus preocupaciones personales, en el conjunto de la cultura de su época. En este sentido, creo que Carlos Barbáchano acierta plenamente al afirmar: «[Buñuel] es, no conviene olvidarlo, uno de los miembros más destacados de la generación llamada del 27 o de la República». Los escritores que se ocupan de cine tienen una tendencia demasiado marcada a hablar de las figuras que estudian renunciando a la tradición general que las ilumina o a los años en los que se forman, como si los cineastas constituyeran una especie aparte del resto de los humanos, distintos de los literatos, pintores o músicos, e inmunes a las incitaciones que dan sentido a un tiempo determinado. Barbáchano es un hombre que ama el cine, pero no desprecia la literatura, ni la cultura, y, por esas mismas razones, nunca trabaja en un sector limitado –y eso se nota–, sino a partir de un punto de vista generoso y amplio, que no renuncia a ningún detalle ni margina la inspiración, venga de donde viniere.

Los meandros de la creación

Uno de los detalles que atrae más la atención en este trabajo es la ausencia de apriorismos, la inexistencia de juicios o recelos previos que intenten acomodar las conclusiones a un propósito concreto. Lo que resalta más en las páginas que siguen es, a mi modo de ver, la independencia de criterio, el examen imparcial y sin doblez de datos y elementos, con el que no se pretende llegar a ningún sitio determinado de antemano, salvo a la exigente apreciación de la trayectoria artística del maestro aragonés, asociada a una vida rica y variada, que se sitúa –quizá a su pesar– en los centros culturales del mundo occidental: Madrid, en los años veinte; París, al final de ese decenio y en los primeros treinta; Hollywood, en la misma época; París, de nuevo; la capital española durante la República, después; y otra vez París, en los años de la guerra civil española; y Nueva York, Los Angeles... y, al fin, México, para dar paso, a partir de los años cincuenta, a una auténtica carrera cinematográfica internacional. Este sorprendente itinerario intelectual y humano –Barbáchano lo subraya claramente– proporciona una gran coherencia a las películas de Buñuel y amplía, y enriquece, su punto de vista creador. Buñuel fue un artista muy especial e irrepetible, un español de la cabeza a los pies, incluso cuando trabajaba fuera de su país. Nunca llegó a disimular, ni lo pretendía, su amplísima cultura internacional; poseía un entendimiento hondo de lo hispánico, que nacía de cada gesto, en cada vibración de su cuerpo. No hay un Buñuel misterioso –pocos autores cinematográficos tan transparentes y abiertos, que enseñen sus cartas a la primera–, pero sí hubo un hombre púdico que ocultaba celosamente su intimidad a los extraños, e interponía sus obras entre él y su público con una gran habilidad y un sentido del humor inigualable.

Otro de los méritos más claros de esta aportación de Carlos Barbáchano, a mi modo de ver, es su capacidad para desentrañar, a partir de los datos disponibles, examinados con rigor y seriedad, sin ánimo inquisidor, la verdadera biografía de Buñuel, no como resultado de una curiosidad vana por descubrir secretos guardados con terror, sino como fruto del deseo de ayudar a comprender una aportación densa y compleja, tremendamente entrelazada con hechos, acciones, pasiones y acontecimientos vividos. Hay artistas que poseen la extraña capacidad de construir su biografía como espejo directo de la obra, pero otros –Buñuel es un ejemplo eminente, en mi opinión– son maestros en el arte del disimulo y a la hora de ofrecer pistas falsas. La mayor parte de los críticos y estudiosos, muchos de los cuales se consideran especialistas en el cineasta aragonés, se tragan las trampas que él colocaba con sorna, sin molestarse en reflexionar antes de ser atrapados, en el vano intento de lograr una lectura simple e inmediata, mientras que los más sagaces intérpretes –Barbáchano es uno de ellos– conocieron siempre la necesidad de examinar cuidadosamente cada una de las huellas, hasta estar seguros de su importancia relativa y absoluta.

Vida y obra, pues –el responsable de este libro lo subraya de forma inequívoca–, están ligadas en el maestro de Calanda, y no cabe un análisis metafísico de sus películas, más allá del bien y del mal, sino un acoso duro y sin concesiones que se apoye en el conocimiento previo y extraiga su fuerza del *humus* biográfico y cultural que nutrió la obra y la vida del artista.

Esto es válido para cualquier autor, por supuesto, pero resulta más evidente, si cabe, en el caso de Buñuel, y las páginas que siguen son una muestra clara de ese sentido humano de la interpretación y del análisis.

La crítica que pretenda superar los límites apresurados de la nota informativa y quiera avanzar en el terreno, más resbaladizo y comprometido, de la hermenéutica seria está obligada a depurar sus instrumentos y materiales. El trabajo que prologo cumple tales exigencias y desea ser, en el fondo, una poderosa ayuda para penetrar en el universo buñueliano. Mapa o guía para auxilio de caminantes, que podrán rechazar los que se sientan muy seguros, aunque harán muy mal, en mi opinión, porque no es fácil recorrer el camino que Buñuel siguió sin reconstruir fielmente su trayectoria. Tampoco es imposible, por supuesto; es simplemente complicado, y quien se atreva a hacerlo, con la debida constancia, quizá llegue al mismo punto de partida. La mayor parte de los lectores –a los que cabe suponer buenos aficionados al noble arte del cine por el simple hecho de estar leyendo estas líneas– saben que es mejor no despreciar las aportaciones redondas, tan escasas, ni dilapidar la rentabilidad inmensa que pueden ofrecer a los curiosos, interesados y obsesos.

Hay un último detalle, pero no el menos importante, en mi opinión, que merece ser destacado de una forma especial: la calidad de la prosa de Carlos Barbáchano, precisa, exacta, con el ritmo adecuado, y libre de esos disparates y descuidos que son, casi, la norma inevitable en este sector donde aparecen tantos analfabetos a medias, firmes convencidos de que el lenguaje no es una conquista ardua, que sólo se rinde al entusiasmo y a la perseverancia, sino una presa fácil, que no exige el menor esfuerzo. Carlos Barbáchano sabe muy bien, como todos los apasionados por la literatura, que cada página en blanco implica una enorme agonía para que la palabra que va a contener alcance una mínima dignidad, y posee ese dominio del escritor castizo que siente el peso de cada sonido y la necesidad de que las frases fluyan al ritmo de la sangre y de la pasión, a fin de que el proceso comunicativo se cumpla hasta el final. Toda investigación, aunque se ocupe de los caracoles o de la constitución de un país –no digamos si el objetivo es el cine o los cineastas–, acaba siendo, al final y al principio, un texto literario, con los mismos derechos que el poema o el drama. Hay que escribir correctamente por encima de todo, y, si se puede, remontar la simple corrección. Carlos Barbáchano es un escritor de raza, sin más pretensiones que las derivadas del uso de este noble instrumento, que tiene la fijeza de la página escrita y, también, el fulgor del signo vivo.

Este libro buñueliano hubiera sido apreciado por Buñuel –que lo leerá con gusto, probablemente, cuando se levante de la tumba, un rato cada diez años, como confesaba en *Mi último suspiro*– porque él fue también, en realidad, un gran escritor, aunque procuraba que otros escribieran por y para él, ya que no podía dejar de repetirse y aceptaba sus limitaciones, evitando la enorme dificultad de ceñirse al texto manuscrito. Buñuel construía sus películas con luces y sombras, y en realidad, ¿qué diferencia hay entre el papel y el lienzo de plata? Carlos Barbáchano sabe que, en el fondo, no existe ninguna importante y, por ello, nos ofrece este libro –hijo del amor, del entusiasmo y de la paciencia– que va a ocupar, muy pronto, un lugar de honor en la copiosa y universal bibliografía buñueliana.

ANTONIO LARA

Nota del autor

Este libro está dedicado a
Jeanne Rucar

Conocí a Luis Buñuel una mañana del invierno de 1977, en el Gran Hotel de Zaragoza. Tuve la suerte de poder hablar con él largo rato y de que me invitara al rodaje de *Ese oscuro objeto del deseo.* No pude aprovechar tan amable invitación, cambiada por un viaje a la Toscana. Ni volví a ver a don Luis. Me fastidia molestar a la gente; no digamos ya a aquellos que han alcanzado la fama y huyen, comprensiblemente, de la prensa, los aduladores y demás pesados de turno. Con todo, de haber estado Buñuel vivo, me hubiera gustado que el viejo artista hubiera supervisado personalmente este modesto trabajo sobre su persona y su obra. Al ser esto imposible, molesté a su hermana Conchita para que revisara lo que iba escribiendo; amablemente se excusó, por la exigencia que para ella requería el caso, y me remitió a su hijo, Pedro Christian García Buñuel, sobrino muy querido de don Luis, quien tuvo la gentileza de ir leyendo el libro conforme se redactaba y de hacerme unas cuantas sugerencias e indicaciones, siempre oportunas, que procuré tener muy en cuenta. Mi agradecimiento también a Antonio Lara, que ha prologado este libro con entusiasmo, perspicacia y generosidad extremas.

La aparición de *Conversaciones con Buñuel*, volumen confeccionado por Federico Álvarez a partir de las transcripciones magnetofónicas de algunas de las numerosas entrevistas que, con y sobre Buñuel, realizó Max Aub poco antes de morir, enriqueció notablemente este libro. Cabe advertir, sin embargo, que el texto de Federico Álvarez no pudo, lógicamente, ser revisado por Aub. Apenas, como nos explica Álvarez en su prólogo, llegó a leerlo Buñuel, quien, con el concurso de Jean-Claude Carrière, nos dejó por fortuna en *Mi último suspiro* sus inolvidables memorias. El mismo año en que aparece la primera edición de mi libro, 1986, se publican en español las entrevistas que mantuvieron con Buñuel José de la Colina y Tomás Pérez Turrent: *Luis Buñuel. Prohibido asomarse al interior.* Tengo la impresión de que, aun tratándose de un título bien interesante, el director juega demasiado con ambos entrevistadores y frivoliza en algunas ocasiones momentos significativos de su vida y, sobre todo, de su filmografía. En este libro de entrevistas Buñuel habla más de sus películas que de sí mismo, con lo que complementa sus memorias y los testimonios de Max Aub.

Al igual que en ediciones anteriores he procurado evitar, en la medida de lo posible, los tópicos buñuelianos, que don Luis tanto llegó a despreciar. «Los pedantescos símbolos y claves ocultas que se le atribuyen», por decirlo con palabras de Aranda en la reseña, generosa, que dedicó a mi recién publicado libro en las páginas de *Cuadernos del Norte.* Por otra parte, he procurado suprimir, pensando en el carácter divulgativo de esta colección, las notas que se limitaban a localizar textualmente muchas de las citas que aparecen en mi trabajo; exceptuando, por supuesto, aquellas cuya procedencia bibliográfica no se especifica en mis textos.

Madrid, agosto 2000

1. La tierra del arraigo

«La infancia es la patria del hombre», escribía el gran poeta Rainer Maria Rilke, y Luis Buñuel, ya en su madurez, no dejaba de repetir: «Cada día vuelvo más a la infancia y a sus recuerdos». Con sobrada razón, Conchita, la hermana predilecta de Luis, siempre ha afirmado que las películas de su hermano están plagadas de recuerdos de su común niñez y adolescencia; ciertos detalles de sus obras cinematográficas que a menudo nos parecen difíciles y complicados se nos hacen claros y sencillos en cuanto nos familiarizamos un poco con la vida y, sobre todo, con los primeros años del futuro cineasta.

Luis Buñuel nace con el siglo, el 22 de febrero de 1900, en Calanda, pueblo «horrible» (el adjetivo es del propio artista) y destartalado de la provincia de Teruel, patria chica del músico Gaspar Sanz. «Yo creo –declaraba el hijo mayor de Buñuel, Juan Luis– que una de las grandes influencias en el trabajo de mi padre es el pueblo de Calanda, su pueblo natal. Pero no sólo los tambores, es el pueblo mismo, la gente, la sequedad del pueblo, todo, todo.»

Quien conozca el paisaje reseco y polvoriento de esa parte del Bajo Aragón, reconocerá en él buena parte de los exteriores de muchas de sus películas, que parecen verdaderas recreaciones de sus horizontes de infancia. «El paisaje de Calanda –manifiesta a este respecto su biógrafo J. Francisco Aranda– queda plasmado, con ligeras variantes, en casi todos [sus filmes]. Buñuel rueda muchos exteriores: paisajes de polvo y tierra, única sustancia hacia la cual gira la cámara, encuadrando, cuando más, un diminuto filete de cielo» [1].

Cuando aparece el hombre en las películas de Buñuel, se encuentra mucho más cerca de la tierra que del lejano cielo. Por eso mismo no son ni mucho menos casuales las múltiples tomas de primerísimos planos de pies que hallamos en sus películas, como si la visión personal que Buñuel tiene del hombre estuviera íntimamente ligada a la madre tierra, a unas ancestrales raíces de las que le es muy difícil deshacerse.

El pequeño Luis Buñuel Portolés será el primogénito de una retahíla de siete hermanos nacidos en el seno de una de las familias más ricas de la burguesía rural aragonesa. Su padre, Leonardo, es un indiano que logra su considerable fortuna en Cuba, donde pasa alrededor de treinta años, y regresa a su tierra a finales del pasado siglo con el propósito de casarse con la joven más hermosa de la zona y establecerse en la tierra de sus mayores. Consigue ambas cosas. María, la futura madre de Luis, se casa con Leonardo cuando cuenta diecisiete años; él, que se ha ganado a su regreso el apodo de *Weyler* («Soy el hijo del general Weyler», bromeará Buñuel), tiene, en el momento de su matrimonio, cuarenta y dos años.

La boda es todo un acontecimiento social en la región, hasta tal punto que, durante mucho tiempo, cuando una joven, por tener miras demasiado altas, rechazaba a varios pretendientes, la gente del lugar decía: «Ésta se casará cuando Buñuel venga de Cuba». Un refrán, como casi todos los populares, repleto de sentido, porque la felicidad y el bienestar del matrimonio formado por María y Leonardo, por la mujer joven y el hombre maduro (relación que constituye uno de los temas recurrentes de la obra cinematográfica de Buñuel), pronto trascenderán los límites del hogar. María Portolés, mujer de afabilísimo carácter y de muy reconocida belleza, procurará, como católica practicante que era, educar a sus hijos en la observancia de las normas tradicionales; Leonardo, que no es creyente pero que respeta las llamadas buenas costumbres, dejará hacer a su mujer y apenas intervendrá en la educación de los niños.

Al poco de nacer el primogénito, el matrimonio se traslada a vivir a Zaragoza, donde alquilan un hermoso piso en el moderno Paseo de la Independencia. El hecho de vivir en la capital no les impide pasar largas temporadas, sobre todo cuando llega el buen tiempo, en la casa solariega de Calanda, que Leonardo había ordenado fundamentar en piedra y construir con el lujoso ladrillo de Salamanca. Repollés, uno de los grandes amigos que Luis conservaba de la infancia, nos dice que, al quedarse los obreros sin ladrillos antes de terminar la casa, *Weyler* había exclamado: «Si no hay ladrillo de Salamanca, terminaremos la casa con onzas de oro puestas de plano». El padre había mandado decorar la mansión, con todo lujo de detalles, a la manera modernista y su hija Conchita la ligará en sus recuerdos con la exuberante residencia mexicana[2] de Francisco, el patético protagonista de *Él*, la espléndida película de su hermano.

Las andanzas de el Floro

Luis, que pasa, encantado, largas temporadas en la Calanda natal, pronto se convierte en cabecilla de la banda formada por sus hermanos, por sus hermanas mejor dicho, ya que los tres hijos siguientes del matrimonio serán niñas; habrá que esperar a 1910 para que nazca el silencioso Leonardo, su primer hermano, cerrándose la lista con Alfonso, que nacerá en

1915. Desde muy pequeño, el liderazgo de Luis, basado en su ya poderosa personalidad, se extiende a los otros muchachos de su edad del pueblo. Todo un carácter, se convierte para sus hermanos en un verdadero segundo padre; *Mussolini* lo llamará años después cariñosamente su hermana Alicia. «Es buenísimo», confesará Alicia a Max Aub, pero «muy..., manda mucho». Pronto también se manifiesta en el niño Luis su afición por las chicas; en varias ocasiones les quita los juguetes a sus hermanas para regalárselos a sus pequeñas novias.

El carácter de los Buñuel lo resume acertadamente Aranda cuando afirma que es una mezcla de energía y candor, poniendo, a continuación, el ejemplo de María Portolés, para quien su hijo Luis, al que siempre profesará auténtica devoción, era un verdadero santo cuya fotografía solía colocar al lado de las de los últimos papas; detalle deliciosamente surrealista que, en el fondo, encantaba a Buñuel[3].

En las largas temporadas que pasa en Calanda, Luis se dedica a observar, coleccionar, e incluso criar, todo tipo de animales, especialmente insectos, por los que siente verdadera pasión –no hay más que recordar los numerosísimos planos de detalle que les dedica en sus películas–; la única excepción de ese amor suyo por los insectos la constituyen las arañas, animales que siempre ejercieron en los Buñuel una mezcla de fascinación y repugnancia. Luis organiza, con sus hermanas y amigos, excursiones campestres que a veces se convierten en apasionantes y casi dramáticas aventuras. Memorable parece que fue la expedición, bien regadilla de vino, que realizaron al cementerio del cercano pueblo de Foz y a unas cuevas próximas, en las cuales, tras perderse en medio de la oscuridad, Luis y/o Conchita –según las distintas versiones que circulan de la hazaña– se ofrecieron a ser comidos cuando acuciaba el hambre de sus muy valerosos compañeros.

Luis se dedica asimismo a montar pequeñas piezas teatrales, de invención propia, en un pequeño teatrillo de muñecos que sus padres habían traído de uno de sus frecuentes viajes a París.

«Ocho días antes de las representaciones –nos relata Conchita– empezaba Luis los preparativos. Ensayaba con los elegidos que, como en la Biblia, eran pocos, aunque muchos los llamados. Colocaban sillas en uno de los graneros. Se hacían invitaciones y se repartían entre los chicos y las chicas del pueblo no menores de doce años. En el último momento se preparaba un pequeño ágape de clara de huevo, y, para beber, agua con vinagre y azúcar. Como creíamos que esta bebida era oriunda de un país exótico, la bebíamos con placer y unción. Para que nos dejaran entrar a nosotras, sus hermanas, tenía que amenazar mi padre con suspender la función»[4]. En estas representaciones surgían, de improviso, prometedores destellos de la juguetona fantasía buñueliana. Conchita nos recuerda, por ejemplo, la sorprendente imagen de una Torre Eiffel, sujeta a la tiesa cola de un león, entrando dando saltos en el salón del trono, uno de los escenarios del teatrillo.

A estas precoces dotes de director de escena, cabe añadir la pasión de Luis por los disfraces y, en consecuencia, por las representaciones en vivo. Sus otras hermanas recuerdan a Max Aub cómo le encantaba disfrazarse de lapón o de cura (otra curiosa constante a lo largo de su vida: la de los hábitos eclesiásticos) y «celebrar» misa en los graneros de la casa, sirviéndose de sus hermanas como acólitos. En otras ocasiones, se dedicaba a «hacer el Cristo»: desnudo y teñido de pintura roja, se tumbaba en el suelo, flanqueado por dos grandes cirios, propinando así unos sustos mortales a la servidumbre.

Pero el susto más morrocotudo se lo llevaron en Calanda cuando Luis, cogiendo el trabuco de Campos –un criado de los Buñuel– y embozándose en el manteo de su tío el cura –quien era, por cierto, el administrador de las fincas–, raptó a una pequeña de los brazos de la pobre y aterrorizada criada, que tenía a la niña tomando el fresco en el patio de la casa. La familia, la servidumbre, la Guardia Civil, el pueblo entero se puso en busca del famoso bandido *el Floro*, al que atribuyeron inmediatamente el rapto de la criatura. Cansado del bromazo, el tunante, que se había escondido con su víctima en uno de los graneros de la casa, bajó con la criatura al cabo del tiempo, como si allí no hubiera pasado nada.

El discreto encanto de la sacristía

La religión era omnipresente, aparecía en todas las manifestaciones cotidianas de la vida del pueblo y conformaba, sin lugar a dudas, las estructuras sociales del lugar. A los ochenta años, cuando Luis Buñuel dicta sus entrañables memorias, que titula *Mi último suspiro*, a su colaborador y amigo Jean-Claude Carrière, nos describe así el ambiente socio-religioso natal, en un capítulo justamente titulado «Recuerdos de la Edad Media»: «Se puede decir que en el pueblo en que nací la Edad Media se prolongó hasta la Primera Guerra Mundial. Era una sociedad aislada e inmóvil, en la que las diferencias de clase estaban bien marcadas. El respeto y la subordinación del pueblo trabajador a los grandes señores, a los terratenientes, profundamente arraigados a las antiguas costumbres, parecían inmutables. La vida se desarrollaba, horizontal y monótona, definitivamente ordenada y dirigida por las campanas de la iglesia del Pilar» [5].

A la agobiante omnipresencia de la Iglesia, cabría agregar la poderosa corporeidad de la muerte: «La muerte hacía sentir constantemente su presencia y formaba parte de la vida», añade Buñuel. Entre una y otra, el despertar vigoroso y vehemente del sexo, generalmente reprimido por una religión que ligaba el despertar sexual –muy fuerte en Luis– a las ideas de la muerte y la condenación eterna. Religión, muerte y sexo, tres mundos perfectamente sincronizados por Buñuel en estas frases de la breve pero importante autobiografía que en 1938 preparó para el Museo de Arte Moderno de Nueva York: «Los dos sentimientos de mi niñez, que permanecieron dentro de mí hasta la adolescencia, fueron el de un profundo erotismo, al principio sublimado por una gran fe religiosa, y después la perfecta conciencia de la muerte».

No es precisamente azaroso el hecho de que en todo el cine de Buñuel las manifestaciones eróticas de sus personajes, por lo general sadomasoquistas (el posterior descubrimiento de las obras del marqués de Sade va a ser para él un acontecimiento de primer orden), aparezcan estrechamente vinculadas a la idea de la muerte. El propio Buñuel, en más de una ocasión, nos ha recordado cómo el coito se convierte, para él, en una especie de muerte: «Incluso he tratado de traducir –nos dice– este sentimiento inexplicable en imágenes, en *Un perro andaluz (Un chien andolou)*, cuando el hombre acaricia los senos desnudos de la mujer y, de pronto, se le pone cara de muerto. ¿Será porque durante mi infancia y mi juventud fui víctima de la represión sexual más feroz que haya conocido la Historia?».

Esta feroz represión –bastante común en los países católicos del área mediterránea– tenía, sin embargo, una vertiente positiva, porque las prohibiciones exacerbaban el deseo, y la intensidad del goce que se alcanzaba cuando se transgredía la norma –el razonamiento es del propio Buñuel– podía ser, realmente, indescriptible. Por esa razón, Luis, que siempre demostró ser un profundo humorista, ha señalado con cierta frecuencia que el mejor invento de la religión católica fue el concepto represivo de pecado; transgredirlo suponía alcanzar un placer que no estaba, desde luego, al alcance de las sociedades llamadas permisivas. «El erotismo sin cristianismo –confesaba Buñuel a Max Aub– es un erotismo a medias, porque sin él no hay sentimiento de pecado.»

De la misma manera que al comienzo de este capítulo hemos indicado cómo muchos detalles y complejidades de sus películas se aclaran a la luz de sus recuerdos infantiles [6], es oportuno señalar ahora cómo desde la perspectiva del catolicismo, y no digamos ya de lo que se llamó en España el «nacionalcatolicismo», se puede comprender mejor –y, sobre todo, disfrutar mucho más– la mayor parte de las humoradas religiosas, a menudo en forma de profundas contradicciones, de las que está repleto el cine buñueliano.

Los sacerdotes, por ejemplo, aparecen con mucha frecuencia en las películas de Buñuel, y, de una manera muy especial, los encontramos en casi todas las fiestas y celebraciones gastronómicas de la burguesía. Exactamente igual que sucedía en la casa paterna del pequeño Luis. «Algunos domingos –nos dice su hermana Conchita– venían tres canónigos a comer a casa, uno de ellos tío nuestro. Y les llamábamos los cocodrilos porque eran insaciables comiendo, insaciables» [7]. «Y usted, padre, ¿qué piensa del amor?», pregunta en *Él* un comensal al padre Velasco, deshaciendo con ello el dramatismo de una tensa atmósfera en la que Francisco, el protagonista, ha realizado, ante todos los invitados y ante Gloria, su enamorada, una apasionada declaración de sus principios amorosos, puro *amour fou.* «Yo pienso del amor –responde el aludido padre Velasco–, que este pollo está muy rico.»

De milagros y carnuzos

Dos recuerdos de estos primeros años quedarán indeleblemente grabados en la mente del niño Buñuel, dos recuerdos que van a ser, cómo no, motivos visuales recurrentes en sus obras. El primero de ellos supone su primer contacto con la muerte, «que junto con una fe profunda y el despertar del instinto sexual –insiste Buñuel–, constituyen las fuerzas vivas de mi adolescencia. Un día, mientras paseaba con mi padre por un olivar, la brisa trajo hasta mí un olor dulzón y repugnante. A unos cien metros, un burro muerto, horriblemente hinchado y picoteado, servía de banquete a una docena de buitres y varios perros. El espectáculo me repelía y atraía a la vez. Las aves, de tan ahítas, apenas podían levantar el vuelo. Los campesinos, convencidos de que la carroña enriquecía la tierra, no enterraban a los animales. Yo me quedé fascinado por el espectáculo, adivinando no sé qué significado metafísico más allá de la podredumbre. Mi padre me agarró del brazo y se me llevó de allí» [8]. Larga cita pero reveladora, en su enorme fuerza y plasticidad, para aprehender el significado profundo de tantas imágenes buñuelianas; fascinación y repulsión ante el espectáculo de la vida puesta en una situación límite, primer contacto con el tema del «carnuzo», de la carne putrefacta, que aparecerá con frecuencia en sus textos literarios y en sus planos cinematográficos. En algunas ocasiones repetirá esta imagen casi literalmente, con toda su descarnada crudeza, como sucede en *Un perro andaluz* o *Las Hurdes;* otras muchas veces, volverá al sentido último de esta imagen, a la representación de escenas en las que unos personajes se encuentran en una situación límite, de aguda descomposición moral, como ocurre en *El ángel exterminador* o en *El discreto encanto de la burguesía (Le charme discret de la bourgeoisie).*

El otro recuerdo es un milagro, «un milagro magnífico», como gustaba calificarlo Buñuel. A mediados del siglo XVII, una carreta aplastó la pierna a un pobre calandino llamado Miguel Juan Pellicer; tuvieron por lo tanto que amputársela. Pero Pellicer no desesperó; era un hombre muy religioso y todos los días iba a la iglesia y se frotaba el muñón con el aceite de la lamparilla de la Virgen. Una noche la Virgen bajó con sus ángeles del cielo y colocaron una nueva pierna al devoto. Numerosos testimonios atestiguaron documentalmente tan extraordinario prodigio. La pierna ortopédica de

Tristana, que tanto maravillaba a Hitchcock (el mago del «suspense» llegó a decir, inteligentemente, que la verdadera protagonista de *Tristana* era la pierna ortopédica de Catherine Deneuve), será la versión negra buñueliana del candoroso y admirable milagro calandino.

El príncipe destronado

A los siete años sus padres llevan a Buñuel al colegio de los jesuitas de Zaragoza, donde va a cursar ocho años de estudios. Luis es un buen estudiante que tiene también tiempo para divertirse con los amigos y para cultivar algunas de sus primeras aficiones. Entre ellas, la música –toca el violín y el piano desde muy pequeño–, la entomología –por su cuarto de trabajo podían hallarse los animales más extraños– y... las juergas: su rápido desarrollo –a los quince años tenía ya la constitución de un hombre– le lleva a adoptar muy pronto algunas costumbres, como la bebida, propias de los adultos, costumbres que le servían además para subrayar su creciente hombría ante sus compañeros, de constitución mucho más infantil. En esta época florecen los amores platónicos; el más encendido de ellos es el que siente por la entonces joven pianista Pilar Bayona, de la que, durante uno o dos años, Buñuel estuvo profunda y silenciosamente enamorado.

Las calificaciones escolares son excelentes, casi siempre alcanza, a su pesar, los primeros puestos de la clase, y se encuentra en la bochornosa situación de verse investido «príncipe» o «emperador», denominaciones honoríficas reservadas al primero de la clase. Para intentar paliar sus buenas calificaciones, procura hacer en el colegio, donde está en régimen de mediopensionista, notables gamberradas: «Durante el último curso –nos confiesa en sus memorias–, pasé la mayor parte de los recreos de pie en un rincón del patio, castigado». Un día –por ejemplo– sus amigos le hacen coger una tremenda borrachera antes de ir a misa. Lo meten en la capilla completamente borracho. Durante los primeros minutos de la ceremonia, Buñuel, de rodillas y con los ojos cerrados, disimula, incluso piadosamente, la melopea, pero cuando al llegar el momento de la lectura del Evangelio se incorpora, como hace todo el mundo, vomita estrepitosa y vehementemente. Trasladado con urgencia a la enfermería, está a punto de ser expulsado del colegio.

La rígida disciplina impuesta por sus educadores, la falta absoluta de libertad, el control personal tan rígido que se llevaba de los alumnos, el fanatismo religioso, hacen que Luis empiece a sentirse agobiado en aquellas aulas. Nos cuenta que los padres les obligaban a ponerse cilicios; los muchachos más espabilados -él, por supuesto, entre ellos- procuraban colocarse los pinchos hacia fuera, de modo que los «graciosos» que intentaban sacudirles se encontraban con una buena sorpresa. «Durante el mes de ejercicios mariológicos -declaraba Buñuel- extremaban su rigor en cuanto a nuestra manera de sentarnos, no nos dejaban poner una mano debajo de la mesa, por si además nos pasábamos papelitos, ni descansar la frente en las dos manos, por si nos dormíamos» [9]. Represión sexual que, las más de las veces, como sus propias palabras poco antes nos acaban de demostrar, suponía una clara incitación erótica: «Los curas les hablaban de tal forma de la Virgen -manifiesta Ado Kyrou basándose en una confesión del propio Buñuel-, que los chicos iban a ponerse de rodillas delante de su imagen y se masturbaban. Para ellos la Virgen acababa por ser una mujer» [10].

A los catorce años, aproximadamente, comienzan los primeros problemas de fe. Luis no comprende dónde y cómo pueden caber en el Juicio Final tantos millones de cuerpos. Además -se pregunta-, ¿de qué sirve el juicio particular, el que sigue a la muerte del individuo y que, en principio, es definitivo e irrevocable? Estas candorosas dudas, cuyo solo planteamiento podía haber inducido en el pasado a algún tipo de herejía, nos recuerdan *La Vía Láctea (La Voie Lactée),* una de sus películas más deliciosas y más libres, verdadero muestrario de la estupidez y la intransigencia humanas desatadas por motivos presuntamente religiosos.

Poco antes de concluir el bachillerato, Luis Buñuel abandona por decisión personal, comprendida y aceptada finalmente por sus padres, el colegio de los jesuitas. Terminará el bachillerato en el Instituto. Nunca negará, sin embargo, la enorme influencia que la educación jesuítica va a ejercer en su vida y en su obra. Con el discurrir del tiempo recordará con cariño aquellos años pasados en el Colegio del Salvador, e incluso acariciará la idea de rodar una película, *Mater Purissima,* basada en los recuerdos de niñez y adolescencia con los padres jesuitas; hasta llegará a localizar algunos exteriores en varias de sus frecuentes visitas a Zaragoza. El hecho de que la educación religiosa recibida condicionara de tal manera su vida como hombre y como artista, de que con el tiempo se lamentara muy sinceramente de haber sufrido la imagen de un Dios vengador y terrible en vez de la más grata imagen posconciliar de un Dios todo amor y comprensión («cosa que ningún católico de mi generación cree», apostillaba con cierto desencanto), no quiere decir que, en su vida adulta, Buñuel rehuyera el trato con el clero; muy por el contrario, algunas de las amistades de su madurez y vejez serán sacerdotes y religiosos. Y entre ellos se solía encontrar como pez en el agua hablando de teología, disciplina que le encantaba. Luis Buñuel, que sólo fue intransigente con la intransigencia, tuvo siempre muy claro que una cosa son las personas y otra bien distinta las ideas y creencias que tienen esas mismas personas.

La idea de ese Dios vengador y terrible, en un carácter tan fuerte y poderoso como el suyo, nos evoca uno de los recuerdos más impresionantes de Calanda, que narra con gran vehemencia Repollés, su buen amigo del pueblo: «Siempre que

Luis venía a Calanda –cuenta a Max Alub–, subía al Tolocha. Y cuando más le gustaba era en los días de tormenta, porque entonces, con blasfemias borrosas, con palabras horrendas, con los gritos más desaforados, insultaba y desafiaba a los cielos. Y allí él, como si fuera un Zeus, pero pegado a la tierra, ¿comprende?, desafiaba al otro Zeus, al otro Júpiter. Oiga, pero con unos gestos y unos ademanes, que aquello imponía, con unos relámpagos, que no sé cómo algún día no se quedó allí, y se pegaba un baño como si... Y surgía otra vez de las aguas el hombre fresco. Y entonces se ponía a pontificar [...] en una piedra que hay allí, que le llaman el Mojón de la Vieja. Al Mojón de la Vieja se subía Luis. Y como todos los chicos del pueblo ya sabían lo que era, pues acudían alrededor de él, y se sentaban alrededor de la piedra. Y él desde lo alto de la piedra les echaba un sermón. Les echaba primero un sermón y luego se hablaba de política. Era el año 1917, iniciada la rebelión en Rusia. Él había leído a Kropotkin y a no sé quién más, y todo lo que él sabía lo comunicaba a aquellas gentes ignorantes, que lo escuchaban como si fuera un Dios, ¿sabe?».

De los jesuitas, Buñuel, según Max Aub, sacará, sobre todo, una doble e importante lección: por un lado, su futura autodisciplina, su enorme autoexigencia (bien patente en sus horarios espartanos, en su frugalidad personal, en su monomaníaca puntualidad); por otro, su poderoso y paradójico sentido de la organización y el orden (chocante en un anarquista ideológico como él), que harán del cineasta uno de los directores más eficientes que en el cine han sido.

Los nuevos aires traen también nuevas lecturas. En el Instituto, Luis perderá definitivamente la fe católica a raíz de leer a Spencer, Rousseau, Nietzsche, algo de Marx y, muy en especial, a Darwin, cuyo libro *El origen de las especies* le llega a deslumbrar. Esa pérdida de la fe va a ser, en un temperamento religioso como el suyo, relativa; Buñuel, con el tiempo, desplazará, más bien, su fe hacia otros senderos. Alguno de ellos le conduce al misterio, que está bastante cerca de la religión; otros, como el del azar, posibilitará después su vinculación a un credo estético-moral de gran fuerza, como el surrealismo. Amante de las paradojas, impenitente humorista, Buñuel gustará definirse «ateo, por la gracia de Dios».

Al tiempo que la fe católica se esfuma, su virginidad –según sus propias palabras– «acababa de irse a pique en un pequeño burdel de Zaragoza».

Entre tanto, los progresivos acontecimientos de la Primera Guerra Mundial, de la propia Revolución Rusa, contribuyeron a romper el aislamiento provinciano en que vivían sus compatriotas. Algo había en el ambiente que indicaba al joven Buñuel que el siglo XIX, con sus pompas y sus obras, había llegado definitivamente a su fin.

2. Las carreras de un residente

Terminado el bachillerato, el primer impulso vocacional del joven Buñuel es la música. Comenta incluso a su padre su interés por ingresar en la *Schola Cantorum* de París, pero don Leonardo rechaza la idea de que su hijo, a los diecisiete años, marche al extranjero. Luis quiere salir a toda costa de Zaragoza y propone para ello a sus padres la carrera de ingeniero agrónomo, que se cursaba en Madrid. El padre ve con buenos ojos esta nueva elección, perfectamente compatible con su amor por el campo y muy coherente al tiempo con el estatus familiar. Por ello, tras pasar como todos los últimos años buena parte del verano en San Sebastián (ciudad en la que Luis disfruta, entre otras cosas, de las primeras bandas de jazz que tocan en España), llega en compañía de sus padres a Madrid en los preámbulos del curso 1917-1918, en busca de un alojamiento digno.

«Yo no había estado en Madrid –nos relata Buñuel en sus memorias– más que una vez, con mi padre, por pocos días. Cuando volví, en 1917, con mis padres, para buscar un lugar donde continuar mis estudios, al principio me sentía paralizado por mi provincianismo. Observaba discretamente cómo vestía y se comportaba la gente, para imitarla. Aún recuerdo a mi padre, con su sombrero de paja, dándome explicaciones en voz alta en la calle de Alcalá y señalando con el bastón. Yo, con las manos en los bolsillos, miraba para otro lado, como si no fuera con él.»

La familia recorre varias casas de huéspedes y no encuentra –sobre todo según opinión de la madre, doña María– ninguna habitación apropiada para Luis. Finalmente, gracias a la recomendación de unos amigos, conocen la Residencia de Estudiantes, el internado educativo laico por donde pasará la elite intelectual y artística del primer tercio del siglo XX, que José-Carlos Mainer ha considerado con acierto como la Edad de Plata de la cultura española. En la Residencia las habitaciones son amplias, limpias, hay biblioteca, laboratorios, campos de deportes. Doña María está muy contenta; el único problema es la libertad de entrada y salida que tienen los residentes; algo que, por otra parte, encanta a Luis, que va a permanecer en la Residencia siete años.

El modelo educativo de la Residencia, uno de los centros docentes de la Institución Libre de Enseñanza –la primera institución educativa laica que aparece en España, en el último tercio del siglo XIX–, se fundamenta en la universidad inglesa, y, aunque subsistía en ella cierto puritanismo, las líneas maestras educativas (observación y experimentación, comprensión, pluralidad de intereses, deportes y otras actividades culturales, además de adquisición de conocimientos) estaban a años luz del zaragozano colegio de los jesuitas, y a cierta distancia del instituto de enseñanza media donde había cursado las últimas asignaturas del bachillerato.

El deslumbramiento que le produce a Luis la nueva vida en Madrid, junto a su afición por los deportes y por la buena vida, hacen que sus estudios, excepto la biología, vayan a la deriva. Don Leonardo ordena a su hijo regresar a Zaragoza a mitad de curso para vigilarlo de cerca en el estudio de las matemáticas, una verdadera cruz para el joven Buñuel.

Cuando regresa a Madrid en marzo, Luis debe compartir momentáneamente la habitación del hermano de su amigo Augusto Centeno, que se llamaba Juan. Merece la pena transcribir a este propósito un curioso recuerdo de Luis que, luego, como muchas otras veces, veremos en una de sus películas, en este caso en una de sus películas más geniales: «Me quedé –comenta Buñuel– un mes [en la Residencia]. Juan Centeno estudiaba Medicina y salía todos los días muy temprano. Antes de marcharse, pasaba mucho tiempo delante del espejo, peinándose. Pero sólo se peinaba por delante, dejando la parte de atrás de la cabeza en desorden. Por este proceder absurdo, repetido día tras día, a las dos o tres semanas llegué a odiarle, a pesar del favor que me había hecho. Odio irracional, brotado de un recoveco oscuro del inconsciente, que recuerda una [*sic*] cierta escena de *El ángel exterminador*».

Luis cambia al poco tiempo de estudios, encaminándose ahora hacia la Ingeniería Industrial; pero de nuevo aparecen las matemáticas como un engorroso obstáculo. Así que, aprovechando el requerido consejo del arabista Asín Palacios y de otro profesor, amigos ambos de su padre, decide cursar, allá por 1920, Ciencias Naturales, disciplina por la que siempre había sentido una profunda afición y por la que, a partir de la lectura de Fabre (años 20 y 21), llegará a sentir verdadera pasión. A lo largo de un año trabaja en el Museo de Historia Natural con el doctor Bolívar, «el más célebre ortopterólogo del mundo», según opinión del propio Buñuel. Un año después, yendo de excursión con Américo Castro, Luis se entera por éste de la existencia de los lectorados de español en las universidades del extranjero. A pesar de lo bien que se encuentra en Madrid, la idea le apasiona, de manera que cuando sabe por don Américo que la carrera exigida para estos lectorados es Filosofía y Letras, deja sus estudios entomológicos e inicia la rama de Historia, en la que se licenciará en 1924.

Los amigos del alma

Durante los siete años que Luis permanecerá en la Residencia, sus variados estudios universitarios tendrán, como habrá podido observarse en ese vaivén vocacional recién descrito, una importancia más bien relativa. De lo que se ocupa el joven Buñuel principalmente es de vivir, de disfrutar lo que el alegre Madrid de los años veinte podía ofrecerle, y de ir tanteando, poco a poco, sus inclinaciones artísticas. Deportista consumado, boxeador ocasional, muy pronto se convierte en uno de los estudiantes más famosos de la Residencia, por su enorme fuerza («me tumbaba en el suelo –comenta– y mis amigos me saltaban sobre el vientre»; su fama de invencible echador de pulsos se extenderá hasta que tenga bien cumplida la sesentena) y por sus extravagantes y contundentes bromazos. Los aparentemente gratuitos remojones de Matías a Conchita, y viceversa, en su última película, *Ese oscuro objeto del deseo (Cet obscur objet du désir),* tienen su origen en una broma habitual que Buñuel acostumbraba a gastar a sus amigos: colocar un cubo lleno de agua en la entreabierta puerta de la habitación, de manera que al entrar se vertía el líquido contenido sobre la sorprendida cabeza de la víctima. Federico García Lorca, que llegará a la Residencia un año después que él, le solía repetir con su simpático acento *granaíno:* «Tú ere mu bruto». «Y era verdad –añade Buñuel–. A mí en la Residencia, sólo me gustaba hacer deportes, todos. Me levantaba tempranísimo, como me ha gustado siempre, para correr, hacer gimnasia, lanzar la jabalina, boxear, saltar lo que fuera, y en paños menores. Por eso, a las nueve de la noche, cuando a veces íbamos al cuarto de Emilio Prados y yo me retiraba a dormir, Federico me insultaba. Era la hora en que empezaba a leerles, o a recitar, o a tocar. Y yo –concluye un tanto compungido– me iba a la cama. Y, sin embargo, a Federico se lo debo todo. Es decir, sin él yo no habría sabido lo que era la poesía» [1].

Importantísima la confidencia de Buñuel que acabamos de transcribir porque, en las escasas declaraciones que hizo a lo largo de su vida, es muy parco a la hora de reconocer las influencias culturales y artísticas profundas recibidas. Podríamos decir, sin exagerar, que Federico, con su extraordinaria sensibilidad, pule a Buñuel, afina sus innatas cualidades creativas, que ya comienzan por cierto a dar sus frutos en los primeros años de la Residencia, pues Buñuel piensa ser escritor, ser poeta de la palabra escrita, sin sospechar siquiera que, muy pocos años después, llegará a ser, dentro de su generación, el gran poeta de la imagen en movimiento; porque, no conviene olvidarlo, Luis Buñuel es uno de los miembros más destacados de la llamada Generación del 27 o de la República. En justa correspondencia, Federico, en los años que siguen a su mutuo conocimiento, experimentará a su vez la influencia de Buñuel, el influjo de los primeros textos y películas de ese surrealista *avant la lettre* que, desde su primera juventud, ya era Luis Buñuel. El surrealismo, la aproximación a la escritura surrealista, a la desenfadada y contrastada libertad de las imágenes superrealistas, serán una especie de obsesión para un Lorca que no encuentra su camino más ajustado hasta que decide cambiar su encantador andalucismo por el idioma mucho más poderoso y verdadero, al tiempo que complejo, de *Poeta en Nueva York*.

Como Lorca y Buñuel son, estéticamente hablando, caracteres artísticos contrapuestos –nada más lejano del gracianesco conceptismo del aragonés que la brillantez formal de una estética basada en la belleza de las apariencias–, diferencias estéticas coincidentes en gran parte con sus diferencias humanas –el llano y campechano Buñuel frente al refinado señorito de Granada; el macho hispano frente a la complicada sexualidad lorquiana–, ambos amigos se repelen y se atraen alternativamente. Esta constante y contradictoria amistad entre dos verdaderos líderes naturales (la desbordante simpatía y el atractivo de Federico, las ocurrencias y genialidades de Luis, eran muy celebradas por el resto de los compañeros, entre los que tenían numerosos admiradores), produce a veces situaciones peligrosamente divertidas.

«Alguien vino a decirme –cuenta Buñuel a Jean-Claude Carrière– que un tal Martín Domínguez, un muchachote vasco, afirmaba que Lorca era homosexual. No podía creerlo. Por aquel entonces en Madrid no se conocía más que dos o tres pederastas, y nada permitía suponer que Federico lo fuera.

»Estábamos sentados en el refectorio, uno al lado del otro, frente a la mesa presidencial en la que aquel día comían Unamuno, Eugenio d'Ors y don Alberto, nuestro director. Después de la sopa, dije a Federico en voz baja:

»–Vamos fuera. Tengo que hablarte de algo muy grave.

»Un poco sorprendido, accede. Nos levantamos.

»Nos dan permiso para salir antes de terminar. Nos vamos a una taberna cercana. Una vez allí, digo a Federico que voy a batirme con Martín Domínguez, el vasco.

»–¿Por qué?– me pregunta Lorca.

»Yo vacilo un momento, no sé cómo expresarme y a quemarropa le pregunto:

»–¿Es verdad que eres maricón?

»Él se levanta, herido en lo más vivo, y me dice:

»–Tú y yo hemos terminado.

»Y se va.

»Desde luego, nos reconciliamos aquella misma noche» [2].

Los otros dos grandes amigos de Luis en la Residencia son Salvador Dalí y Pepín Bello.

Dalí llega a la Residencia tres años después de haber entrado Buñuel. Su aspecto externo, absolutamente estrambótico (pelos muy largos, mirada de ido, chaquetas hasta las rodillas), hacían de él una especie de *hippy* de los años veinte. Durante las primeras semanas apenas se relacionaba con nadie, de modo que Buñuel y sus amigos le apodan «el pintor polaco» o «el pintor checoslovaco». Un día, al pasar Luis por su habitación, echó un vistazo a un gran retrato que estaba terminando; al poco tiempo, apareció en la habitación de Dalí con Lorca y otros amigos: todos admiraron el cuadro. A partir de ese momento, Lorca, Dalí y Buñuel serán poco menos que inseparables. Lorca incluso llega a sentir una desbordada pasión por el frío Dalí, cosa que al joven pintor, un ser en cierto modo asexuado hasta la aparición de Gala Éluard, le resultaba bastante indiferente [3]. Buñuel, en sus intuiciones artísticas, se siente mucho más cerca de Dalí que de Lorca: hay una coincidencia casi general en gustos y aversiones (no será ni mucho menos casual que su primera película, *Un perro andaluz,* fuera escrita al alimón con Salvador Dalí); sin embargo, como él mismo reconoce, la deuda que mantiene con Federico, precisamente por esas mismas diferencias artístico-vitales que antes hemos señalado, es mucho mayor. El filósofo José Gaos, que pasó por la Residencia a finales del año 1921, nos describe con gran plasticidad la aparición de Luis y Salvador en los comedores del internado: «Estábamos ya comiendo todos, los residentes y los invitados, y de pronto entró una pareja de aquellos con quienes estaba –que me parece que uno de ellos era Centeno–. Me dicen: "Ésos son Luis Buñuel y Dalí". Se distinguían porque Buñuel iba en mangas de camisa y con sandalias, y Dalí llevaba una melena y una barba como las que llevan los jóvenes ahora, y una capa de estudiante de Coimbra. Entraron causando cierta sensación entre los comensales, y en una mesa les esperaba algo que les parecía a todos los demás una extravagancia: una gran ensalada, porque entonces estaban en plan vegetariano» [4].

Este naturismo, tocado por el sello de Dalí –estos jóvenes eran dadaístas o surrealistas apenas sin saberlo–, era una más entre las frecuentes extravagancias de Buñuel y sus amistades; ya en sus desenfadadas vestimentas, ya en sus singulares costumbres –singulares para la época–, comenzaban a buscar la famosa provocación surrealista. En realidad, Luis estuvo muy poco tiempo ejerciendo de vegetariano en la Residencia –experiencia a la que le llevó el grupo de Juan Vicens, naturista, además de masón y teósofo–; él formaba parte del grupo de los alcohólicos que solía gastar terribles bromas a los naturistas radicales. La fidelidad que Luis va a mantener a lo largo de su vida al alcohol comienza a gestarse formalmente en estos felices años madrileños de la Residencia. Remito al lector interesado en profundizar en este tema al estupendo capítulo titulado «Los placeres de aquí abajo» de *Mi último suspiro,* las memorias de Buñuel transcritas por Carrière.

Las relaciones de Luis con Pepín Bello, amigo ya en Zaragoza antes de que entrara en la Residencia, mucho menos tratadas que las de Buñuel con Dalí o Lorca (en razón principalmente de la inexistente proyección artística de Bello), llegan a ser, vistas al cabo del tiempo, mucho más complejas. En su libro de memorias, Buñuel despacha su amistad con Bello rápidamente, e incluso se deja adivinar en sus palabras cierto desdén –raro en él– hacia un amigo que, al fin y a la postre, no consiguió hacer nunca nada. Este distanciamiento de Buñuel con respecto a quien fue uno de sus íntimos durante tantos años pudo deberse en gran parte a la postura política, antirrepublicana, que mantendría Bello en momentos decisivos de la historia de España. Sin embargo, el papel de Pepín Bello en el grupo de Buñuel, y en el propio artista, debió de ser notable. Francisco García Lorca, hermano de Federico, dice que Pepín «era sencillamente una personalidad muy atractiva. Era una gran persona, fundamental en aquel grupo, en aquella época». Santiago Ontañón, otro común amigo del tiempo de la Residencia, comunica a Max Aub: «Es curioso, un muchacho como Pepín, que no pudo ser nada, nada, a fuerza de ser inteligente, ha tenido mucha influencia sobre todos ellos. Pero mucha, mucha influencia». Y Rafael Alberti, apreciado amigo de Buñuel que convivió estrechamente con ellos en aquella época, pese a no vivir en la Residencia, insiste de nuevo en lo dicho por los anteriores amigos: «Pepín Bello tuvo una influencia muy grande en todos ellos. [Pepín Bello] era un tipo genial [...]; muy gracioso, muy agudo, al que se le ocurrían cosas extraordinarias». Al igual que Max Aub, Alberti llega a decir que algunas de las ocurrencias de *Un perro andaluz* pertenecían a Bello. «Buñuel lo sabe muy bien» [5], apostilla Alberti haciendo algunas declaraciones que concretaremos más adelante.

En la Residencia de Estudiantes conoce Luis a José Moreno Villa, por el que siempre va a sentir admiración y respeto. Bastantes años mayor que él, Moreno Villa, estimable poeta y pintor de la Generación del 27, en realidad un pregeneracionista, vivía en la Residencia, merced a su amistad con Jiménez Fraud, y hacía un poco el papel de tutor y compañero-consejero de los jóvenes estudiantes; se encargaba asimismo de cuestiones de protocolo cuando visitaba la Residencia alguna de las numerosas personalidades que la honraron con sus conferencias y coloquios. Moreno Villa encamina muchas de las lecturas del joven Buñuel y su mutua amistad tiene una importancia real en su formación. Así, Buñuel, en sus memorias, lo considera, junto a Ramón Gómez de la Serna, como a uno de los hombres clave que conoció verdaderamente de cerca perteneciente a aquella generación que mediaba entre noventayochistas, novencentistas y su propia generación, la de 1927.

Y ya que acabamos de hacer alusión al papel de Moreno Villa como inductor de varias de las lecturas del joven Buñuel *(Rojo y Negro,* de Stendhal, entre otras), conviene recordar que Luis leía por aquella época muchas novelas policíacas (él cita a Sherlock Holmes, Nick Carter, Dick Turpin, Nat Pinker...) y folletinescas (Ponson du Terrail, Raffles, Salgari...) y, sobre todo, la gran literatura rusa en la Colección Universal (Dostoyevski, Tolstoi, Chejov, Gorki, Korolenko), por la que tenía verdadera pasión. Hasta tal punto eran aficionados Buñuel y algunos de sus amigos a la literatura rusa que Chabás y los afrancesados de la Residencia –«los ilustrados finos», como decía Luis– crearon para ellos el apelativo de «Grupo del Samovar» («Estáis todavía –les espetaba Chabás– en la edad del samovar»). Pocos años después, los surrealistas franceses se quedaron sorprendidos del enorme conocimiento que Buñuel tenía de la novela eslava.

Afinidades, rechazos, tribulaciones

Luis, a través sobre todo de la Residencia (en donde dan conferencias personalidades de la talla de Einstein, Aragon, Wells, Max Jacob, Keyserling, Valéry, Juan Ramón Jiménez, etc.), conoce a muchos de los grandes escritores españoles de fines del siglo XIX y comienzos del XX. «Yo conocí –declara en *Mi último suspiro*– a la mayoría, entre otros a Ortega y Gasset, Unamuno, Valle Inclán y Eugenio d'Ors [...] Todos influyeron en nosotros.» Unos, por supuesto, más que otros; así Buñuel reconoce, en varias de sus declaraciones, su admiración por d'Ors y su deuda con creadores tan diversos como Galdós –volveremos con detenimiento al tema– y Ramón Gómez de la Serna, quien era, a principios de los años veinte, el santón de las vanguardias españolas, y ejercía de tal en las famosas tertulias de Pombo, a las que Luis asistía con asiduidad. Buñuel, que se considera afín al grupo de los ultraístas, procuraba estar al corriente de las más importantes tertulias político-artístico-literarias que, por entonces, florecían en los cafés de un Madrid alegre y comunicativo, que vive de cara a la calle. Casi todos los jóvenes artistas de la generación de Luis eran «ruistas», término feliz inventado por Pepín Bello y que denotaba la tendencia a vivir la ciudad y sus alicientes.

En líneas generales, sus opiniones estéticas con respecto a sus compañeros de generación, van a ser negativas; y algo de esto se ha podido entrever en las profundas diferencias que le separaban de Lorca. Ligado al 27 por el afán primero de búsqueda, de innovación, se separa del grupo en cuanto la mayor parte de los poetas de la generación comienzan a elaborar lo que él considera falso neopopularismo, un lenguaje demasiado trabajado, con presupuestos imaginativos dependientes en exceso de la razón, la inteligencia y lo que comúnmente llamamos buen gusto. Luis aborrece asimismo esa especie de regreso al clasicismo que denota la obra de varios importantes poetas de su generación; el grupo, en concreto, de los poetas-profesores, aquellos a quienes se acercaba Lorca por considerarlos «intelectuales de primera clase» (el tono irónico de la denominación pertenece a Buñuel), es decir Guillén, Salinas, etc. El poeta del 27 que Luis más admira es, por ejemplo, Juan Larrea -uno de los creadores más personales y exigentes de la moderna poesía española- y, ya a cierta distancia, recuerda con agrado parte de la obra de Gerardo Diego, la obra de Pedro Garfias, cosas de Alberti, Cernuda, Bergamín, Huidobro y poco más.

Sus primeros intentos literarios han ido apareciendo parcialmente dispersos hasta que, en 1970, J. Francisco Aranda publica varios textos buñuelianos en su ya citada biografía y, unos años más tarde, en 1982, Agustín Sánchez-Vidal reúne una selección más amplia de textos en *Luis Buñuel. Obra literaria* [6]. En ellos se nota la influencia del ultraísmo y, sobre todo, de la literatura de Gómez de la Serna, una de las fuentes buñuelianas más claras, por más que el realizador intente en sus declaraciones restar importancia al decisivo papel que los originales puntos de vista ramonianos ejercieron sobre sus primeros textos y películas [7]. La libertad metafórica de las greguerías de Ramón, su ingeniosa fantasía, su humorismo, la atención que el escritor pone en el tratamiento de los objetos, que en sus textos cobran verdadera vida, constituirán rasgos decisivos de lo que luego será el cine de Buñuel. Max Aub, al referirse a la identificación de Luis con el universo de Ramón, señalará cosas tan interesantes como éstas: «La greguería era y es una forma de no tomar la vida en serio. No se trata de simbolismos; quien diga que el cine de Buñuel está lleno de símbolos no sabe lo que dice; si dijera que está lleno de greguerías, estaría en lo cierto» [8].

Frente a la cercanía que siente por la literatura de Ramón, parece contrastar el rechazo que experimenta por la poesía de Juan Ramón Jiménez, por aquellos años el poeta más alabado y temido –a causa de su implacable mordacidad– de España. Mucho se ha exagerado, con todo, la aversión de Dalí y Buñuel por la estética juanramoniana, encarnada en la famosa carta que ambos le envían, ya en 1928, y en donde llaman a Platero «el burro menos burro, el burro más odioso con que nos hemos tropezado». Sin embargo, en el fondo Buñuel no tenía un concepto tan negativo de Juan Ramón, aunque le desagradara su cuidada pose de poeta selectivo e hipersensible. Dalí explica a Max Aub que, con esa breve y perversa carta («Nuestro distinguido amigo: Nos creemos en el deber de decirle –sí, desinteresadamente– que su obra nos repugna profundamente por inmoral, por histérica, por arbitraria»; y a continuación venía el ataque al pequeño asno), lo que, en realidad, deseaban era *provocar* una reacción de la gente ante el ataque a «la persona más prestigiosa de España», y para ello habían metido en un sombrero papeletas con nombres del prestigio de Falla, Juan Ramón –a quien le cayó «la lotería»–, etc. El pobre Juan Ramón, que el día anterior los había recibido en su propia casa, como representantes de «esa juventud maravillosa», pasó tres días en cama tras recibir semejante misiva.

En el fondo lo que no podían perdonar los Buñuel y los Dalí a poetas como Juan Ramón era su trascendencia, su falta de sentido del humor, de ese humor que rebosa la obra de Gómez de la Serna.

Pasado el ecuador de los años veinte, los poetas de la generación de Buñuel vuelven sus ojos hacia Góngora –el nombre de «Generación del 27» tendrá su origen precisamente en la celebración del centenario de la muerte del lírico andaluz–, en tanto que Luis y sus amigos contraponen a Góngora las figuras de un Goya o de un Baltasar Gracián. En una importante carta que envía desde París a Pepín Bello el 1 de octubre del año 1928 manifiesta una indisimulada aversión hacia el gongorismo y lo que él cree falso neopopularismo –por relamido, por inauténtico– de muchos de los poetas coetáneos: «Hay que *combatir* con todo nuestro desprecio e ira toda poesía tradicional, desde Homero a Goethe, pasando por Góngora –la bestia más inmunda que ha parido madre– hasta llegar a las ruinosas deyecciones de nuestros poetillas de hoy». Unas líneas después, reprocha a Lorca (del que reconoce su maestría, su imaginación y calidad poética) el intentar hacer falso surrealismo a través de la inteligencia. En otra carta, fechada un año después, cuando Luis ya es un surrealista radical, dice de otro poeta del grupo que «llega a producir en mí un malestar más grande que la idea de un Dios, que la materia fecal que fluye en el vientre de las mujeres bonitas, que la Sociedad de Cursos y Conferencias, que la jota aragonesa, que los conciertos de la Sinfónica».

Entre tanto, Buñuel publica, en las revistas *Ultra* y *Horizonte,* cuentos y poemas que no le satisfacen del todo. En uno de sus primeros trabajos publicados, titulado «instrumentación», Luis nos ofrece su versión greguerística de los principales instrumentos de una orquesta en medio de una patente profusión metafórica; al lado de la riqueza visual del texto, el autor introduce algunas notas irónicas, y hasta sarcásticas, sobre la orquesta, considerada como aparente fuente de disfrute burgués. En un trabajo posterior, «Tragedias inadvertidas como temas de un teatro novísimo», vemos ya apuntada la enorme importancia que desde siempre va a conceder al mundo de los objetos, tan esencial en su cine: «Existe –escribe– la expresión lírica o filosófica pero no la psicológica innata a ellos: esa tremenda psicología aún sin estudiar». Y, un poco más adelante, señala: «Lo indudable es que en lo abiótico existen las pasiones» [9]. Algunos de sus textos literarios posteriores son realmente valiosos, como la originalísima pieza dramática *Hamlet* o sus poemas de *Un perro andaluz* –la pequeña e inquietante recopilación poética que escribió antes de realizar la película homónima– o sus interesantes trabajos precinematográficos «La duquesa de Alba y Goya» e «Ilegible, hijo de flauta», obra esta última fundamental dentro del surrealismo español.

Luis, que siempre quiso ser escritor y que durante toda su vida envidiará el ligero equipaje de la escritura frente al complejo tinglado material que conlleva el cine, abandonará la idea de ser escritor a regañadientes, en parte por los enormes esfuerzos que paradójicamente le suponía la creación literaria. «Sé –nos dice Alberti– que le costaba un gran trabajo escribir y sufría muchísimo, y se pasaba las noches, según me contaban Federico y los demás, escribiendo sus cosas literarias con un gran dolor, con un gran esfuerzo, hasta que insensiblemente fue descubriendo su verdadero camino.» En 1980, aludiendo a este problema, el propio Buñuel declaraba que latía en él desde su juventud: «Hoy yo puedo tener alguna importancia como cineasta, pero hubiera dado todo gustoso a cambio de poder ser escritor. Es lo que realmente me hubiera gustado ser. Porque el mundo del cine es muy agobiante, hace falta mucha gente para hacer una película. Y envidio al pintor o al escritor que pueden trabajar aislados en su casa. Pero no valgo para escribir. Me repito. Lo que a un escritor le cuesta dos minutos, a mí me cuesta dos horas».

Urgentes, hipnóticos, teatrales amores

Recordando todos aquellos años que pasó en Madrid, declara Buñuel en *Mi último suspiro:* «No puedo explicar día a día lo que fueron aquellos años de formación y encuentros; nuestras charlas, nuestro trabajo, nuestros paseos, nuestras borracheras, los burdeles de Madrid (los mejores del mundo, sin duda) y nuestras largas veladas en la Residencia». Toda una juventud vivida a fondo, gozando de una situación económica privilegiada (las deudas acumuladas en la capital eran cubiertas de tapadillo en Zaragoza por su madre), en la que Luis alternaba el placer con su trabajo de estudiante y, sobre todo, con el cultivo de sus aficiones. Ni siquiera el servicio militar, que hace en Artillería, llega a suponer para él una verdadera ruptura con esa dulce vida matritense. Luis, que pertenecía a la quinta de Annual, está en un tris de ir a la guerra de Marruecos (o lo que para él era lo mismo: en un tris de ser desertor: «No fui desertor por un pelo», confiesa a Max Aub), pero se libra por verdadera casualidad y pasa una «mili» relativamente tranquila, durante la que puede, por ejemplo, pernoctar muchas noches en la Residencia.

En Madrid, Luis a pesar de su timidez con las mujeres, siempre tiene alguna novia. Su hermana Conchita nos cuenta el divertido romance del joven Buñuel con «una niña bien», a cuyo padre –que acababa de meterse por medio– había prometido que se casaría con la niña.

«Pero se fue el verano a Calanda –explica Conchita–, y no sabía cómo romper con ella. Entonces le escribió una carta como si fuera otra persona, diciéndole que su amigo Luis la adoraba, pero que había muerto en un accidente de moto muy grave, y que murió nombrándola. Y luego, tres o cuatro meses después, lo encontró el padre, y creo que lo persiguió con el bastón [...] por Madrid» [10].

Con quien sí mantiene una relación de varios años es con Concha Méndez Cuesta, la que después sería esposa del poeta Manuel Altolaguirre, una chica de carácter, deportiva y moderna, hija de una buena familia de Madrid. Se conocieron en uno de los veraneos en San Sebastián y luego prosiguieron en la capital una de aquellas antiguas relaciones en las que se veían casi siempre con «carabina» mientras ella esperaba para casarse y él llevaba su vida y la veía de vez en cuando. Rompió con ella, a paraguazo limpio, justamente en el mismo San Sebastián («Llovía muchísimo –cuenta un testigo privilegiado, Concha Mantecón, a Max Aub– y se hallaban tan furiosos, que estaban pegándose paraguazos el uno al otro. Bueno, enfadadísimos, enfadadísimos»), en la época en que Luis ya conocía en París a la que iba a ser su mujer, Jeanne Rucar.

Como casi todos los jóvenes pudientes de la época, Luis solía frecuentar los prostíbulos. En ellos no únicamente se dedicaba a desahogar sus urgencias sexuales, apenas amortiguadas –más bien incrementadas– por los achuchones dados a escondidas a la novia de turno, sino que le servían para practicar sus notables cualidades de hipnotizador. Tanto a Max Aub como a Carrière, Buñuel comenta cómo, en una casa de citas de la calle de la Reina, consiguió, sin pretenderlo, una doble hipnosis, al lograr hipnotizar de rebote a la hermana de la muchacha con la que estaba operando. En otra ocasión, en que se hallaba en un prostíbulo de Toledo y no tenía demasiadas ganas de acostarse con una muchacha, la hipnotizó enviándola seguidamente a la puerta del filólogo García Solalinde. Las facultades magnéticas y adivinatorias de Buñuel, que él siempre atribuía al poder del inconsciente, fueron asimismo verdaderamente notables.

Precisamente lo primero que a Luis le atrae del cine es la enorme capacidad hipnótica que ejerce sobre el espectador. Ya en Zaragoza, de niño, había ido con relativa frecuencia a los primeros cines que aparecieron en la ciudad. En Madrid cada vez acudía con más asiduidad a las nuevas salas que iban abriéndose conforme la demanda del público aumentaba; aunque para él, como para la gran mayoría de sus compañeros de generación –pese a ser, la del 27, la primera generación intelectual y artística que muestra un interés real por el cine–, lo que esencialmente les importaba era la poesía, la pintura, etc. «Íbamos al cine –explica en sus memorias– unas veces con alguna novia, para poder arrimarnos a ella en la oscuridad, y entonces cualquier película era buena, y otras con los amigos de la Residencia. En este último caso preferíamos las películas cómicas norteamericanas, que nos encantaban: Ben Turpin, Harold Lloyd, Buster Keaton, todos los cómicos del equipo de Mack Sennett. El que menos nos gustaba era Chaplin.» Las razones de este desdén por Chaplin eran obvias: el sentimentalismo de la segunda época de Chaplin, justo cuando deja de ser «Charlot», estaba lejos de unos jóvenes que admiraban a Dadá y el futurismo de Marinetti.

Al igual que en sus años de infancia y adolescencia, a Buñuel le encanta seguir disfrazándose con sus amigos, en especial con Dalí y Federico. Se disfraza de cura –su apariencia favorita–, de obrero, de bedel, e incluso de militar, exponiéndose a una condena de cinco años de cárcel. Un día, disfrazado de obrero con Federico, se topa a la salida de un café con Melchor Fernández Almagro y otro conocido amigo. «Yo le di un empujón a Melchor –confiesa Luis–, y empezamos a insultarlos: "Estos cochinos señoritos que no saben adónde van". No nos conocieron. ¡Que no se conocieran Melchor y Federico! ¡Es fenomenal eso de disfrazarse!» Luis llega a justificar sociológicamente su afición: «Nos disfrazábamos, entre otras cosas, por lo menos yo, para ver la sociedad desde otro punto de vista». Así, comprueba en sí mismo lo distinto que es uno ante los demás, según vaya con uniforme de obrero o de sacerdote, en una sociedad que se rige únicamente por las meras apariencias. No es extraño que en su posterior obra cinematográfica desmonte ejemplarmente, a través del humor y la ironía, todo el juego social de las apariencias.

Esta afición por los disfraces le lleva inevitablemente al teatro. Buñuel es uno de los más activos participantes en todos los montajes teatrales que se llevan a cabo en la Residencia. El *Tenorio* es la obra favorita de Luis y sus amigos; hacen de ella numerosas parodias, llegándola a representar hasta con botas de fútbol. Su afición por el *Tenorio* es tan grande que llega a aprendérsela de memoria. A lo largo de su vida, representará esta obra –la cumbre de nuestro teatro romántico– muchas veces, tanto en público como en privado. Ya sesentón, en México, dirige con gran éxito una versión, personal pero ya clásica, del *Tenorio,* interpretando el papel de Don Diego. Más adelante, en una de sus últimas películas, *El discreto encanto de la burguesía,* introduce originalísimamente una escena del *Tenorio* en uno de los enrevesados sueños que tejen la acción.

En verano, cuando las habitaciones de los estudiantes quedaban vacías, venían a la Residencia grupos de profesores estadounidenses con sus familias, para visitar Madrid. Frecuentemente, un profesor, o un alumno avanzado, acompañaba como guía a estos grupos, a museos, monumentos, etc. Un día aparece, en el tablón de anuncios, una visita al Museo del Prado, con Luis Buñuel de cicerone. Los estadounidenses acuden confiados a la cita y Buñuel los conduce por las galerías del museo diciéndoles «lo primero que me pasaba por la imaginación: que Goya era torero y mantuvo funestas relaciones con la duquesa de Alba, que el cuadro de Berruguete *Auto de Fe* es una obra maestra porque en él aparecen ciento cincuenta personajes. Y, como todo el mundo sabe, el valor de una obra pictórica depende del número de personajes. Los norteamericanos me escuchaban muy serios, y algunos hasta tomaban notas».

Tras la visita, algunos profesores fueron a protestar al director de la Residencia, don Alberto Jiménez. Eran, aquéllos, días de vino y rosas.

El hechizo de Toledo

El día de San José del año 1923, Buñuel funda la «Orden de Toledo», de la que se nombra él mismo condestable.

«La decisión de fundar la "Orden" la tomé –nos explica en *Mi último suspiro*–, como todos los fundadores, después de tener una visión.

»Se encuentran por casualidad dos grupos de amigos y se van a beber por las tabernas de Toledo. Yo formo parte de uno de los grupos. Me paseo por el claustro gótico de la catedral, completamente borracho, cuando, de pronto, oigo cantar miles de pájaros y algo me dice que debo entrar inmediatamente en los Carmelitas, no para hacerme fraile, sino para robar la caja del convento.

»Me voy al convento, el portero me abre la puerta y viene un fraile. Le hablo de mi súbito y ferviente deseo de hacerme carmelita. Él, que sin duda ha notado el olor a vino, me acompaña a la puerta. Al día siguiente tomo la decisión de fundar la "Orden de Toledo".»

Desde 1921 los viajes a la ciudad imperial son cada vez más asiduos. Luis está hechizado con el mágico encanto de la vieja ciudad, resaltado por las románticas leyendas becquerianas, que tanto gustan a Buñuel y sus amigos. A quienes se les permite entrar en la Orden –que está regida por el consejo de los miembros fundadores: Federico y Francisco García Lorca, Pedro Garfias, Sánchez Ventura, Augusto Centeno, José Ucelay y Ernestina González, la única mujer «fundadora»– deben probar, además de su amor incondicional por la ciudad, sus capacidades, permaneciendo por lo menos una noche en vela alcohólica vagando por las seculares calles toledanas. Los futuros visitantes pagaban diez pesetas a Buñuel por alojamiento y comida –se hospedaban casi siempre en la cervantina Posada de la Sangre– y tenían prohibido lavarse durante su estancia en la ciudad santa. «A menudo –comenta Buñuel–, en un estado rayando en el delirio, fomentado por el alcohol, íbamos a despertar a la hija de un coronel cuya dirección conocíamos y escuchábamos en plena noche los cantos de las monjas y los frailes a través de los muros del convento de Santo Domingo. Nos paseábamos por las calles, leyendo en voz alta poesías que resonaban en la antigua capital de España, ciudad ibérica, romana, visigótica, judía y cristiana.»

Tras los miembros fundadores, venían los caballeros -entre ellos y ellas, Alberti, María Teresa León, Dalí (posteriormente «degradado»), Jeanne, la esposa de Buñuel, Urgoiti, Crével, Solalinde y algunos más-; tras los caballeros, los escuderos, cuyo «jefe de invitados de escuderos» era Moreno Villa, notario de la Orden por un famoso artículo que escribió sobre ella; seguían los «invitados de escuderos». De «los invitados» y de «los invitados de los invitados ya ni hablo», sentencia Buñuel [11].

Un día, de paseo por las calles toledanas, unos cadetes que se cruzan con Buñuel y varios compañeros de la Orden dicen unas groserías a María Teresa León, la mujer de Alberti. Se lían a tortas y los cadetes, que son menos, huyen maltrechos; a continuación, temiendo que la Academia militar entera saliera tras ellos, deben marcharse de la ciudad, aconsejados por unos guardias civiles que han visto la escena. Otra jornada, «a medianoche -nos cuenta el caballero Rafael Alberti-, sacamos las sábanas de la cama, y con ellas Buñuel se vistió de fantasma. Desapareció y se fue al atrio de la Iglesia de Santo Domingo, que tiene unas escaleras, y en ellas apareció Luis, de pronto, bajándolas en la semipenumbra de la plaza. No había luna, pero sí una luz difusa de las ventanas tras las que estaban rezando las monjas. Apareció Luis en el atrio sin que se le vieran los pies; la mano así colgada de las sábanas, y haciendo el fantasma; era realmente impresionante, y tuvimos miedo de que apareciera el sereno, se asustara y empezara a tiros con nosotros» [12].

Solían comer a veces en la Venta del Aire, en las afueras, y cuando regresaban a la ciudad, visitaban ceremonialmente la impresionante estatua yacente del cardenal Tavera, obra de Pedro Berruguete, la misma sobre la que se inclina, ensimismada, la joven Tristana en ese testamento fílmico que, muchos años después, realizará Buñuel, trasladando para ello la acción de la ciudad de Madrid, en la que Galdós había ambientado su novela, a la adorada Toledo [13].

El recio sonido de los «putuntunes»

Durante los años que Luis permanece ininterrumpidamente en la Residencia –más adelante, a partir de su larga estancia en París, volverá de vez en cuando por allí–, viaja con cierta frecuencia a Zaragoza. Todas las Semanas Santas las pasa en Calanda. En el pueblo se verá, al menos hasta la Guerra Civil, al joven Buñuel aporrear, como un calandino más, los famosos tambores, que él, introduciéndolos en la banda sonora de algunas de sus películas: *La edad de oro (L'âge d'or), Nazarín, Simón del desierto*, hará universales. Su buen amigo de Calanda, Repollés, comunica a Max Aub que Luis fue incluso el inventor de algunos términos de la Semana Santa calandina. Los *putuntunes*, por ejemplo, palabra fuertemente onomatopéyica que designaba a los soldados romanos que acompañaban con el sonido de sus tambores *(putuntún, putuntún...)* los pasos religiosos. Los toques de los tambores presentaban un sinfín de variantes, y cada toque tenía un nombre concreto. Repollés menciona *el juanete, la correata, la marcha palillera, que suban y bajen las imágenes, a rodar por el pueblo y me la han cascao*. El creador y denominador de este último y expresivísimo toque fue el bueno de Luis Buñuel.

En la tierra de sus ancestros, Buñuel es feliz. Algunos días los calandinos se quedan asombrados al ver a Luis, casi desnudo, con un taparrabos, pegando fuertes guantazos a un saco colgado, en plena práctica boxística. De cuando en cuando, Campos, el fiel criado de la casa, le riega desde la galería, continuando el deportista de inmediato sus contundentes ejercicios. También le encanta la caza. Es curioso el amor que siempre tuvo a las armas un hombre que era incapaz de matar una mosca. En México llegó a tener una importante colección de armas que malvendió en un momento de crisis, igual por cierto que don Lope malvende en *Tristana* sus objetos más valiosos. Un día, cuenta Repollés, yendo de caza con su amigo Pedro Saura, y llevando los dos un aspecto de lo más desastrado, les da el alto la Guardia Civil, que andaba en busca de unos forajidos. Saura se inquieta y Luis le propina un codazo cómplice y recordando tal vez su antigua encarnación del *Floro*, le dice: «Tú calla». Y se hace pasar por el facineroso, por los bandidos que andaban buscando. «Pues pa'lante, allí, a culetazos, y tiran pa'lante, en fin, como se puede imaginar. Tiran pa'lante, para la Ginebrosa. Y que los lleven a la Ginebrosa. Hasta que allí al tío se le soltaron los huevos, se cansó ya de hacer el bandido y de aguantar todos los insultos o todo lo que le dijera la Guardia Civil, y entonces fue cuando este Pedro Saura, que es el que iba con él, se dio a conocer porque estaba acojonado, mientras el otro la estaba gozando de verse el tío allí, apresado y conducido por la Guardia Civil» [14].

El fantasma paterno

Una mañana de la primavera de 1923, Luis recibe en la Residencia un telegrama de su familia: «Papá gravísimo. Ven inmediatamente». Esa misma tarde, Luis parte para Zaragoza. Cuando llega, don Leonardo, aunque gravísimo, conserva a ratos la lucidez. En uno de los momentos lúcidos, encomienda a su hijo el cuidado de María, la esposa; «pórtate bien con ella», añade. Luis, que desde los diecisiete o dieciocho años mantiene una sorda rivalidad con su padre, está fuertemente impresionado. Se da cuenta de que lo quiere bastante más de lo que suponía y se dedica a ahogar en alcohol, en los dos días que dura la agonía del padre, sus hondas contradicciones. Cuando muere, lo amortaja, ayudado por una criada; la madre y las hermanas no resisten el velatorio del cadáver. Lo vela Luis. El fallecido padre tiene un Cristo sobre el pecho y el hijo sufre la primera alucinación: cree ver moverse el crucifijo al ritmo de una respiración inexistente. A la mañana siguiente, lo entierran.

Ese mismo día, habían puesto un telegrama a un primo de Barcelona, el doctor Amorós, y Luis hacía por la noche tiempo en el balcón de la casa mientras esperaba la proximidad de las dos de la madrugada, hora en que debía ir a la estación para recibir a su primo. «Y en eso –relata a Max Aub– oí en el comedor, que era la habitación contigua, un ruido de sillas, como alguien que pasa rápidamente entre una multitud de sillas. Y me asusté un poco: "¿Quién anda por ahí?". Y de pronto apareció mi padre en la puerta del comedor, mirándome de una manera muy agresiva, los ojos saltones, las manos como garras dirigidas hacia mi cara.» Luis se lleva un susto tremendo. Se acuesta entonces en la habitación donde duermen el jardinero y el cochero –la casa estaba llena de gente–, que habían venido del pueblo. A las dos, le acompañan a recoger a su primo. «Volvimos a casa. Se acostó y yo me acosté en el cuarto, al lado del cuarto donde había muerto mi padre. Serían ya las tres de la madrugada. Y volvió. Se abre la puerta y oigo un ruido. La puerta se abre, y otra vez mi padre, de la misma manera agresiva, se lanzó contra mí. Di un grito, y entonces vinieron a mi cuarto: "¡Qué pasó!". Digo: "Otra alucinación. Déjenme, váyanse y déjenme solo"» [15]. Convencido de que todo era efecto de los días de vela y alcohol, Luis se duerme. Al día siguiente decide dormir en la misma cama donde había muerto el padre y, bajo la almohada, esconde un revólver. La «aparición» no volvió.

Muerto el padre, Luis pasa a ejercer la jefatura de la familia. Comienza a usar sus ropas, fuma sus puros, se pone sus hermosas botas de goma por las que había tenido siempre una especie de fijación. Se siente ahora entre liberado y aturdido; él, que, viviendo aún el padre, era un poco el cabeza de familia, hasta el punto de que el más pequeño de sus hermanos, Alfonsito, que tenía quince años menos que Luis, le llamaba con frecuencia papá. «Viendo a mi padre muerto –confiesa Buñuel– tenía una sensación de pena grande, estaba muy emocionado, ya muy trastornado por el alcohol. Y al mismo tiempo una sensación de, no sé, casi de felicidad. Una mezcla, un conflicto tremendo. Yo luchaba contra mi propio sentimiento. Decía: "No debo, puesto que le tengo cariño, debo estar tristísimo y nada más." No, al mismo tiempo que me sentía libre» [16].

Para Luis, la muerte del padre, la muerte –en el fondo– del principio de autoridad, coincidirá curiosamente con el nacimiento en España de un régimen autoritario, ya que durante ese mismo 1923 se implantaba la dictadura de Primo de Rivera.

Hasta tal punto se siente Luis libre por la muerte del padre, que, poco más de un año después, desvinculándose en parte de los lazos familiares y de las querencias de un país un tanto amordazado, marcha a París, donde se instalará por algunos años. En la capital artística del mundo, encontrará, por fin en el cine, su camino como creador. Pocos meses antes, acababa de licenciarse en Filosofía y Letras.

3. París era una fiesta

Desde que Américo Castro comentó a Buñuel que en las universidades estadounidenses había escasez de lectores de castellano, Luis sueña con ir a Estados Unidos. Por aquellos tiempos, mediados los años veinte, adora todo lo yanqui, empezando por su vitalista y extraordinario cine. Pero un día se entera de que se iba a crear en París una Sociedad Internacional de Cooperación Intelectual, bajo los auspicios de la Sociedad de Naciones, y de que el representante español iba a ser, con toda seguridad, su querido amigo Eugenio d'Ors. Luis solicita el cargo de secretario de d'Ors y poco después llega a París, instalándose en el hotel Ronceray, donde sus padres habían pasado la luna de miel y lo habían engendrado a finales del pasado siglo. Las primeras semanas está –como cuando llegó a Madrid– anonadado, al tiempo que encantado. Las parejas se besan por la calle delante de todo el mundo, sin que nadie proteste; un día, en un cabaret chino, charla largo y tendido con una de las chicas de alterne, y se queda admirado de la cultura cotidiana de aquella mujer: «Fue –nos dice en sus memorias– mi primer contacto auténtico con la cultura francesa».

Su madre le envía regularmente dinero y muy pronto entra en contacto con los círculos artísticos españoles en París, compuestos en su mayoría por pintores. La peseta, gracias a la depreciación del franco, está entonces por las nubes, y los «metecos» españoles –Buñuel, por supuesto, a la cabeza– son los dueños de la vida parisina. Pronto se instala cerca del bulevar Saint-Michel y frecuenta los cafés y cabarets más famosos de la época. Coincide con el desterrado Unamuno, con Picasso (hacia el que no demuestra demasiada simpatía) [1] y al poco tiempo se erige en uno de los cabecillas de un grupo de amigos españoles que se alojan o van al recién inaugurado Hôtel des Terraces, grupo formado por gente como Juan Vicens, Paco García Lorca, Joaquín Peinado, Manolo Ángeles Ortiz y otros. Todas las noches se reúnen en La Coupole y los más adinerados –como Luis, Vicens, o el hermano de Lorca– se dedican a aprender francés y a vivir maravillosamente bien. Jeanne, su futura mujer, a la que Luis conocerá al poco de instalarse en París, replica a la pregunta-respuesta de Max Aub (Luis viene a París –dice– «para intentar entrar a trabajar en una de las dependencias de la Sociedad de Naciones»), en los términos siguientes: «Sí. Y a emborracharse y a bailar. Bueno, bailar no bailó porque no sabía, pero a divertirse, ¿no?». Y Manolo Ángeles Ortiz –llamado por Buñuel «verdadera plaga de los salones», en razón de sus innumerables conquistas amorosas– confiesa a su vez a Aub: «En esa época, tanto Vicens como Luis eran señoritos y eran muy enamoradizos. Sí, venían a divertirse». Y, realmente, lo conseguían con cierta facilidad.

Luis no renuncia a sus deportes ni a sus disfraces. En el balcón del hotel se hace instalar un balón de cuero y practica todas las mañanas el *punching-ball;* a muchos bares va siempre disfrazado: lo que ahora más le gusta es disfrazarse por fuera de monja y, por dentro, por si las moscas, de futbolista. «Un día –explica en *Mi último suspiro*– [...] íbamos por el bulevar Montparnasse con unos amigos, entre ellos, Juan Vicens, vestido de fraile, cuando vemos venir hacia nosotros a dos policías. Yo me pongo a temblar bajo mi blanca toca, ya que en España estas bromas se castigan con cinco años de prisión. Pero los dos policías se paran sonrientes y uno me pregunta muy amablemente.

»–Buenas noches, hermana, ¿puedo hacer algo por usted?»

En los cafés, Buñuel y sus amigos se dedican a curiosos juegos. Uno de los más habituales, importado de la Residencia de Estudiantes, consistía en que cada contertulio escribiera un capítulo de novela imitando a un escritor famoso. Otro, inventar un crimen y descubrir la trama asesina. Cuando juegan a hacer novelas «a la manera de» y le llega el turno a Luis, el relato siempre se acaba, pues, inapelablemente, daba muerte al protagonista y al resto de los personajes. Uno de los juegos más divertidos era el de fabricar películas. No hace falta preguntar quién hacía de director: «Bajábamos al sótano del Select –comenta Santiago Ontañón– y él se ponía, soplando mucho, y mandaba: "Bueno, yo soy el director", y tal. Y al que ganaba, al que era mejor actor, él le convidaba a un *manhattan*. Entonces valían siete francos, que era mucho para todos nosotros. [...] Los actores éramos Castañé, Hortelano, Paquito García Lorca, Manolo Ángeles Ortiz, Diego Buhigas muchas veces, y yo [...] Casi siempre ganábamos Paquito García Lorca y yo. Éramos los que nos llevábamos los cócteles. Y él, allí; pero lo tomaba de lo más en serio, ¿sabes? Buñuel: "Ahora, tú sales y llegas a una reunión social, muy elegante. Tú entras. Desde la puerta ves a la directora, a la dueña de la casa, y la saludas con una inclinación. Y al poco rato aparece un niño y le saludas...", y todo eso. Tú tenías que entrar y saludar de lejos; venía un niño imaginario y le tenías que hacer caricias y tal. Y él la gozaba con eso y disfrutaba tremendamente» [2].

El descubrimiento del cine

Por uno de esos golpes del azar, Buñuel se va a ver muy pronto dirigiendo realmente una obra. Al llegar a París trae una carta de recomendación para el pianista Ricardo Viñes; cuando lo visita, éste le encarga buscar todos los elementos artísticos necesarios para representar en Amsterdam *El retablo de Maese Pedro,* una composición musical de Falla, basada en el famoso fragmento del *Quijote,* y concebida como una escenificación con orquesta, coro e intérpretes. El encargo es doblemente oportuno porque Luis ya está cansado de hacer vida de señorito y necesita trabajar. Para llevarlo a cabo, reúne a sus habituales amistades de la bohemia hispanoamericana -casi todos pintores- y, en un plazo bastante breve, preparan una representación con muñecos de guiñol y actores con máscaras. «Todavía tiemblo -confiesa en la citada autobiografía que preparó para el Museo de Arte Moderno de Nueva York- cuando pienso en mi audacia y la de mis amigos, que habían aceptado para tener la oportunidad de visitar Amsterdam gratis, colaborando con Falla, uno de los más grandes músicos contemporáneos, con Mengelberg, famoso director de orquesta, y con cantantes de Ópera Cómica. Las butacas para el estreno eran a doscientos francos. Este espectáculo era el más discordante y heterogéneo que música y teatro han visto jamás. Debo decir que no lo hicimos del todo mal, y que tanto mis amigos como yo pusimos todo de nuestra parte para triunfar en esta desproporcionada empresa. Nadie de entre el público sospechó que la parte plástica del espectáculo era un experimento, esta vez catastrófico, de improvisación española.»

A este oportuno triunfo («o al menos esto significó para mí el no haber obtenido un fracaso»), cabe añadir la visión de una película de Fritz Lang, *Las tres luces (Der müde Tod),* realizada en 1921, que le impresiona poderosamente. «Por primera vez comprendí que las películas podían ser un medio de expresión, y no meramente un pasatiempo, como yo creyera hasta entonces.» Esa era la chispa que a Luis le faltaba para encender la llama de la vocación cinematográfica. «Fue al ver *Der müde Tod* –insiste en sus memorias– cuando comprendí sin la menor duda que yo quería hacer cine [...] Algo que había en aquella película me conmovió profundamente, iluminando mi vida. Esta sensación se agudizó con otras películas de Fritz Lang como *Nibelungos* o *Metrópolis*» [3]. Al poco tiempo, se entera de que Jean Epstein, uno de los más prestigiosos realizadores franceses del momento, acababa de abrir una academia de actores, L'Académie du Cinéma, en la que Luis se inscribe de inmediato. Apenas inscrito en ella, Epstein comienza a preparar una nueva película, *Mauprat,* y Buñuel, ni corto ni perezoso, se le ofrece incondicionalmente: «El cine me interesa mucho, pero técnicamente no sé nada. No podré serle muy útil; pero no le pido dinero. Deje que barra el decorado y le haga los recados, lo que sea». Epstein acepta. Va a trabajar, como ayudante suyo, por espacio de dos años.

Con Epstein hace, en *Mauprat,* de chico para todo (recadero, extra, especialista en caídas, etc.). En *La caída de la casa Usher,* filme basado en el relato homónimo de Edgar Allan Poe –autor dilecto de los surrealistas, con quienes Luis inicia entonces sus primeros contactos–, hace ya de segundo ayudante. Estas aproximaciones al grupo surrealista, así como las muy distintas concepciones que sostiene respecto a Epstein sobre qué debe ser el cine (el refinado impresionismo del francés chocaba inevitablemente con la feroz imaginación buñueliana, formada en las desenfrenadas comedias humorísticas estadounidenses), aceleran su ruptura con quien le da la oportunidad de conocer los primeros rudimentos del nuevo lenguaje. Una jornada, al final del rodaje, Epstein le rogó que se quedara con el operador porque esperaban a Abel Gance (uno de los «monstruos» del cine mudo francés, que a Buñuel le parecía en parte monstruoso) para hacer una prueba a dos muchachas. Luis le respondió que era ayudante suyo, y no del señor Gance, cuyo cine era ramplón y no le gustaba absolutamente nada. «¿Cómo se atreve un pequeño idiota como usted –le replicó Epstein– a hablar así de un director tan grande?» [4] Fue suficiente. La colaboración con Epstein había terminado.

Luis continúa, no obstante, en contacto con el cine; tanto en colaboraciones periodísticas que publica en revistas francesas o que envía periódicamente a España (sus colaboraciones más asiduas, y celebradas, serán las que aparezcan en *La Gaceta Literaria*, la revista de Giménez Caballero), como en trabajos interpretativos en pequeños papeles (así, aparece de contrabandista en la *Carmen* de Jacques Feyder, director al que admiraba bastante, con Raquel Meller de protagonista) o prosiguiendo sus experiencias de ayudante de dirección en una pésima película de Etiévant y Nalpas, *La Sirène des Tropiques*, con la insoportable Josephine Baker, que se ve obligado a abandonar antes de que se rueden los exteriores.

La costilla de Adán

Luis, que en cuanto muere el padre, se pone las botas de don Leonardo y se apropia de sus sombreros y sus trajes, reproduce en buena parte el modelo de sus progenitores, cuando se decide por la mujer con la que va a crear una familia. Jeanne, que tiene dieciséis años cuando conoce a quien será su marido, era, según todos los que la conocieron, una mujer bellísima, una «Venus de Milo» en palabras de Manuel Ángeles Ortiz, verdadero experto en asuntos de belleza femenina.

Conoce Buñuel a Juanita –así la llamaban los amigos españoles– en casa de una familia cordobesa amiga de Joaquín Peinado, adonde acudían con frecuencia las hermanas Rucar –Georgette y Jeanne–, amigas a su vez de los cordobeses. Juanita, que era una magnífica gimnasta –llegó a ganar por aquellos años incluso una medalla olímpica–, bailaba maravillosamente con sus amigas, y Luis, mohínamente, se quedó muy pronto prendado de la muchacha. Al principio se estableció entre ellos una curiosa amistad; después, como muy expresivamente comentaba Jeanne a Max Aub, la *agarró*. En realidad fue un noviazgo apuntalado por Buñuel con los padres de su joven novia. «Mi padre siempre ha tenido mucha confianza en Luis, lo quería mucho –confiesa Juanita, y añade–: Podría decir una cosa que él negará; pero cuando él se iba a Zaragoza, le decía a mamá, Madame Rucar: "Je vais partir en Espagne. Jeanne ne dois pas sortir. Puede salir con De la Torre".» De la Torre era Claudio de la Torre. Los amigos de Luis informan a este respecto que, cuando él se ausentaba, Juanita sólo podía salir con dos de sus amigos, poco sospechosos de trastadas erótico-sentimentales: con Claudio de la Torre en París y con Moreno Villa en Madrid. Los infundados celos de Buñuel con respecto a su novia, su mujer después, eran proverbiales; y, por supuesto, sin el menor de los motivos. Muchos años más tarde, cuando Luis ya era, allá por los años cincuenta, un prestigioso director cinematográfico, alguno de sus amigos franceses, por ejemplo, no sabía que Buñuel estuviera casado, ni que tuviera hijos mayores, tal era el secreto con que ocultaba a la niña de sus amores. Cuando don Lope, en *Tristana,* ante las posibles salidas de su pupila y amante, pronuncia ceremoniosamente en el comedor la famosa sentencia cervantina «la mujer honrada, la pierna quebrada y en casa», es Luis Buñuel, el contradictorio Luis Buñuel, quien habla, como tantas otras veces, a través de ese su otro yo en que se convirtió el gran actor Fernando Rey en las últimas películas del cineasta.

Afortunadamente los amigos de Buñuel se toman con sentido del humor el celoso noviazgo de Luis. Cuando visitan a los Rucar –Peinado era bastante amigo de ellos–, le daban a la madre de Juanita unas singulares clases de español. Así, al ir Luis a buscar a su novia, la madre, deseosa de soltar las recién aprendidas palabras del idioma de su futuro yerno, en lugar de saludar con el clásico «Buenos días, señor», lo recibía diciendo: «Puñetero señor, puñetero señor». «Bromas -explica Juanita- de Peinado, de Manolo o de Paquito. Los tres eran así. Y aún le enseñaron cosas peores» [5].

Muchas veces Juanita va al cine con su novio. Cuando la película es triste, Luis le pasaba el dedo por debajo del ojo, para ver si lloraba...

Cada vez frecuenta Luis con mayor asiduidad los cines. Y los motivos ahora son bien distintos a los de hace apenas unos meses. Buñuel relaciona una y otra vez las películas que ve con el mundo de los sueños, al que tan afecto fue siempre. Cuando las luces de la sala de proyección se apagan, el espectador queda sumido en una atmósfera de soledad, de disponibilidad a la aventura, a la ensoñación; queda a merced de unas imágenes que lo llevarán a un nuevo universo de sueños. Esa fascinación, esa incluso violación de la intimidad del espectador por parte de las imágenes cinematográficas, apasiona a este extraordinario ensoñador. Porque Luis Buñuel, a lo largo de su dilatada vida, va a ser, ante todo, un artista dedicado a cultivar el sueño, la ensoñación, motivos inspiradores de la mayoría de sus obras y puntos importantísimos de contacto con el surrealismo, el más moderno de los movimientos de vanguardia, al que se vinculará con verdadera convicción.

A propósito del papel esencial que el sueño va a jugar en su propio mundo creador, escribirá, al cabo de los años, en *Mi último suspiro,* palabras tan repletas de poesía como éstas: «Si me dijeran: te quedan veinte años de vida, ¿qué te gustaría hacer durante las veinticuatro horas de cada uno de los días que vas a vivir?, yo respondería: dadme dos horas de vida activa y veinte horas de sueño, con la condición de que luego pueda recordarlos; porque el sueño sólo existe por el recuerdo que lo acaricia [...] Dicen que, durante el sueño, el cerebro se protege del mundo exterior, que es mucho menos sensible a los ruidos, a los olores, a la luz. Pero, por el contrario, parece estar bombardeado desde el interior por una tempestad de sueños que afluyen en oleadas. Miles y millones de imágenes surgen, pues, cada noche, para disiparse casi en seguida, envolviendo la Tierra en un manto de sueños perdidos».

Los sueños del doctor Freud

La confluencia de dos sueños –uno de Salvador Dalí y otro del propio Buñuel– dará origen a la primera película de ambos: *Un perro andaluz.*

Luis había intentado antes varios proyectos cinematográficos, entre los que cabe destacar un guión sobre Goya, que llevaba siempre consigo y que finalmente se alegrará de no haber realizado (guión del que quedará su estupenda y posterior sinopsis «La duquesa de Alba y Goya»), y *El mundo por diez céntimos* o *El periódico,* argumento de gran interés en la línea de la famosa película de Cavalcanti *Rien que les heures,* que pensaba hacer en colaboración con Ramón Gómez de la Serna. A través del proceso de fabricación de un periódico, Buñuel pensaba desarrollar, por medio de la técnica del *collage,* un mediometraje en el que el surrealismo tuviera un importante papel; le fascinaba ese hábito de mezclar, en unas pocas páginas, acontecimientos políticos, crímenes, ecos de sociedad, deportes, religión, cultura, etc. Buñuel estaba convencido de que los primeros noticiarios cinematográficos participaban asimismo de este carácter surreal. El silencio de Ramón, a quien había solicitado por carta en más de una oportunidad el guión [6], impidió a Luis realizar tal proyecto.

La filmación de *Un perro andaluz* sorprendió, en este contexto, a casi todas sus amistades. Escasos meses antes de materializar su primera película, había ido publicando algunos poemas que agrupó en la ya citada recopilación titulada precisamente como el filme, *Un perro andaluz*, pero que apenas tenían relación con la película. El primer título manejado por Buñuel para esta compilación era *Polismo*[7].

«Dalí –explica Buñuel en sus memorias al referirse a la génesis de su *opera prima*– me invitó a pasar unos días en su casa y, al llegar a Figueras, yo le conté un sueño que había tenido poco antes, en el que una nube desflecada cortaba la luna y una navaja de afeitar hendía un ojo. Él, a su vez me dijo que la noche anterior había visto en sueños una mano llena de hormigas. Y añadió: "¿Y si, partiendo de esto, hiciéramos una película".»

Dicho y hecho. En cosa de una semana escriben el guión, originariamente en castellano. Ambos inventan a la par; Luis pasa a máquina las imágenes elegidas por los dos amigos y se premia de vez en cuando con un lucky y un trago de White Label. El acuerdo entre ellos es total. Siguiendo en principio unos postulados aparentemente tan sencillos como difíciles de llevar a cabo («No aceptar –dice Buñuel– idea ni imagen alguna que pueda dar lugar a una explicación racional, psicológica o cultural»), intentan abrir de par en par las puertas de lo irracional. Teóricamente sólo admiten las imágenes –propias y alguna que otra ajena– que impresionan su memoria, sin averiguar –añaden– el porqué de cada impresión. Lo que sucede es que la suma de todas esas imágenes, e incluso muchas de ellas tomadas individualmente, sí que tienen una significación profunda: muchos psicoanalistas, por ejemplo, han encontrado, en *Un perro andaluz*, una de las obras artísticas de nuestro siglo más atractivas para el análisis; Luis ha confesado a Max Aub cómo, desde 1923, leía con aplicación a Freud; sabidas son, por otra parte, las hondas relaciones existentes entre surrealismo y psicoanálisis.

En la otras veces citada e importante autobiografía que preparó en Estados Unidos, arroja Buñuel suficiente luz sobre esta compleja e innovadora película:

«En el filme está amalgamada la estética del surrealismo con los descubrimientos de Freud. Respondía a los principios generales de esa escuela que define el surrealismo como un "automatismo inconsciente no psíquico, capaz de devolver a la mente su función real fuera de todo control ejercitado por la razón, la moral o la estética".»

»Aunque me valí de elementos oníricos, el filme no es la descripción de un sueño. Por el contrario, el medio ambiente y los personajes son tipos reales. Su diferencia fundamental con otras películas reside en el hecho de que las funciones de sus protagonistas están animadas por impulsos, cuyas fuentes primordiales se confunden con las irracionales, las cuales son, por su parte, las de la poesía. A veces, estos caracteres actúan enigmáticamente, hasta donde el complejo patológico-psíquico puede ser enigmático.

»Esta película iba dirigida a los sentimientos del inconsciente humano y, por lo tanto, su valor es universal, aunque resulte desagradable a cierto grupo de la sociedad aferrada a los principios puritanos de la moral».

Poesía y psicoanálisis configuran esta sugestiva síntesis en la que confluyen los procesos creativos del poeta surrealista y las obsesiones del aplicado lector freudiano.

Dalí, a su vez, escribe:

«Lo único importante del filme es lo que en él pasa.

»Se trata de la simple anotación, constatación de hechos. Lo que le diferencia un abismo de los otros filmes es únicamente que tales hechos, en vez de ser convencionales, fabricados, arbitrarios, gratuitos, son hechos reales o parecidos a los reales, y por tanto enigmáticos, incoherentes, irracionales, absurdos, sin explicación».

Siguiendo las palabras de Dalí, vamos a intentar un análisis pormenorizado del filme a través de los hechos, de «lo que en él pasa». Los hechos de *Un perro andaluz*, que, ciertamente, en muchos casos son inexplicables, otras muchas veces son tremendamente significativos, perfectamente analizables. En este pequeño filme de diecisiete minutos de duración, y en la siguiente película de Buñuel, *La edad de oro*, están casi todas las obsesiones buñuelianas, todo el personal mundo poético que más adelante desarrollará a lo largo de una obra que crece en inteligencia al tiempo que, lógicamente, mengua su fuerte energía inicial.

En apariencia, Buñuel y Dalí siguen, pues, los métodos de trabajo propuestos por lo que los surrealistas denominaron escritura automática, es decir, la asociación libre de pensamientos e imágenes. Sin embargo, las funciones de los protagonistas del filme -que son «tipos reales», no lo olvidemos-, motivadas por impulsos, surgen de las mismas fuentes irracionales que alimentan por igual la creación artística y la psicopatología de cualquier individuo («su valor -decía Buñuel- es universal»); y el espectador de la película se convierte en un verdadero cómplice, que contribuye a la ordenación de ese aparente caos. Porque *Un perro andaluz* posee, al fin y al cabo, una estructura mucho más pensada de lo que sus jóvenes autores quisieron dar a entender.

Érase una vez... en primavera

Al iniciarse el poema -ya que la primera película de Buñuel y Dalí es ante todo un poema visual- aparece sobreimpresionada, sobre el negro de la pantalla, la expresión mágico-narrativa por excelencia: «Érase una vez...». Primer rasgo irónico, este comienzo paródico de los cuentos infantiles, de una obra -esta primera experiencia cinematográfica de Luis y toda su posterior filmografía- en tantos momentos presidida por la más implacable ironía. Un plano muy cercano nos muestra dos manos masculinas, las mangas de la camisa arremangadas, afilando una navaja de afeitar. Ese hombre, un joven, el cigarrillo en la comisura de los labios, ensimismado en su tarea, es el propio Luis Buñuel. La noche se insinúa a través de una vaga luminosidad, como lunar, procedente de una ventana próxima. Hay luna llena. Una pequeña nube avanza hacia la luna. El hombre está ahora junto a una joven, con la navaja recién afilada. La nube pasa por delante de la luna, como si la partiera en dos. En un primerísimo plano –que quedará ya para siempre grabado en la mente del espectador y en la propia historia del cine– el ojo de la joven es seccionado por la navaja longitudinalmente. La pantalla se oscurece.

Sobre estas escasas pero intensísimas imágenes, que constituyen el prólogo de la película, se han vertido ríos de tinta. La mayor parte de las interpretaciones coinciden en señalar, en esta provocadora mutilación, una especie de castigo del *voyeur* infantil, del niño que *ve* por vez primera a sus padres en pleno acto sexual. El ojo, el objetivo de la cámara, se convertiría, por tanto, según la acertada expresión de Fernando Cesarman, en «la visión de lo prohibido, la culpa por ver y el castigo por haber visto». «Durante toda la obra de Buñuel –añade con buen tino–, se presentará la necesidad de los personajes de ver a través del ojo de la cerradura, a través de una ventana, espiando, intentando ver lo prohibido, curiosidad que se encuentra relacionada con el deseo común de ir al teatro o al cine» [8]. Buñuel, sólo con mostrarlo, sin apenas decirlo, evidenció con su obra que el máximo atractivo del cine consistía, precisamente, en esa eterna vuelta al *voyeurismo* de la infancia, al hecho de mirar por la rendija de la puerta, por el ojo de la cerradura, la intimidad del dormitorio paterno. Bernardo Bertolucci ha explicado estas imágenes con frecuencia. Pero, al margen de las fijaciones de infancia, hay, en estas impresionantes imágenes primeras de *Un perro andaluz*, una cosa bien cierta: a partir del *shock* visual producido por este provocador montaje, la mirada del espectador va a cambiar. Como sucederá con la mayor parte del arte de nuestro siglo, ya no nos servirá el ojo del realismo, aquella mirada que sólo identificaba las imágenes de lo lógico y lo racional. Una nueva mirada se impone, una mirada abierta al sueño, al inconsciente, a la libertad, bien es cierto que casi siempre oprimida *(El fantasma de la libertad: Le fantôme de la liberté)* por las normas y los usos sociales.

Tras este prólogo revelador, aparece sobre el negro de la pantalla, a modo de parodia chapliniana, el rótulo «Ocho años después». La lluvia cae sobre una calle desierta. Un personaje, estrafalariamente vestido, entre hombre y mujer –el «andrógino» se le denominará a veces en el guión–, pedalea sobre una bicicleta. Porta unos extraños mantelillos, y de su pecho, sujeta por unas correas, pende una caja rectangular de rayas blancas y negras cruzadas oblicuamente (antes, en el prólogo, la camisa y la corbata de Buñuel también eran rayadas). El curioso ciclista avanza hacia la cámara y Buñuel encadena con el plano general de una habitación. Una joven está sentada, leyendo junto a la mesa. La joven vuelve de pronto su cabeza y en un rápido *flash* vemos, en contrapicado, al ciclista que pasa por la calle. La joven se levanta al tiempo que arroja el libro sobre la mesa; la portada del mismo nos muestra *La encajera,* el famoso cuadro de Veermer (intencionadamente Buñuel cerrará su obra cinematográfica ofreciéndonos, en *Ese oscuro objeto del deseo,* una recreación plástica de ese mismo cuadro llena de referencias sexuales a su propia obra: una mujer de mediana edad zurce una delicada tela, como si restaurara el himen herido, como si cosiera así ese revelador ojo desgarrado al comienzo de su obra). El ciclista cae en un charco y se enfanga. La joven, encolerizada, baja precipitadamente para socorrerlo. Ya en la calle, la joven besa violentamente al ciclista por todo su rostro mientras arrecia la lluvia hasta el punto que desaparece la escena. Encadenado con la misteriosa caja rayada, cuyas líneas oblicuas llegan a coincidir con la lluvia en uno de los numerosos ejemplos de montaje, asociativo ahora (de contraste, etc., en otras ocasiones), que desmienten el pretendido automatismo de la película. Como en la secuencia inicial, unas manos, portando ahora una pequeña llave, abren la caja: se extrae de su interior una corbata, también rayada, envuelta en un papel de seda [9].

De nuevo en la habitación. La joven contempla los accesorios del ciclista, extendidos sobre la cama, como si se tratasen de los objetos de alguien que ha desaparecido. Reemplaza la corbata monocolor del joven por la de rayas que hemos visto sacar del interior de la caja. Se siente observada; se vuelve y se encuentra ante el joven, desprovisto de los mantelitos femeninos que adornaban su traje, así como de sus accesorios. El joven mira angustiosamente su mano. En un primer plano inquietante, vemos el sueño de Dalí antes citado («él, a su vez, me dijo -explicaba, hace unas páginas, Buñuel- que la noche anterior había visto en sueños una mano llena de hormigas»): de un agujero negro, situado en el centro de la mano, salen y entran hormigas. Se encadena entonces con el vello axilar de una joven, con un erizo marino cuyos brazos se mueven ligeramente (representaciones, en fin, convulsivas del sexo femenino), y con la cabeza, tomada en picado, de otra joven, de aspecto equívocamente masculino, que se encuentra en medio de una multitud que pugna por forzar un cordón de la policía.

La joven intenta coger del suelo, con la ayuda de un palo, una mano cortada, con las uñas pintadas (la famosa y terrorífica mano viviente que será motivo del *gag* que le robarán más tarde en Hollywood y que Buñuel recreará en la conocida secuencia de la mano viviente de *El ángel exterminador)*. Un policía la recoge y mete la mano en la caja que llevaba el ciclista y se la entrega a la equívoca muchacha mientras le recrimina su acción. Este hecho emociona profundamente a la joven. El público se dispersa.

La escena ha sido contemplada por la pareja de la habitación, que también parece estar muy emocionada, como si una extraordinaria música los pusiera en estado de trance («Mira por la ventaja, como si estuvieras escuchando a Wagner», había apuntado Buñuel a Pierre Batcheff, el actor que encarna al ciclista protagonista). La joven que ha quedado sola en medio de la calle, presenta una imagen de desvalimiento absoluto. Uno de los automóviles que pasan velozmente a su lado la arrolla sin piedad. «El accidente que sufre la joven –puntualiza Cesarman– repite el sufrido por el joven de la bicicleta: ambos terminan apareciendo muertos como defensa y castigo de su sexualidad»; para este analista, la mano sería una clara representación de los procesos masturbatorios, cancelados por la autoridad al ser encerrados en la caja, en tanto que los automóviles serían los sentimientos ante los que el personaje es implacablemente arrollado. El extraño ciclista mira lascivamente a la joven; sus manos atrapan, en un primerísimo plano, los senos de ella, que primero aparecen cubiertos por el traje e, inmediatamente, desnudos. Con la mirada en blanco, una baba sanguinolenta desciende de los labios del joven. (Ésta es la escena a la que el propio Buñuel aludía al comienzo de nuestro libro, al referirse a su intento de representar visualmente su sentimiento del coito: una especie de muerte. «Cuando el hombre –explicaba– acaricia los senos desnudos de la mujer y, de pronto, se le pone cara de muerto.») Los turgentes senos se convierten en nalgas, las manos de él se aferran a las sensuales caderas femeninas. El rostro del hombre rebosa maliciosa lujuria mientras su gran boca se cierra «minúscula, como comprimida por un esfínter». Ella, desprendiéndose del andrógino, huye despavorida y se protege tras una mesa. Él gesticula teatralmente, como si buscara alguna cosa. Ve, en el suelo, un trozo de cuerda, que agarra con decisión. La joven mira horrorizada a su agresor. Él avanza hacia ella, arrastrando, penosamente, una verdadera repesentación plástica de los traumas que le impiden –algo muy buñueliano– la realización de sus deseos. Vemos pasar un corcho, un melón, dos hermanos de las escuelas cristianas y dos pianos de cola. Encima de los pianos, dos carroñas de burro; sus patas, colas, grupas, excrementos, cuelgan de la caja de armonía en una puesta en escena en que Dalí dejó su huella, como Buñuel reconoce en el interesante libro de entrevistas *Prohibido asomarse al interior*[10]. En el pesadísimo arrastre, va tirando todo lo que encuentra a su paso. La lámpara que ilumina la escena, se tambalea dramáticamente.

El joven logra por fin deshacerse de sus «traumas» y está a punto de alcanzar a la joven, quien lo esquiva de un salto y huye de nuevo, pero no lo suficientemente deprisa para que le dé tiempo a cerrar del todo la puerta que le aísle del joven, cuya muñeca queda dolorosamente atrapada en su dramático esfuerzo por retener a la mujer. Una de las cualidades más notables de *Un perro andaluz* es la enorme fisicidad de muchas de sus imágenes, su sensibilidad táctil, a flor de piel, que llega a sentirse, como bien dice Kyrou, «en la punta de los dedos». Refiriéndose a esta escalofriante escena, escribe J. Francisco Aranda: «La mano cogida por la puerta, en cuyo centro hay un agujerito negro del que salen hormigas es, más que un símbolo, la visualización del dolor que ha producido al personaje el magullamiento. No es exagerado decir que muchos espectadores sienten el brazo dormido o tienen la sensación de un hormigueo»[11]. Esta hipersensibilidad sensorial de las imágenes buñuelianas, presente de *Un perro andaluz* a *Ese oscuro objeto del deseo,* característica españolísima a decir de Aranda, está especialmente viva en sus tres primeras películas. Para Freddy Buache el poder de fascinación de Buñuel radica en el encadenamiento irrealista de imágenes fuertemente realistas, en las que consigue despertar y tensar –añadiríamos nosotros– todos los sentidos del espectador.

La joven dirige su mirada hacia la nueva habitación, y allí, sobre el lecho, se halla tumbado, vestido con todos los accesorios y mantelitos que estaban extendidos en la cama de la otra estancia, el joven ciclista de la mano atrapada; tiene ahora un aire afeminado, muy alejado de la lascivia que lo invadía en la escena anterior. Un nuevo rótulo aparece en la pantalla: «Hacia las tres de la madrugada». Otro personaje –un hombre– se detiene en el descansillo de la puerta. Toca el timbre y, en lugar del mecanismo que oprime la campanilla, vemos, a través de dos agujeros de la puerta, una nueva greguería buñueliana: dos manos agitando una coctelera. La joven abre. El recién llegado se dirige directamente a la cama y levanta al ciclista con violencia, al tiempo que lo despoja de todos los mantelitos. Actúa ante él como un padre autoritario. Cuando adivinamos los rasgos del recién llegado, que Buñuel se ha encargado de ocultárnoslos hasta ese momento, comprobamos que son idénticos a los del andrógino protagonista (¿padre e hijo?, ¿las dos caras divergentes de una personalidad escindida?).

Rótulo en el que leemos: «Dieciséis años antes». Retroceso a la infancia de nuestro personaje. Aparece un pupitre, con libros y otros objetos escolares. El recién llegado coge un par de libros y coloca al joven de cara a la pared, con los brazos en cruz y un libro en cada mano, en una suerte de castigo por una conducta probablemente pecaminosa. El castigado, cuyo rostro adquiere inusitadamente una expresión malévola, se vuelve hacia el hombre al que ahora ya identificamos claramente con la figura del padre o tutor; los libros se han transformado en amenazantes revólveres. La expresión del recién llegado, por el contrario, rebosa de pronto ternura; pero es inútil. Los revólveres se disparan y el «otro» cae, en *ralenti,* mortalmente herido. Acabamos de asistir al primer parricidio cinematográfico buñueliano (tras algunos intentos aproximatorios, volverá a llevarlo a cabo en *El bruto,* una de las películas más interesantes de su período mexicano), justo al comienzo de su carrera. «La fantasía de este asesinato –puntualiza Cesarman– tiene por objeto alcanzar la liberación y encontrar el contacto amoroso anhelado», hecho que no va a suceder en la película y sí, como hemos podido comprobar, en la vida personal del propio cineasta [12]. La imagen que sigue, síntesis de amor y de muerte, es una de las más hermosas del filme: vemos caer la figura del moribundo, que ahora está en un parque, mientras una de sus manos araña, en su caída, la espalda desnuda de una mujer joven que se halla reclinada, como una estatua viviente.

Asistimos, de inmediato, a un nuevo caso de desdoblamiento. Cuando cae moribundo, varios paseantes y algunos guardias se llevan su cuerpo por el bosque en tanto que (en una secuencia que no aparece en el guión y sí en la película), el mismo moribundo, totalmente recuperado, se aleja caminando amistosamente con un anciano. Asinato de la parte castradora del padre y resurrección quizá del lado afectivo.

Una vez más en la habitación. Se abre la puerta en la que quedó aprisionada la mano y aparece de nuevo la joven. Ésta, tras cerrar la puerta, mira detenidamente, y con gestos de impaciencia y desprecio, la pared contra la que estaba el asesino. No hay nadie. Plano más cercano de la misma pared: se aprecia ahora una pequeña mancha oscura. En un plano de detalle, observamos una mariposa negra que tiene dibujada en las alas una calavera que llega a cubrir la pantalla. (La misma que se encuentra en la novena mancha del curioso texto literario de Luis titulado *Una jirafa.)* Aparece bruscamente el protagonista –el joven ciclista, el andrógino mutante–, de nuevo con sus accesorios y mantelitos, que se lleva la mano a la boca, como si se quedara sin dientes. (Estas apariciones bruscas, repentinas, sorprendentes, invaden, como los llamados «malos pensamientos», la película.) La joven lo mira con desdén. Cuando el joven retira la mano de su boca, nos damos cuenta de que ésta ha desaparecido. Ella, imperturbable, se retoca los labios con carmín en un claro gesto de autoafirmación sexual y de desprecio por la indefinida sexualidad de su imposible compañero. En el lugar donde se encontraba la boca, comienzan a crecer pelos.

La joven se inquieta y se mira instintivamente el sobaco, que está totalmente depilado. Desdeñosa, le saca la lengua, se pone un chal, abre la puerta y sale, sorprendentemente, a una playa (una situación tan insólita como la ocurrida unos momentos antes, cuando veíamos caer al moribundo en una habitación y de pronto ese mismo desvanecimiento se ubicaba en un parque). Buñuel, ya desde su primera película, juega con el espacio con la misma libertad con que lo hace con el tiempo; para él, como para todos los grandes creadores, espacio y tiempo son conceptos relativos. Lo que pasa es que, casi nunca, hasta llegar a él, habíamos encontrado tamaño desenfado a la hora de utilizar dramáticamente las coordenadas espacio-temporales.

Vemos ahora en la playa a la pareja protagonista, junto a un tercer personaje. Los tres se saludan amigablemente. El realizador juega una y otra vez, como hará a lo largo de su filmografía, con una serie de variantes repetitivas, a modo de estructura sinfónica. (Valentín Arteta ha subrayado acertadamente el carácter musical de *Un perro andaluz*[13], que Buñuel llevará a sus últimas consecuencias en *El ángel exterminador* y otras interesantes películas de su período creativo final.) Los tres amigos –volviendo a la acción– pasean por la orilla del mar. La cámara los sigue en *travelling* mientras las olas devuelven a tierra los accesorios y mantelitos del protagonista, la caja rayada, e incluso la bicicleta. Plano medio de la pareja, la joven le va dando a su compañero alguno de los objetos transportados por el mar y aquél los devuelve, uno a uno, a las aguas.

Sobre plano general de la pareja abrazada que se aleja por la playa, y mientras oímos el tango que ha anunciado la primera aparición de la misma, el realizador sobreimpresiona irónicamente en el cielo el rótulo «En primavera». Cuando parece que la película ha terminado en un tramposo *happy end,* vemos un desierto sin horizonte alguno. En el centro de la composición, y en una clara parodia del «daliniano» *An-*

gelus de Millet, enterrados hasta el pecho en la arena, está la pareja protagonista, ciegos, la ropa desgarrada, devorados por los rayos del sol y un enjambre de insectos. «Seres humanos –concluye Cesarman– que se arrastran tras de su vida, torturados por su impotencia al tratar de consumar sus deseos sexuales, algunas veces logrados, pero siempre a través del dolor de la agresión y sólo para hundirse más en su propia muerte.»

Poema de la juventud y de la muerte

Crónica, entre psicoanalítica y poética, de la imposibilidad del deseo, *Un perro andaluz* es el digno prólogo de toda una obra que gira alrededor de esta problemática que es la central de la filmografía buñueliana. Aquí serán los traumas individuales –evidente consecuencia de la educación recibida, de los «mandamientos» de la infancia y pubertad– los que impidan la unión de los jóvenes protagonistas; en su película siguiente, en *La edad de oro,* será la sociedad la que imposibilite directamente el amor. El último plano de *Un perro andaluz* es de una evidencia atroz: los dos jóvenes, convertidos en grotescas estatuas, en trágicos y mortuorios peleles de sus insatisfechos instintos; por cierto, los protagonistas de la película (Simone Mareuil y Pierre Batcheff) se suicidarán en la vida real, en trágica coincidencia con lo que sucede en el filme. La fuerza del deseo sexual es tan grande en la obra, y en la propia vida de Buñuel, que éste, al alcanzar la vejez y liberarse en buena parte de sus necesidades instintivas, experimenta –nos dice en sus memorias– «una calma nueva», una satisfactoria liberación.

Un perro andaluz es, para Salvador Dalí, el filme «de la adolescencia y de la muerte» [14]. Jean Vigo, el genial cineasta vanguardista, en la presentación de su película *A propósito de Niza (À propos de Nice),* consideró *Un perro andaluz* «una obra capital y, desde un punto de vista social, concisa y atrevida». Buache considera el primer Buñuel como «historia del deseo escarnecido, amordazado (el amante pierde su boca), despedazado, ahogado», historia que «pone en evidencia y acusa, de un modo implícito y por medio del estilo, las convenciones de una sociedad que combate el amor con anatemas».

Rodada en París en 1929, la película es financiada por la madre de Luis, gracias a la oportuna mediación de su hija Conchita: «"Mira mamá –le dijo–, si Luis fuera dentista le pondrías un consultorio, si fuese médico, pues también; si fuese abogado, un bufete... Pues dale esto." Y yo no sé si la convencí, pero el caso es que le dio el dinero e hizo *Un perro andaluz*». El éxito de la película es similar al escándalo que produce. Buñuel, que había planteado su *opera prima* como una provocación, protesta por la favorable acogida que, dentro de los círculos artísticos e intelectuales, se dispensa al filme, al referirse, en *La Révolution surréaliste,* la revista del grupo de Breton, a «quienes han encontrado bello y poético lo que no es, en el fondo, más que una desesperada, una apasionada llamada a la muerte». Luis se encargó de difundir, a propósito de su estreno, la simpática y paradójica anécdota del joven cineasta, situado tras el piano que acompañaba musicalmente la película, con los bolsillos cargados de piedras para arrojárselas al «distinguido público» en caso de apuro mayor. Atractiva imagen ante la que, un invitado excepcional, Louis Aragon, declara: «Lo soñó. No tenía piedras en los bolsillos ni estuvo detrás de la pantalla. Él esperaba solamente con inquietud lo que pensaríamos. Pero eso no era así, porque, en realidad, todos estábamos en un estado de entusiasmo completo» [15]. El entusiasmo es tan grande que André Breton ve en *Un perro andaluz* «el equivalente cinematográfico de la escritura automática», lo que supone al joven Buñuel el espaldarazo definitivo del grupo surrealista.

Queda por dilucidar hasta qué punto la primera película de Buñuel es exactamente eso, una película de Buñuel, o bien su autoría debe ser repartida entre él y Dalí. Ado Kyrou, que fue el primer crítico que se planteó con seriedad la cuestión, escribe: «Estoy convencido del hecho de que -al fin y al cabo- las metas de Buñuel y de Dalí diferían. Para el primero, se trataba de atrapar ese dominio incandescente donde el sueño y la realidad se confunden en un magnífico gesto de liberación; para el segundo se trataba de "epatar" al burgués. Entre Buñuel y el gran publicista se abre el abismo de la sinceridad» [16]. Todo lo que hay en *Un perro andaluz* de grotesco y obvio simbolismo, pertenecería, según Kyrou, a Dalí, mientras que los momentos más complejos y sutiles del filme llevarían el sello de Buñuel. Opinión que, a primera vista, puede parecernos bastante simple, pero que, si pensamos en las soluciones estéticas que cada uno de estos artistas dará a sus posteriores obras, se nos antoja bastante razonable. Así, la patente evidencia de ciertos simbolismos -la mano hormigueante, la secuencia del arrastre del piano y las carroñas, los libros que se convierten en revólveres- no volvemos apenas a encontrarla en la obra posterior del aragonés, que tiende cada vez más a soluciones narrativas de tipo indirecto, a la sugerencia irónica, a la complicidad intelectiva, a las soluciones -si se me apura- gregueristicas. La obra posterior de Dalí, en cambio, cada vez es más burdamente simbolista, su arte reflejará soluciones estéticas muy evidentes, que no fatiguen en exceso la menguada inteligencia y sensibilidad de los mejores pagadores del arte: los multimillonarios estadounidenses. Con razón explicaba Dalí a Max Aub que se había convertido, frente a su «bestia negra», Picasso, en el pintor más famoso del mundo y que las reproducciones de su famoso Cristo poblaban los hogares de todos los trabajadores del orbe.

Aunque durante el proceso de escritura del guión, el entendimiento entre los dos amigos fue perfecto, Dalí sólo asistió al último de los quince días que duró aproximadamente el rodaje de la película, con lo que su colaboración en el proceso de materialización de *Un perro andaluz* fue escasamente significativo. Sirva este dato de colofón a la polémica anterior. De lo que se ha hablado menos, y este tema no deja de tener su interés, es de la influencia de personajes como Pepín Bello en algunas de las imágenes del filme. El papel de Bello en las imágenes de los «carnuzos» y en otras ocurrencias, anteriormente señaladas por Alberti, lo confirma Santiago Ontañón, otro amigo de la época, a Max Aub: «En *Un perro andaluz* –dice– hay muchísimo más de Pepín Bello que de Dalí. Toda la teoría del "carnuzo", y de los burros muertos, y todo eso, era una de esas ideas obsesivas que tenía Pepín Bello [17].» Ontañón se refiere también, en sus declaraciones, a la huella –más dudosa para nosotros– de Moreno Villa en la impresionante escena prologal de la película. Según Ontañón, en la época de la Residencia, «Moreno Villa bajó a desayunar [...] muy impresionado porque había soñado que con una navaja, afeitándose, se había cortado el ojo. Y que a todos les produjo un ramalazo de cosa tremenda, que luego se aprovechó para la película». De confirmarse esta anécdota, que contradice el propio sueño al que alude Buñuel, no dejaría de ser más que un mero impulso motivador del magnífico prólogo que Luis Buñuel visualizó en *Un perro andaluz,* sin lugar a dudas *su* primera película.

4. El hallazgo de una nueva moral

Aludiendo a los surrealistas, y con su rudeza baturra habitual, Buñuel confesaba a Max Aub: «Hasta el [año] veintisiete me parecían una partida de maricones». Sin embargo, una serie de hechos públicos, protagonizados por miembros del grupo surrealista francés, pronto le hacen cambiar radicalmente de opinión. Luis recuerda, por ejemplo, la fotografía aparecida en *La Révolution surréaliste* en la que se ve a Benjamin Péret insultando a un cura; o la encuesta sobre la sexualidad publicada en la misma revista, que le fascinó. Encuesta en la que se planteaban preguntas tales como: «¿Dónde prefiere hacer el amor? ¿Con quién? ¿Cómo se masturba usted?». Luis, por otra parte, como se ha podido comprobar en los capítulos anteriores, era, al igual que algunos de sus íntimos amigos españoles, un surrealista *avant la lettre*. De manera que pronto comienza a frecuentar los cenáculos del grupo de Breton, y sobre todo a partir del éxito de *Un perro andaluz*. Pero incluso, ya dentro del grupo, Buñuel va un poco por libre, como hizo durante toda su vida por más que, en muchos aspectos, se encuentre entre los surrealistas franceses como pez en el agua. El propio Breton llegó a mosquearse al principio con Luis porque éste no le estrechaba la mano con la habitual frecuencia con que se practicaba en Francia esta costumbre, que el aragonés despreciaba; algo que, por fortuna –una vez informado de que en la parquedad gestual de Buñuel no había ningún tipo de rechazo hacia su persona–, no impidió su pronta y sincera amistad. Luis se encuentra en el grupo de Breton como pez en el agua porque el surrealismo le ayuda a convivir más coherentemente con sus propias contradicciones y le hace vivirlas con humor, creativamente; con un humor que no aparecía únicamente en la obra de los surrealistas, sino en sus propias vidas, en sus propias reuniones y tertulias, en sus relaciones con la vida cotidiana; algo que, en el fondo, siempre había sido característico de Buñuel.

Por esta misma época, y animado por los compañeros surrealistas, entra en contacto con la obra de Sade. La influencia que la vida y las obras del divino marqués van a tener sobre Luis Buñuel será decisiva. «A los veintiocho años –confiesa Luis a Aub– yo era anarquista, y el descubrimiento de Sade fue para mí absolutamente extraordinario. No tuvo nada que ver con la erotología, sino con el pensamiento ateo. Resulta que lo que había sucedido, hasta aquel momento, es que pura y sencillamente me habían ocultado la libertad, me habían engañado totalmente referente a lo que era la religión y, sobre todo, acerca de la moral. Yo era ateo, había perdido la fe, pero la había reemplazado con el liberalismo, con el anarquismo, con el sentido de la bondad innata del hombre, y en el fondo estaba convencido de que el ser humano tenía una predisposición a la bondad echada a perder por la organización del mundo, por el capital, y de pronto descubrí que todo eso no era nada, que todo eso podía existir (y si no eso, otra cosa), y que nada, absolutamente nada, debía tenerse en cuenta como no fuese la total libertad con que si le diera la gana podía moverse el hombre, y que no había bien y que no había mal. Figúrate lo que esto representa para un anarquista. Lo extraordinario es que entonces, el veintinueve, es cuando comprendí la razón de ser de mi afición, de mi gusto, de mi total compenetración con el surrealismo. Sade influyó más que nadie, no sólo en mí, sino en los surrealistas, en el surrealismo»[1].

La obra cinematográfica de Buñuel, que nada más nacer va a dar esos dos espléndidos y corrosivos frutos cumbres del surrealismo que son *Un perro andaluz* y *La edad de oro,* será tan universal porque participará, de momento, de dos culturas: la española y la francesa. En Buñuel encontramos la inteligente lucidez de Velázquez, el poderoso irracionalismo poético de Goya, el ingenio humorístico de Ramón Gómez de la Serna, características a las que cabrá añadir el casticismo de Galdós, junto al insobornable materialismo sadiano o las insólitas imágenes de los surrealistas franceses, con su admirado Benjamin Péret a la cabeza. Y a estas dos culturas habrá que añadir después la americana –menos fuerte en su obra, bien es cierto, que las anteriores–, que, a partir de 1947, comenzará a formar parte del acervo cultural de Buñuel, cuando, instalado ya en México, reinicie en el país hermano su carrera cinematográfica.

«El surrealismo –expresa Buñuel con convicción y perfecto conocimiento de causa– no hace más que animar la realidad corriente con toda clase de símbolos ocultos, de vida extraña, yacentes en el fondo de nuestra subconsciencia, y que la inteligencia, el buen gusto, la mierda poética tradicional, habían llegado a suprimir por completo. Por ello es tan vital, está tan cerca de la vida del salvaje y del niño. Es una realidad *auténtica* sin deformaciones *a posteriori.*»

Todo ese fondo del subconsciente es elaborado por el cultivo del sueño y de la ensoñación, por ese regreso a la mirada del salvaje y del niño, mirada en la que más que la bondad rousseauniana –que Buñuel desmiente en la larga e importantísima cita sobre Sade anteriormente transcrita– se encuentra la pureza y la crueldad primitivas. Por otro lado, mientras André Breton define la nueva vanguardia como «dictado del pensamiento, al margen de todo control de la razón y de toda preocupación estética o moral», Buñuel ve en el surrealismo «un movimiento poético, revolucionario y *moral*» [2]. Ése es tal vez el aspecto más personal que aporta Buñuel al movimiento surrealista: el énfasis que pone el cineasta en las posibilidades de desarrollar, merced al surrealismo, una nueva moral.

«Lo que conservo de aquellos años -declara Buñuel a Carrière-, más allá de todo descubrimiento artístico, de todo afinamiento de mis gustos y pensamientos, es una exigencia moral clara e irreductible a la que he tratado de mantenerme fiel contra viento y marea [...] Por primera vez en mi vida había encontrado una moral coherente y estricta, sin una falla. Por supuesto, aquella moral surrealista, agresiva y clarividente, solía ser contraria a la moral corriente, que nos parecía abominable, pues nosotros rechazábamos en bloque los valores convencionales. Nuestra moral se apoyaba en otros criterios, exaltaba la pasión, la mixtificación, el insulto, la risa malévola, la atracción de las simas.»

Y el alma secreta para instaurar esa nueva moral es, tanto para Luis como para el resto de los surrealistas, el escándalo. *Un perro andaluz* lo había demostrado con creces; *La edad de oro* será una verdadera bomba de relojería. Buñuel se explica con total claridad: «Contra las desigualdades sociales, la explotación del hombre por el hombre, la influencia embrutecedora de la religión [los surrealistas], vieron durante mucho tiempo en el escándalo el revelador potente, capaz de hacer aparecer los resortes secretos y odiosos del sistema que había que derribar».

Precisamente para tratar de desestabilizar ese sistema, varios de los componentes del grupo surrealista -con Louis Aragon al frente- se afilian al Partido Comunista Francés, por entonces en la vanguardia política y social, hecho que produce la ruptura del grupo de Aragon con André Breton. La irreconciliable escisión que, a raíz de esta ruptura, se producirá entre surrealismo y comunismo, será algo que destrozará anímicamente a Buñuel a lo largo de su vida. Luis, a pesar de sus fuertes afinidades con Breton, llegó a militar, durante algunos años –según Aragon– en el Partido Comunista Francés [3]. Recordando después, en sus memorias, aquellos ilusionados tiempos, Buñuel llega a decir que el objetivo fundamental del surrealismo era «el de hacer estallar la sociedad, cambiar la vida»... Pero la máxima fundamental de Arthur Rimbaud (*«Il faut changer la vie»*), reivindicada ahora por Buñuel y otros surrealistas, nunca fue tarea fácil, y el surrealismo, a la postre, cambiará más el arte que la vida.

«A menudo –prosigue Buñuel– me preguntan qué ha sido del surrealismo. No sé qué respuesta dar. A veces digo que el surrealismo triunfó en lo accesorio y fracasó en lo esencial. André Breton, Eluard y Aragon figuran entre los mejores escritores franceses del siglo XX, y están en buen lugar en todas las bibiliotecas. Max Ernst, Magritte y Dalí se encuentran entre los pintores más caros y reconocidos y están en buen lugar en todos los museos. Reconocimiento artístico y éxito cultural que eran precisamente las cosas que menos nos importaban a la mayoría. Al movimiento surrealista le tenía sin cuidado entrar gloriosamente en los anales de la literatura y la pintura. Lo que deseaba más que nada, deseo imperioso e irrealizable, era transformar el mundo y cambiar la vida. En este punto –el esencial– basta echar un vistazo alrededor para percatarnos de nuestro fracaso.»

Este puñado de idealistas, que harán suyo el escándalo, el cultivo de los sueños, la liberación del inconsciente, el amor libre, la escritura automática, el absurdo, el azar, e incluso el terrorismo cósmico (Buñuel *dixit*), no podrá, sin embargo, dejar de ser engullido por el propio sistema que intentaban desestabilizar, e incluso derribar. Los surrealistas –la cita recién transcrita es muy elocuente– conseguirán, paradójicamente, lo que menos les preocupaba en principio: el reconocimiento artístico y sociocultural. «El surrealismo triunfó en lo accesorio y fracasó en lo esencial», sentenciaba Buñuel, ya que «ese deseo imperioso e irrealizable», de transformar el mundo (Marx), de cambiar la vida (Rimbaud), sólo en parte lo van a poder realizar.

La revolución del amor

Además de modificar la sensibilidad artística, de abrir definitivamente el camino a una nueva sensibilidad, la obra de los surrealistas –que, salvo en casos tan singulares como el de Buñuel, será más teórica que práctica– contribuirá, si no a cambiar, a modificar, hasta cierto punto, la vida. Y esa modificación se hará patente, sobre todo, en el campo del amor.

Luis Buñuel realiza, en 1930, el gran poema cinematográfico del movimiento surrealista, *La edad de oro,* una obra en la que Buñuel, ya desligado de Dalí, va a dar un paso importante en su trayectoria creadora, al sustituir, en buena medida, las obsesiones individuales (que abundaban, pese a todo, en *Un perro andaluz)* por obsesiones sociales que reprimen y aplastan a los individuos. *La edad de oro* es un gran canto al amor y a la revolución, un canto que nos demuestra que no hay nada más revolucionario que el amor.

Una de las encuestas surrealistas más célebres comenzaba con esta pregunta: «¿Qué esperanza pone usted en el amor?». Buñuel, que era uno de los encuestados, respondía: «Si amo, toda la esperanza; si no amo, ninguna». El amor para Luis, como para casi todos los surrealistas, es un sentimiento indispensable para vivir, para actuar, para pensar. Un sentimiento tan poderoso que la sociedad, temerosa de su fuerza, intenta siempre encauzarlo a través de las instituciones, porque, en el fondo, lo considera antisocial.

«Ninguna sociedad organizada –declara Buñuel– favorece el amor. *Hablo de la pasión total, entera,* que se alimenta de ella y para ella misma: *l'amour fou.* Este amor aísla a los amantes, los hace rebeldes a todo deber social o cualquier lazo familiar, los lleva a destruirlo todo. Este amor da miedo a la sociedad y ésta usa todos sus medios para separar a los amantes como se separaría a dos perros.»

En efecto, la sociedad intenta separar a los amantes de *La edad de oro* como se separaría a dos perros. *L'amour fou,* el amor loco, es la culminación del romanticismo, un romanticismo al que se le añade el frenesí de la pasión surrealista. *La edad de oro* «es una película romántica, realizada con todo el frenesí del surrealismo», dice Buñuel, en la mejor definición que conozco de este impresionante poema audiovisual. A partir de *La edad de oro,* el amor se va a manifestar, en la obra de Buñuel, de dos maneras principalmente: *l'amour fou,* el Amor con mayúscula, un amor que abrasa a los amantes, que los consume en un mismo fuego (el de los protagonistas de *La edad de oro,* el del doctor Valerio por Clara en *Así es la aurora (Cela s'appelle l'aurore),* el de Catalina por Alejandro en *Abismos de pasión...*); y otro amor, traumatizado, profundamente egoísta, en el que entran poderosamente en juego las obsesiones fetichistas, sadomasoquistas, a las que, por otra parte, nunca fue ajeno Buñuel; amor que, pese a sus enormes condicionamientos, puede adquirir también caracteres tragicómicamente sublimes, como la desgraciada pasión de Francisco por Gloria en *Él* (pasión que, en este caso, participa, por su propia complejidad, de ambas tendencias).

Buñuel comienza *La edad de oro* en un tono asépticamente documental, al que va a recurrir con cierta frecuencia a lo largo de su filmografía. Estos planos iniciales nos presentan a unos escorpiones desplazándose por las rocas, imágenes que van a acompañadas de unos textos donde se nos describe la vida y las costumbres de este venenoso animal, que parece ser, considerando la línea dramática de la película, una especie de primer eslabón del hombre en una época en la que Luis lee con pasión a Sade y está sometiendo a revisión sus ideas primitivas sobre la bondad innata humana.

Un hombre con aspecto de bandolero, que evoluciona por las rocas con la misma facilidad de los escorpiones, descubre a un grupo de arzobispos cantando el *Dies Irae* en medio del bello y desolado paisaje mineral. Corre a avisar a sus compañeros, toda una partida de bandidos en la que figuran -dando vida a estos personajes- varios de los amigos del grupo surrealista; éstos, que se encuentran en un lamentable estado de debilidad y de desidia, toman como pueden las armas y se dirigen, guiados por el jefe (que es Max Ernst), al encuentro de los arzobispos, a los que llaman los «mallorquines». Con el sonido del mar de fondo, ven, al llegar al lugar donde se encontraban los «mallorquines», un impresionante cuadro, digno de Valdés Leal: de los clérigos no quedan más que sus descarnados esqueletos, que, a duras penas, sostienen sus lujosos trajes y adornos.

Una gran expedición arriba entre tanto a la costa. Toda una representación de la eterna burguesía: militares, banqueros, sacerdotes, monjas, señores y señoras encopetadas... Se descubren al alcanzar el lugar donde yacen los «mallorquines». Allí deciden fundar una ciudad: la Imperial Roma. Cuando uno de los notables va a iniciar el discurso inaugural, unos gritos estremecedores requieren la atención general. Es el escándalo. Un hombre y una mujer, lascivamente abrazados, se revuelcan por el barro en medio de fuertes exclamaciones de placer, dolor y deseo. La mujer (encarnada por Lya Lys) mira al hombre con ternura, casi maternalmente, mientras el hombre (Gaston Modot) le muerde la oreja con sádica delectación. Buñuel intercala un inodoro lleno de materia fecal; alguien tira de la cadena y ese magma putrefacto parece invadir, como una gran cascada, la pantalla. Los amantes son brutalmente separados. Él, que se resiste a ser separado de su amada, es golpeado con fuerza por la policía; ella es retirada por unas oportunas monjitas... La sociedad es incapaz de soportar la pasión amorosa desatada y separa a los amantes, como muy bien precisaba Buñuel, «como se separaría a dos perros». Precisamente Modot, obligado violentamente a marcharse con los policías, aprovecha un descuido de estos para aplastar un escarabajo y dar una buena patada en el trasero a un cursi y relamido perrito que es toda una feliz representación del «discreto encanto de la burguesía».

El notable retoma entonces su discurso [4]; una vez ha terminado, deposita sobre la primera piedra una paletada de cemento... «Sobre esta piedra y este mojón –escribe Freddy Buache– fue levantada, a costa de la destrucción del amor humano, maldiciendo la felicidad erótica, la Imperial Roma, la capital del cristianismo, la ciudad que seguidamente nos es presentada por medio de algunas vistas documentales», con la misma asepsia empleada en la mostración de la vida de los escorpiones. Estas asépticas imágenes documentales contrastan poderosamente –en un efecto casi surreal– con la innegable fuerza telúrica de las imágenes de la pareja amándose ante los estupefactos burgueses.

Modot es conducido a través de las calles de Roma. La presencia de la amada invade su mente; todo lo demás sólo le merece odio y desprecio. Un viejecito marcha por la calle dando patadas a un violín hasta destrozarlo, en un gesto representativo de la aversión surrealista por la música. Sigue a este *gag* otro que constituye la única aportación real de Dalí al filme de Buñuel: en medio de una frondosa avenida versallesca, vemos una estatua sobre cuya cabeza se mantiene en equilibrio una piedra que tiene la forma de una barra de pan; en ese momento se acerca hacia la cámara un individuo muy digno que lleva en equilibrio sobre su cabeza una piedra semejante. Entretanto, la amada sigue presente en Modot: su rostro, su cuerpo, aparece en todos los *affiches* publicitarios, en todos los escaparates ante los que pasa. Una de las ensoñaciones del amante nos pone en presencia de su amada. La chica entra en el dormitorio, sobre su cama descansa una enorme vaca a la que ahuyenta como si se tratara de un pequeño animal doméstico («¿por qué no iban a poseer las gentes del gran mundo –se pregunta Buache–, además de dos pekineses y un caniche, una vaca de lujo?»); ésta, obediente, sale de la habitación haciendo sonar su esquila, hecho que anunciará irónicamente la próxima aparición de la madre de la amada. Él, en quien ella piensa, todavía sigue custodiado por los policías. Al sonido de la esquila se superpone el de los ladridos de unos perros proveniente del parque por donde en esos momentos pasa el maniatado Modot. En el espejo de tocador de ella aparece un hermoso cielo cargado de nubes y, a los sonidos anteriores, viene a agregarse el del viento, que mueve con fuerza las nubes al tiempo que agita los cabellos de Lya Lys. Separados el uno del otro en el espacio, los dos amantes –en la secuencia, según Kyrou, más magníficamente poética de la historia del cine– se unen en el tiempo a través de unos mismos sonidos que crecen en intensidad conforme el ansia del cercano encuentro aumenta en ellos. Esta hermosísima secuencia es uno de los mejores logros de la inteligente utilización del sonido en *La edad de oro,* película tan revolucionaria en su banda sonora como en sus arriesgadas imágenes. En realidad, estamos ante el primer trabajo cinematográfico que nos muestra hasta qué punto el papel dramático de la banda de sonido –nos encontramos en 1930, en los primeros pasos del cine sonoro– puede ser tan complejo y, a la vez, tan eficaz como la dramaturgia puramente visual de las imágenes.

Modot, harto de los policías, ansioso por reunirse con su amada, enseña a los agentes unos documentos que lo acreditan como hombre de confianza del gobierno, encargado de una importante labor «patriótica y humanitaria». Una vez acreditado ante ellos, se abalanza sobre un taxi, atropellando a un ciego en su camino (Buñuel, a lo largo de su filmografía, nos dejará numerosos testimonios de su aversión por los ciegos, como buen sordo que era).

El anhelado encuentro va a tener lugar en una fiesta social de la alta burguesía, en unas inolvidables escenas a las que volverá asiduamente –con las inevitables variantes– en películas como *Él, Así es la aurora, El ángel exterminador* o *El discreto encanto de la burguesía.* Buñuel, el implacable entomólogo de la vida humana, gustará vestir de etiqueta a las criaturas sobre las que realizará las disecciones morales más implacables.

Los invitados van llegando a la fiesta en sus lujosos coches. Una serie de extraños acontecimientos, tales como la irrupción de una doncella, que sale envuelta en llamas de la cocina, o la aparición de un carro que atraviesa el salón cargado de campesinos bebiendo de sus botellas a morro, pasan totalmente inadvertidos ante los burgueses, ciegos y sordos a todo lo que se escape de su estrecho y mezquino círculo. El jardinero de la mansión dispara sorprendentemente a bocajarro sobre su hijo pequeño porque, cuando está intentando liar su cigarrillo de hebra, el niño desbarata con sus traviesos juegos la «trascendente» labor paterna. Ahora se arma, ante tamaño suceso, un ligero revuelo en el corral social de los poderosos y un grupo de burgueses sale al jardín para ver qué ha pasado. Como el jardinero les explica el motivo del filicidio, los buenos burgueses, calmadas sus lavables conciencias, regresan a los fatuos salones. Aparece entonces Modot y su mirada se encuentra con la de Lya Lys; las presentaciones al recién llegado, las amigas que rodean como gallinas cluecas a la heroína (comparación, como podremos comprobar más adelante, nada ociosa en la obra de Buñuel), entorpecen la proximidad física de los amantes, que se acarician con los ojos. La marquesa anfitriona ofrece a Modot un cóctel, con tan mala fortuna que unas gotas de la bebida caen sobre el frac del recién llegado: éste, que permanecía ajeno a lo que no fuera su amada, vuelve furioso en sí y abofetea a la marquesa. De nuevo el escándalo. Un alboroto terrible se apodera de la sala. Los buenos burgueses, que hace unos momentos habían asentido, poco menos que impasibles, al asesinato del hijo del jardinero, están a punto de linchar al iconoclasta. Lya Lys aprovecha este alboroto para escabullirse al jardín, adonde se dirige Modot una vez que ha logrado liberarse de la indignación, un tanto teatral en el fondo, de los ofendidos burgueses.

Los amantes, ya en el jardín, en la secuencia climática de *La edad de oro,* intentan abrazarse, besarse, y apenas pueden conseguirlo al verse estúpidamente impedidos a abandonar sus incómodos asientos. Se desean con patente vehemencia, se devoran con sus ansias, se palpan con sus inacabadas caricias, pero son incapaces de romper con las posturas adquiridas a lo largo de años de traumáticos hábitos inculcados en escuelas y buenas familias. Al mismo tiempo, en una zona próxima del mismo jardín, los burgueses van acomodándose en sus sillas ante el inminente comienzo de un concierto; los músicos y el viejo maestro están a punto de comenzar. En el preciso momento en que Modot va a morder los labios de la heroína, estalla el primer acorde de la orquesta, que interrumpe violentamente su ya difícil contacto amoroso (una vez más, algo perturba la realización de los más encendidos deseos de los sufridos protagonistas buñuelianos). Los amantes, al intentar reaccionar, se propinan un fuerte coscorrón, con el que Buñuel rompe sarcásticamente tan tiernos y patéticos acercamientos. Las posturas que siguen practicando los amantes –ella está a punto de caer al suelo– van haciéndose progresivamente más absurdas. Es como si sus torpes cuerpos contradijeran sin cesar los mensajes de sus instintos más vivos, como si la dicotomía cristiana del alma y del cuerpo manifestara sus contradicciones más profundas. Benjamin Péret, tan admirado siempre por Buñuel, en su *Anthologie de l'Amour Sublime,* tras tachar a nuestro mundo de «hostil al amor y a toda libertad real», señala: «Fiel a sí mismo, ese mundo se ve obligado a disociar el contenido del continente, oponiendo el uno al otro para mantener separados y opuestos al espíritu y la carne, de la misma manera que persiste en desvincular al corazón de la mente y en enfrentar a los hombres».

Un criado vuelve a interrumpir la cada vez más insatisfecha pasión erótica de ambos amantes: es una llamada urgente del ministro del Interior (escena que, como tantas otras de *La edad de oro*, se repetirá, con las inevitables variantes, en *El discreto encanto de la burguesía)* que requiere la inmediata atención de Modot. Cuando su amante desaparece, Lya Lys, en un gesto «puramente automático», se pone a chupar el dedo gordo del pie de una estatua cercana. El ministro del Interior (curiosa denominación con la que Buñuel siempre jugará: el dictador, en el fondo, de nuestro interior, de nuestras conciencias) reprocha a Modot el abandono de la misión que le había sido encomendada. Buñuel intercala entonces unos rápidos *flashes* en los que nos muestra escenas de desolación y catástrofe, consecuencia, según parece, de los olvidados «deberes» de Modot. Éste contesta injuriosamente al ministro, que se suicida tras pronunciar con gran vehemencia palabras como *patria, deshonra, traición,* etcétera. En la escena del suicidio del ministro, Buñuel vuelve a darnos toda una lección de cómo se debe usar dramáticamente el sonido en una película. Se oye el ruido de un cajón que se abre, de un sollozo, de un gatillo amartillado, un disparo seco, un cuerpo que cae a tierra. Vemos balancearse, colgado de la mesa, como ahorcado, el auricular del teléfono; junto a la mesa, un revólver humeante; un poco más a la derecha, un charquito de sangre se va agrandando poco a poco por algunas gotas que parecen caer del techo. El realizador, en una sorprendente panorámica, nos muestra el cadáver del ministro aplastado contra el techo, como un gran insecto. De sus sienes cae un pequeño reguero de sangre.

Modot vuelve a los brazos de su amada. Ternezas y voluptuosidades se funden en curiosas gimnasias amatorias. De pronto, en otro de los más bellos momentos de la historia del cine, el rostro de ella envejece como unos veinte años, sus ojos se llenan de lágrimas, y escuchamos, mientras suena de fondo el pasaje de la muerte de *Tristán e Isolda,* interpretado ahora por la orquesta [5], el famoso monólogo interior que se establece entre ambos amantes:

Él: *¿Tienes sueño?*
Ella: *Iba a dormir.*
Él: *¿Dónde está el interruptor?*
Ella: *Junto a la cama.*
Él: *Me haces daño con el codo. Apoya la cabeza aquí, la almohada está más fresca.*
Ella: *¿Dónde está tu mano?... Estoy bien así, quedémonos así, no te muevas.*
Él: *¿Tienes frío?*
Ella: *No. ¡Qué alegría haber asesinado a nuestros hijos!*
Él: *Amor mío, amor mío, amor mío, amor mío, amor mío...*

«Sus expresiones –escribe Kyrou refiriéndose a este momento– siguen exactamente las palabras que pronuncian sin abrir la boca. No piensan, no imaginan que están en otra parte, allá donde se pueden amar sin obstáculos; *están* en otra parte. El espacio ha sido vencido, y no únicamente el espacio, sino también el tiempo, pues de repente Lya Lys, vista por Modot, se encuentra envejecida con veinte años más, manteniendo una actividad y una expresión idénticas. No se trata únicamente de un monólogo interior [...], sino de *realidad* convertida en presente a través del sonido, realidad que produce en los dos personajes un maravilloso salto inmóvil, pero *real,* en el espacio y en el tiempo, allá donde se puedan amar» [6].

Cuando a continuación los amantes se intentan besar, ella se levanta bruscamente y se dirige hacia el viejo director de orquesta, que se encaminaba a su vez hacia ellos, tras abandonar a los músicos, como si hubiera sido asaltado por una fuerte migraña. Espantado, Modot ve cómo su amada se abraza al viejo y barbado director. De nuevo la sombra del padre, que no sólo le impide la realización erótica, sino que le arrebata a la joven amante (el tema de la castración, de la muerte del niño del jardinero); la obsesión de padre castrador y la prefiguración del tema del viejo y la joven, uno de los núcleos temáticos más importantes de la posterior filmografía de Buñuel –*La joven (The Young One), Viridiana, Tristana...*–, están ya muy presentes, como bien hemos podido comprobar, en sus dos primeras películas.

Modot, desesperado y gesticulando igual que lo hacía el viejo director cuando iba al encuentro de la pareja, desaparece rápidamente en dirección a la residencia de los burgueses. Se encierra en una habitación y arremete furioso contra los muebles en tanto que se oye, *in crescendo,* por primera vez en la filmografía buñueliana, el estremecedor redoble de los tambores de Calanda. Comienza a arrojar objetos por la ventana (como el protagonista de *Un perro andaluz* arrojara al mar los molestos adminículos que soportaba): en este caso, un árbol de Navidad en llamas, un arado, un arzobispo, una jirafa y las plumas de las almohadas del destrozado lecho. El realizador, en otra extraordinaria panorámica, nos muestra la caída de las plumas hasta el suelo, que aparece blanco, como si sobre él se hubiese precipitado una copiosa nevada. La cámara retoma, a la inversa, el mismo movimiento, ahora por lo tanto ascendente, hasta descubrir, en una formidable asociación de imágenes, una enorme y abrupta montaña, casi cubierta asimismo por la nieve. Sobre un abismal precipicio se levanta la «amenazadora silueta de un castillo medieval».

En sobreimpresión, en la fachada del castillo y sobre un primer plano del portón del mismo, podemos leer un largo texto, plagado de clarísimas alusiones a Sade, que da paso al epílogo del filme. En él se nos resume los *Ciento veinte días de Sodoma* a la vez que se nos presenta a cuatro significativos personajes que aparecerán en pantalla en breves instantes. «Los supervivientes del castillo de Séligny –reza un fragmento del texto– se habían encerrado en esta fortaleza inexpugnable, para celebrar la orgía más brutal, ciento veinte días antes; cuatro consumados y famosos malvados, que no tienen otro Dios que su lubricidad, otra luz que su depravación, otro freno que su libertinaje, calaveras sin Dios, sin principios, sin religión.» Estos *canallas*, en cuyas señas de identidad adivinamos algunas de las características del mal surrealista, son: el duque de Blangis –que reúne en su persona los rasgos morales del divino marqués en el envoltorio físico de Cristo–, el presidente Curval, el banquero Durcet y el obispo de K., transparentes representaciones de los poderes de la sociedad burguesa. «Los cuatro personajes religiosos que salen del Castillo de Selligny [*sic*] recuerdan forzosamente –apunta Cesarman en una interesante sugerencia que nos lleva a las futuras situaciones repetitivas, tan frecuentes en el cine de Buñuel– a los cuatro obispos que aparecen al principio de la película y de quienes, después, se ven sus esqueletos y ropajes. Esta coincidencia sugiere el encierro y la idea de que, si la película continuase, se volvería a repetir todo lo visto, una y otra vez, en una espiral infinita.»

Una vez que han salido estos personajes del castillo, surge, recién arrojada al umbral de la puerta, una tierna muchachita, con su blanca túnica bañada en sangre: es la única víctima que ha quedado viva de la atroz orgía celebrada por los libertinos durante las ciento veinte jornadas del relato sadiano. El duque de Blangis-Sade-Cristo regresa entonces al castillo y, cogiendo a la adolescente, se encierra con ella de nuevo. Oímos un grito espantoso de la joven, que acaba de ser sacrificada. El último plano de *La edad de oro* nos ofrece la imagen de una cruz en la que, como si se tratasen de bárbaros trofeos, aparecen enredadas numerosas cabelleras, presumiblemente femeninas, mientras oímos, en insultante contraste, las banales notas de un alegre pasodoble.

Tras señalar la fuerte presencia de la obra del divino marqués, «en la cual el amor debe fortalecerse para triunfar sobre sí mismo (sobre sus inhibiciones)», convirtiéndose entonces en «el gran liberador», Ado Kyrou analiza así esta secuencia terminal: «Es evidente que esta secuencia constituye también la apoteosis de la inmensa y verdaderamente necesaria lucha contra la religión a la que Buñuel se entregó en *La edad de oro*. Refrendando más especialmente esta tara, sabía, como dice Karl Marx, que "la crítica del cielo se transforma en crítica de la tierra, la crítica de la religión en crítica del derecho, la crítica de la teología en crítica de la política" [...]

»No hay que creer –concluye Kyrou– que si la religión ha sido particularmente tocada, las otras formas de la dictadura burguesa han sido evitadas. Buñuel, al tener que describir el amor, lanzó contra la policía, la familia, el ejército, las bofetadas más vigorosas que hayan recibido jamás en la pantalla, y así el amor aparece solo, grande, esperanza única, la mayor revolución del hombre».

Rupturas, temores y otras prohibiciones

En la fase de preparación de esta gran película, Salvador Dalí y Luis Buñuel rompen su fraternal amistad, por causa de Gala, la mujer de Paul Éluard, que cautiva al joven Dalí y le descubre temporalmente las mieles del amor heterosexual. «La gran diferencia –señala Luis a Max Aub– entre nuestra colaboración en *Un perro andaluz* y en *La edad de oro* nace de ahí. Él lo reconoce. Para *Un perro andaluz* yo daba una idea y él daba otra. Aceptábamos, rechazábamos en paz y con buena voluntad. Con *La edad de oro* todo fue distinto. La cosa ya no marchaba. No nos entendíamos. Cuanto le proponía le parecía mal y cuanto me proponía él me disgustaba a mí: "Eso es Gala". Y efectivamente era de Gala. Y no me gustaba. Así una y otra vez.» Ana María, la hermana del pintor, recuerda una de las violentas escenas que protagonizaron los dos amigos y Gala: «Él odiaba a Gala –dice haciendo referencia a Buñuel–. Un día casi la mata. No sé lo que pasó. Él estaba rojo, ella furiosa [...] Ella es una asquerosa, una asquerosa... Buñuel furioso. Ella gritaba: "¡No me gusta!". Gala y Salvador reñían también, se insultaban. Yo estaba asustada». Y Luis, muy gráficamente, describe a Aub en las *Conversaciones* una de las pasionales escenas de aquel extraño triángulo, una escena tan memorable que el propio Aub la narrará a su vez en su libro *La gallina ciega:*

«Éluard se marchó a París, como te digo. Gala se quedó en el hotel, con su hija, y empezó a molestarnos de una manera tremenda, metiendo cizaña, echando puyas constantemente. Al día siguiente nos fuimos en barca más allá del Cabo de Creus, a comer una paella. Ya conoces aquello. Era un día espléndido, el agua transparente, las olas, las rocas... Yo dije: "Parece un Sorolla". Como de costumbre, Dalí se puso a protestar violentamente: "¿Cómo? ¿Por qué? ¿Estás ciego? Esta es la Naturaleza. ¿Qué tiene que ver...?". Intervino Gala: "Vosotros siempre como dos perros en celo". Me molestó. Y luego, mientras comíamos, en la playa, ella venga a molestar, a pinchar...

»¿Pero por qué? –pregunta Aub.

»Celos. Le molestaba nuestra amistad íntima, porque nos entendíamos perfectamente en ese tiempo. Total, que auténticamente la quise matar, allí, en la playa, ahogarla. Y Dalí agarrado a mis piernas, rogándome, desesperado, que no lo hiciera. Y la hija de Gala –¿qué tendría?, ¿doce años?– corriendo allá arriba, por las piedras, como si tal cosa. Al fin y al cabo yo no he nacido para matar mujeres».

La relación personal entre ambos artistas se rompe. Prácticamente ya no se volverán a ver, salvo en un raro y excepcional encuentro, como el que ambos tuvieron años más tarde en Nueva York. Dalí dirá después de *La edad de oro:* «En

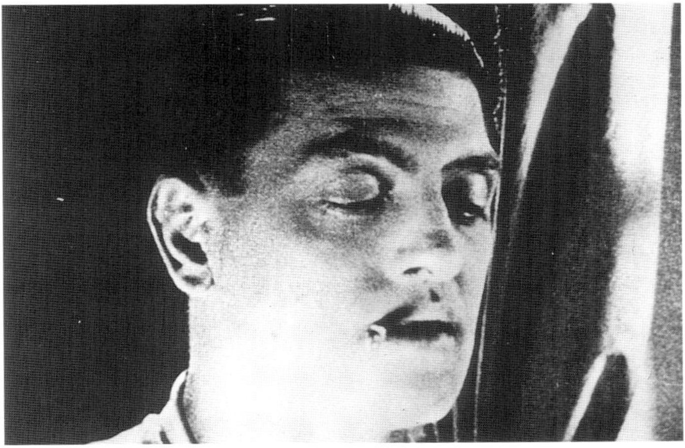

Buñuel a punto de afilar la navaja que seccionará el ojo del realismo *(Un perro andaluz).*

De izda. a dcha.: Dalí, Buñuel, Simone Mareuil, Jeanne Rucar y Pierre Batcheff en el rodaje de *Un perro andaluz.*

Gaston Madot destruyendo los símbolos de la burguesía en *La edad de oro.*

El ministro del Interior aplastado contra el techo en *La edad de oro.*

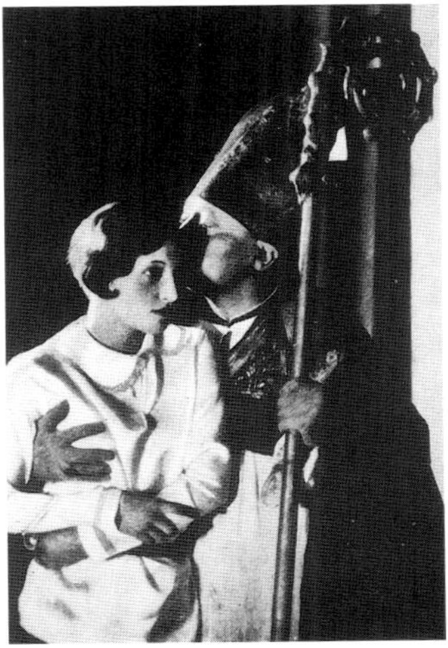

Descarte encartable de *La edad de oro.*

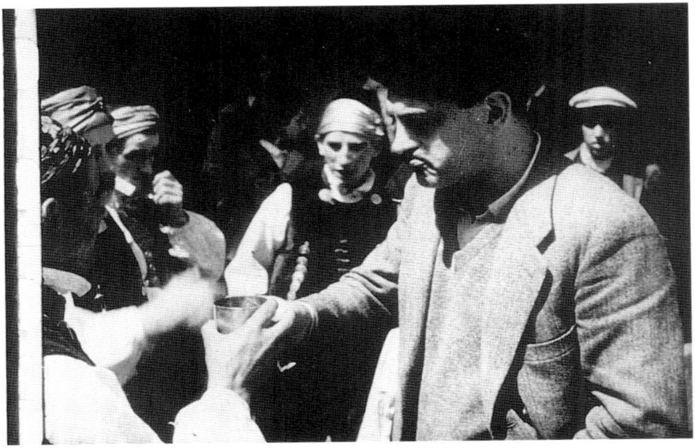

Buñuel departiendo con los campesinos de La Alberca antes de entrar en el corazón de *Las Hurdes.*

Escena de café en *La hija del engaño (Don Quintín el amargao).*

Don Quintín también tiene su corazoncito.

Jaibo y el medio hombre en *Los olvidados.*

Francisco *(Él)* en la escalera de su mansión, que recuerda la casa familiar calandina.

Francisco *(Él)* ve en su locura cómo el celebrante se mofa de su tragedia interior.

Archi con la cajita de música de su infancia recuperada *(Ensayo de un crimen* o *La vida criminal de Archibaldo de la Cruz).*

Ese luminoso objeto del deseo en *Ensayo de un crimen.*

El padre Nazario (Francisco Rabal) dialogando con la cruz *(Nazarín).*

Un mensaje para Dalí en *Así es la aurora.*

Cumpleaños de Buñuel en los estudios CEA. *De pie:* Angelino Fons, César S. Fontela, Antxon Eceiza, Julián Marcos, Carlos Saura, Luciano G. Egido, Elías Querejeta, Víctor Erice. *Agachados:* Santiago Sanmiguel, Juan Cobos, Miguel Picazo y Luis Sánchez Enciso.

mi idea, este filme debía expresar la violencia del amor impregnada por el esplendor de los mitos católicos... El filme resultó una terrible caricatura de mis ideas. El catolicismo era atacado de manera primaria y sin ninguna poesía». Mucho más tarde, rectificaría este juicio, dándole curiosamente la vuelta, algo muy propio, por otra parte, de él: «A mí, todo lo que [en la película] era sacrilegio me gustaba mucho porque como soy católico, apostólico y romano, considero interesante el sacrilegio; pero fue Buñuel quien las suprimió [esas imágenes sacrílegas] aconsejado por los comunistas franceses, que estaban muy por Juana de Arco, se iban haciendo burgueses... Pero nunca he estado contra *La edad de oro*».

Aunque el mayor deseo de Luis hubiera sido haber podido hacer *La edad de oro* con Dalí, con esta separación salió ganando puesto que se encontró a sí mismo. Todo Buñuel está en esta «película romántica, realizada con todo el frenesí del surrealismo» (por repetir la exactísima definición que el propio autor hizo de su obra). «Todo, todo. Todo lo que ha hecho después, magistral; pero es la resultante de *La edad de oro*», comenta acertadamente Manuel Ángeles Ortiz. Buñuel, desligado de Dalí, habla así de *La edad de oro*, cuarenta años después de haberla escrito y realizado: «El Buñuel de *La edad de oro* es un hombre que está seguro de sí mismo y de sus ideas. Que ha encontrado la meta, que ha encontrado la verdad. Esto es auténtico y no hay nada que... Por tanto, luchemos contra lo que odio. Soy anti. Vamos a luchar contra todo lo que odio. Y es un filme claro, decidido, sin misterio. Nada. Muy surrealista, desde luego; pero no hay misterio. Mis ideas se ven clarísimas. No las mías, las ideas del grupo surrealista se ven perfectamente. Todo lo que tiene de anti-tal, anti-familia, anti-patria, anti-religión, anti-todo, están expresadas clarísimamente».

El Buñuel de los treinta años no tiene dobleces. La verdad –algo que con el tiempo, tanto relativizará– está de su lado.

Su posición ante el mundo, tan contradictoria en otras ocasiones, es ahora de una sencilla y contundente transparencia. Transparencia y sencillez que se extiende a la factura formal de la película.

La edad de oro presenta muchísimas novedades formales, tales como el ejemplar uso dramático de la banda sonora (algunas de estas novedades sonoras tuvimos ya ocasión de comentarlas), y sin embargo, como señala Kyrou, «nadie había reparado en la técnica de *La edad de oro* y eso es un argumento más en favor del profundo valor del filme, que asimiló su técnica (a pesar de su perfección) para hacerla desaparecer para siempre en pos del resultado alcanzado»[7].

El primer pase de la película tiene lugar en la residencia de los vizcondes de Noailles, que habían producido *La edad de oro* tras ver por casualidad *Un perro andaluz* y quedar fuertemente impresionados. (La primera película de Buñuel se proyectó como complemento del filme de Man Ray *Le mystère du château de Dé,* producido asimismo por estos singulares mecenas de las vanguardias artísticas.) «Me acuerdo -explica Ángeles Ortiz- cuando se pasó por primera vez en casa del vizconde de Noailles, que fue quien dio el dinero. Ese día estábamos invitados a la presentación, naturalmente, los Noailles, Buñuel, Sadoul, Jean Cocteau, Bérard, el pintor, y yo. A ésos los recuerdo perfectamente, eso sí, porque se me ha quedado grabado. Cuando terminó la película hubo un silencio sepulcral. Nadie se atrevía a decir nada, y el único que rompió filas fue Cocteau: "C'est épatant", dijo. Y, claro, naturalmente, todos seguimos diciendo: "C'est épatant". Entonces, Noailles, entusiasmado por la expresión de Cocteau y nosotros, dio una primera representación en su casa. Asistió lo que se llama el *tout-Paris,* la aristocracia, en fin; las reuniones que daban los Noailles eran maravillosas, con comidas, en mesas individuales, todo francés, y duques y marqueses. Fue delirante, un entusiasmo loco, ¿no? Pero yo no sé si a la gente le gustaba la película» [8]. Kyrou, con todo, no nos da una versión tan risueña de la *première:* «Un criado anunciaba a la entrada de la casa a los invitados –escribe– y los Noailles "recibían": sonrisas, zalamerías, felicitaciones anticipadas. Fue muy diferente después de la proyección, que tuvo lugar en medio de un silencio glacial. Todo el mundo huía con la cabeza agachada y los Noailles se escondían rojos de vergüenza. En cuanto a Buñuel, jamás fue tan feliz: por fin la humillación de los "burgueses" que habían "admirado" *Un perro andaluz* estaba lavada» [9].

Sea como fuere, los Noailles no debían de estar todavía muy avergonzados porque *La edad de oro* se mostró públicamente en un par de locales de París. Durante todo el otoño de 1930 la película se exhibió, sin problemas, en Montparnasse, hasta que el 3 de diciembre se presentó en el cine un grupo de agitadores ultraderechistas del que formaban parte miembros de las Juventudes Católicas y de las ligas Antijudía y de Patriotas. A los gritos de «¡Va a verse ahora si todavía quedan cristianos en Francia!» y «¡Muerte a los judíos!», destrozaron la pantalla y las butacas, apalearon al público y destruyeron una exposición de cuadros de pintores surrealistas que estaba instalada a la entrada del cine y en la que figuraban obras de Max Ernst, Dalí, Miró, Man Ray y Tanguy. El escándalo había vuelto a estallar; a partir de aquí, va a acompañar a Buñuel –lo quiera o no lo quiera– a lo largo de su dilatada carrera cinematográfica.

Los resultados del violento y cobarde atentado no se dejan esperar. Inmediatamente después del suceso la prensa derechista inicia una eficaz campaña difamatoria contra *La edad de oro:* transcurrida una semana, el 11 de diciembre, la película es oficialmente prohibida y las copias son retiradas por el prefecto de policía, M. Chiappe. Buñuel se desquitará de este ciudadano, muchos años más tarde, cuando en los últimos planos de su magnífica *Journal d'une femme de chambre,* mientras una manifestación ultraderechista se aleja vociferando «*Vive Chiappe! Vive Chiappe!*», podemos observar en el lado izquierdo del encuadre la segunda sílaba de la famosa bebida francesa Picon, es decir *con* ('gilipollas', en una de sus acepciones).

El desquite de Buñuel, aun rebosante de su inteligente sorna, sería demasiado bondadoso, porque la prohibición sobre *La edad de oro* convirtió la película durante varias décadas en una obra maldita, realmente difícil de ver. Algo verdaderamente lamentable, ya que las múltiples novedades técnicas que el filme aportaba, sobre todo la tantas veces mencionada utilización –inteligentísima– del sonido, podían haber enriquecido a muchos espectadores y cineastas, justamente en una época tan crucial para el cine como la que constituye el paso del mudo al sonoro, que con tanta destreza y originalidad salvó *La edad de oro* [10]. Un ejemplo, que nos proporciona Freddy Buache: «En 1935, Franco, a la sazón gobernador de Canarias, prohibía su exhibición y secuestraba la copia en el marco de una exposición surrealista organizada en Santa Cruz de Tenerife. Tan brutal reflejo defensivo, llevado a cabo por las autoridades frente a este poema, demuestra que Buñuel había dado en el blanco» [11].

La reacción de las autoridades burguesas es tan estúpidamente insidiosa que el grupo surrealista redacta un extenso e importante manifiesto –firmado, entre otros, por Aragon, Breton, Char, Dalí, Éluard, Péret, Tzara, etc.– en el que, tras analizar agudamente la película, proclama los grandes valores subversivos y sociales de *La edad de oro*, marcando así la fuerte incidencia política que por aquellos momentos tenía el grupo surrealista; muy poco tiempo después, Aragon y otros se desgajarían del grupo de Breton y pasarían –como hace unas páginas se ha indicado– a formar parte del Partido Comunista Francés.

La obra cinematográfica de Luis Buñuel va a ser, ideológicamente hablando, tan fiel a sus presupuestos antiburgueses iniciales que este importante manifiesto de sus compañeros surrealistas trasciende la propia *Edad de oro* y puede aplicarse perfectamente a todo el resto de su filmografía. «Será preciso rastrear un cataclismo ya lejano –reza el comienzo del último capítulo del manifiesto, en el que nos vamos a detener a causa de su extraordinario interés– para encontrar algo comparable a los tiempos modernos. Habrá que retroceder, sin duda, hasta el desmoronamiento del mundo antiguo. La curiosidad que nos hace volver a esas épocas de gran confusión, y que se asemejan bastante, con las debidas salvedades, a la época en que vivimos, desearía encontrar algo más que la historia de aquel tiempo. Pero el cristianismo lo ha llenado todo de su cielo, un cielo en el que no hay nada que no hayamos visto ya en el techo del Ministerio del Interior o sobre las rocas que flanquean el mar.» Alusión, esta última, a los planos iniciales de *La edad de oro,* a las macabras imágenes de los «mallorquines» –los arzobispos– sobre las rocas. Un poco más adelante, encontramos unas palabras verdaderamente premonitorias; unos años después, estallará la Segunda Guerra Mundial con todos sus horrores: «La voluntad de los hombres es que el sol se ponga de una vez por todas. Proyectada en un momento en que los bancos quiebran, las revueltas estallan y los cañones comienzan a emerger de los arsenales, *La edad de oro* debería ser vista por cuantos todavía no se han inquietado por las noticias que la censura permite imprimir en los diarios». Porque la obra de Buñuel, como la de muchos grandes artistas modernos, ha ido preanunciando las grandes catástrofes que están sacudiendo al atribulado hombre del siglo XX. ¿Qué decir, si no, del incontenible avance del terrorismo, una de las grandes obsesiones buñuelescas en todas sus últimas películas?

«Este filme –prosigue el manifiesto– es un complemento moral indispensable para las alarmas bolsistas, y su efecto es directo justamente en razón de su carácter surrealista. Y es que en la realidad no existe la moraleja.» Ni en el propio cine de Buñuel, añadiríamos nosotros. «Se colocan las primeras piedras, las conveniencias adquieren apariencia de dogma, los esbirros aporrean como de costumbre, y también como de costumbre ocurren los más diversos accidentes en el seno mismo de la sociedad burguesa, que los acoge con la mayor indiferencia.» Alusión, tras esa perfecta síntesis que recoge el arranque de la película, a la impasibilidad con que los burgueses, en su representativa fiesta, acogen las escenas más absurdas y los crímenes más monstruosos. «Pero esos accidentes -continúa el texto-, a propósito de los cuales se observará que en el filme aparecen en un estado fisiológico puro, debilitan la capacidad de resistencia de esa sociedad en estado de putrefacción, que intenta sobrevivir utilizando a los curas y policías como únicos soportes.»

Y después de hacer referencia a algunos pasajes de Marx, antes citados por Kyrou, el manifiesto alcanza el meollo ideológico de *La edad de oro:* «El paso del pesimismo del estado a la acción está determinado por el Amor, principio del mal en la demonología burguesa, que pide que se le sacrifique todo: situación, familia, honor, pero cuyo fracaso en la organización social introduce el sentimiento de revuelta. Un proceso semejante puede observarse en la vida y la obra del Marqués de Sade, contemporáneo de *La edad de oro* de la monarquía absoluta [que son], interrumpidas por la implacable represión física y moral de la burguesía triunfante. No es casual que la película de Buñuel sea un eco de las blasfemias aulladas por el divino marqués a través de las rejas de sus prisiones». Para terminar aludiendo a la extraordinaria secuencia, ya descrita, del espejo de tocador de Lya Lys: «A despecho de todas las amenazas de represión, este filme será muy útil, creemos, para hacer estallar cielos siempre menos bellos que aquellos que se nos muestran en un espejo» [12].

Un perro andaluz, el brillante primer paso, y la gran película romántica que es *La edad de oro,* motivarán estas oportunas palabras de Octavio Paz, que nos sirven para poner punto final a la fecunda etapa parisina del joven Buñuel: «La aparición de *La edad de oro* y *Un perro andaluz* señalan la primera irrupción deliberada de la poesía en el arte cinematográfico... El carácter subversivo de los primeros filmes de Buñuel reside en que, tocados apenas por la mano de la poesía, se desmoronan los fantasmas convencionales (sociales, morales o artísticos) de que está hecha nuestra realidad. Y de esas ruinas surge una nueva verdad, la del hombre y su deseo. Buñuel nos muestra que ese hombre maniatado puede, con sólo cerrar los ojos, hacer saltar el mundo... El hombre de *La edad de oro* duerme en cada uno de nosotros y sólo espera un signo para despertar: el del amor. Esta película es una de las pocas tentativas del arte moderno para revelar el rostro terrible del amor en libertad» [13].

5. El sueño americano y la realidad española

Una de las personas que había visto *La edad de oro* en casa de los Noailles, era el delegado general en Europa de la famosa productora cinematográfica Metro Goldwyn Mayer, amigo personal de la esposa del vizconde. Aunque la película no le había gustado absolutamente nada, había quedado impresionado por la fuerza de sus imágenes, así que intentó conocer a Buñuel. «Me llamó –confiesa el realizador a Max Aub– y me ofreció un contrato con seis meses de pago y los viajes para que viera lo que era un estudio "de verdad" y trabajara sucesivamente en varios departamentos, con la condición de que le llevara una recomendación de cuarenta personas que hubieran visto *La edad de oro*. Se lo dije al vizconde; sonrió y me trajo el testimonio de cuarenta de las gentes más ilustres de Francia.»

Luis, entre atónito e ilusionado, pide cuarenta y ocho horas para arreglar sus asuntos. Lo primero que hace es reunirse con el grupo surrealista, que estaba preparando el Congreso de Intelectuales Revolucionarios que iba a tener lugar en Jarkov, y al cual estaba invitado. Plantea a sus amigos la oferta de Hollywood y no encuentra ninguna objeción. Después de firmar el correspondiente contrato, embarca en el trasatlántico *Leviathan,* en compañía del humorista Tono y de su esposa, a finales de 1930 [1].

«Yo adoraba América antes de conocerla. Todo me gustaba: las costumbres, las películas, los rascacielos y hasta los uniformes de los policías. Pasé cinco días en Nueva York, en el hotel Algonquin, completamente deslumbrado y acompañado por un intérprete argentino, ya que no sabía ni una sola palabra de inglés.»

Como al llegar a Madrid por vez primera, o años después a París, Luis renace otra vez. Todo un nuevo mundo –nunca mejor dicho– se le ofrece. Atraviesa en tren Estados Unidos, camino de Los Angeles, viaje que entonces se hacía en cuatro días. El paisaje norteamericano le parece a Buñuel el más hermoso que hasta entonces ha conocido. En California le esperan tres escritores españoles que, en aquella época reina de los doblajes y de las segundas versiones, trabajan en un Hollywood recién incorporado al cine sonoro. Son Edgar Neville, José López Rubio y Eduardo Ugarte, quien será su estrecho colaborador en los próximos años.

La misma noche de su llegada, es invitado a cenar en casa de Neville. Le comunican allí que se encuentra en la cena su supervisor: un rostro que a Luis no le es del todo desconocido. «Le conozco. Estoy seguro de haberle visto en algún sitio», se dice constantemente a sí mismo. Al final de la cena se dio cuenta de que ese hombre de pelo gris, al que acompañaba una bella mujer, era Charles Chaplin, amigo íntimo de Neville.

Días después, Frank Davis, encargado de atender a Buñuel, un tanto extrañado por el curioso contrato que liga a Luis con la productora, le pregunta por qué aspecto de la elaboración de una película desea comenzar. Buñuel no vacila un instante: «Por el rodaje», contesta. «¿Qué película le interesa?», inquiere Davis. «Había una –continúa Luis– con Greta Garbo. Dije: "Ésta". "Muy bien." Me hicieron las tarjetas, los pases necesarios y me fui para los estudios. Estaban filmando un gran plano de la actriz. Yo estaba como a unos diez metros, mirando, curioso. De pronto, ella llamó a un judío híspido y le habló en inglés, y me echaron vergonzosamente del estudio» [2]. A partir de aquel desagradable incidente, Buñuel no vuelve por los platós salvo a cobrar, los sábados al mediodía. Se toma las cosas con calma. Ha alquilado un apartamento en Beverly Hills y, con el dinero que le ha dado su madre, se ha comprado un automóvil, un rifle y una cámara Leica. Durante esos dorados meses de estancia en Hollywood se dedicará a cazar, hacer deporte, beber («eran tiempos de la prohibición, y yo me dedicaba a beber todo lo que podía») y a establecer relaciones. Conoce al citado Chaplin, a Marlene Dietrich, a Eisenstein, a Jacques Feyder, a Dolores del Río, Von Sternberg, Bertolt Brecht..., y se hace muy amigo de Ugarte y de Thomas Kilpatrick, guionista y ayudante de su «responsable», Frank Davis.

En su libro de memorias cuenta que, en parte por afición, en parte por aburrimiento, confeccionó un cuadro sinóptico del cine norteamericano. «Sobre una plancha de cartón o de madera bastante grande, dispuse varias columnas móviles consistentes en unas tiras de fácil manipulación. En la primera columna se leía, por ejemplo: *ambientes:* ambiente parisino, de *western,* de gánsters, de guerra, tropical, de comedia, medieval, etc. En la segunda columna se leía: *épocas;* en la tercera *personajes principales,* etc. Había cuatro o cinco columnas.» Por aquel entonces el cine norteamericano estaba tan codificado que, con unos mínimos datos, se podía adivinar, sin apenas error, el argumento de una película. Una noche, el productor de Sternberg, invitó a Luis al preestreno de *Fatalidad,* versión libre de Mata-Hari que acababa de rodar el famoso realizador, con Marlene Dietrich de protagonista. Terminada la proyección, Buñuel y el productor se enzarzaron en una discusión acerca de la presunta originalidad de la película. Para Luis, Sternberg no se distinguía precisamente por la originalidad de sus temas, sino por el sello personal que imprimía a la hora de realizar historias más bien triviales. Como, además, a los cinco minutos de proyección, Luis ya sabía que al final la heroína iba a ser fusilada, el productor, casi indignado, le espetó:

«–¿Qué dice? ¡Si nunca se había visto en toda la historia del cine! ¿Y usted pretende haberlo adivinado? ¡Vamos, hombre! Además, creo que al público no le gustará ese final. En absoluto.

»Como observo que empieza a ponerse nervioso –apunta Buñuel– para tranquilizarle, le invito a tomar una copa en mi casa.

»Entramos y yo subo a despertar a mi amigo Ugarte.

»–Baja. Te necesito –le digo.

»En pijama, rezongando, y con los ojos cargados de sueño, él baja y yo le hago sentarse frente al productor. Luego, le digo lentamente:

»–Escúchame bien. Se trata de una película.

»–Sí.

»–Ambiente vienés.

»–Sí.

»–Época: la Gran Guerra.

»–Sí.

»–Empieza la película y se ve a una puta. Se ve claramente que es una puta. Aborda a un oficial en la calle. Ella...

»Ugarte se pone en pie bostezando, me interrumpe con un ademán y ante los ojos asombrados –pero, en el fondo, más tranquilos– del productor, sube otra vez a acostarse diciendo:

»–Corta. Al final la fusilan».

El propio Chaplin, en otra ocasión, se quedó absolutamente atónito con Buñuel. Ambos habían sido invitados a celebrar una comida navideña en casa de Tono. Los regalos de los numerosos invitados colgaban de un enorme árbol de Navidad y el alcohol corría alegremente en la reunión. En un momento determinado, y animado por los efluvios etílicos, un actor español comenzó a recitar unos grandilocuentes versos de Marquina en loor de los tercios de Flandes; Luis y sus amigos, furiosos por aquel acto de patriotismo de baja estofa, se levantaron al unísono y, ante la imposibilidad de cargarse el árbol, patearon los diversos regalos en un acto «de vandalismo y subversión». A los pocos días, Chaplin invitó a los iconoclastas a pasar la Nochevieja en su casa. Antes de sentarles a la mesa, dijo al aragonés:

«Puesto que le gusta romper árboles, hágalo ahora, Buñuel, y así ya no tenemos que volver a pensar en ello.

»Yo le contesté –añade Luis– que no tenía nada contra los árboles; que, sencillamente, no soportaba las ostentaciones de patriotismo y eso era lo que me había irritado en Nochebuena» [3].

Pocos meses más tarde, cuando navegaba ya de regreso hacia Europa en el buque *La Fayette,* otra manifestación gratuita de patriotismo despertó las «firmes convicciones surrealistas» de Luis. Con motivo de la onomástica del capitán, se entonaron los himnos nacionales estadounidense («todo el mundo se puso en pie menos yo») y francés («yo, ostensiblemente, puse los pies encima de la mesa»). Un joven se acercó a Buñuel y, en inglés, le reprochó su conducta «abominable»; Luis le contestó que nada le parecía más abominable que los himnos nacionales.

«Un día, Tom Kilpatrick, un irlandés simpático que era una especie de secretario de Irving Thalberg, uno de los personajes más funestos que ha creado Hollywood (el que no dejó jamás en paz a Von Stroheim, el que mutiló *Los rapaces,* el que impidió acabar *Merry-Go-Round),* me dijo: "Mister Thalberg quiere que vaya usted a la sala de proyección quinientos y pico para ver unas tomas y unas pruebas de Lily Damita". "Dígale que no quiero ver putas." Cuando me faltaban dos meses les propuse que me pagaran uno y me dejaran en libertad. Tom se fue. Al día siguiente me dijeron que aceptaban mi proposición, y tuve mala nota, para siempre, para siempre, en Hollywood» [4].

Luis, que oficialmente terminaba de ese modo su primer contacto con Hollywood (la altivez de su salida recuerda su negativa a rodar en Epinay aquella prueba con Abel Gance, lo que le valió su ruptura con Epstein pocos años antes), no hiló, en esta ocasión, demasiado fino. Según Emilio Sanz de Soto, Buñuel prorrumpió en «una contestación tan aragonesa como poco correcta referida a una actriz cuyo historial cinematográfico –nada despreciable– de seguro Buñuel ignoraba» [5]. El caso es que este pronto le supone muy probablemente, como luego ha reconocido en varias ocasiones, entrar en la lista negra de Hollywood; hecho que, años después, le planteará más de un problema.

Al día siguiente, Luis comienza los preparativos para regresar a Francia. Frank Davis, su tutor, le proporciona una cariñosísima carta en la que, entre otras cosas, le dice: «Vd. es la clase de persona con la cual nos gustaría trabajar de nuevo».

«Vendí mi coche a la esposa de Neville. También vendí el rifle. Me llevaba un recuerdo maravilloso. Hoy, al recordar aquella visita, los olores de la primavera en Lauren Canyon, el restaurante italiano en el que bebíamos el vino en tazas de café, los policías que un día me detuvieron para ver si llevaba alcohol en el coche y luego me acompañaron a casa porque me había perdido, cuando me acuerdo de mis amigos, Frank Davis, Kilpatrick, de aquella vida tan distinta, de la cordialidad y la inocencia norteamericanas, siento emoción, ahora, todavía» [6].

La travesía de regreso a Europa tiene su toque sentimental: una joven millonaria norteamericana se encapricha de Luis, que se limita a acompañarla en sus largos paseos por cubierta.

Tras unas breves semanas de estancia en París, en las que pocos hechos son reseñables fuera del reencuentro con Jeanne, su novia, y el incidente que estuvo a punto de tener con Vicente Huidobro (estuvieron en un tris de, como mínimo, llegar a las manos, a causa de una amistad común), la familia de Jeanne le proporciona el dinero que le falta para volver a España, adonde llega dos días antes de la proclamación de la Segunda República.

Viaje a la tierra sin pan

«La proclamación de la República española, en la que no se derramó ni una gota de sangre, fue acogida con gran estudiasmo. El rey se marchó sin más. Pero la alegría, que en principio parecía general, se ensombreció rápidamente para dejar paso a la inquietud primero y, después, a la angustia» [7].

Esta inestabilidad del ambiente nacional se ve claramente reflejada en la trayectoria del propio Buñuel durante estos años republicanos. En el período que va de la primavera de 1931 a 1934, fecha en la que Luis se establece ya en Madrid, vive con un pie en España y el otro en Francia. A poco de regresar a la patria, a mediados de 1931, lee con sumo interés un riguroso trabajo científico sobre Las Hurdes, de Maurice Legendre, por entonces director del Instituto Francés de Madrid. Después de realizar alguna visita a la deprimida región extremeña, acaricia la idea de hacer una película documental sobre aquellas tierras. En uno de sus frecuentes viajes a Zaragoza, comenta el proyecto a sus amigos Sánchez Ventura y Ramón Acín; éste, un maestro anarquista de Huesca, le promete producirle la película si le toca la lotería. A los dos meses de aquella charla la suerte llama a la puerta del buen Acín, que emplea parte del dinero que ha ganado en la financiación de *Las Hurdes.*

Con un presupuesto mínimo, dándose poco más de un mes de plazo, Buñuel rueda, entre abril y mayo de 1932, su tercera película, *Las Hurdes,* mediometraje conocido también con el título de *Tierra sin pan.* «Con *Las Hurdes,* que son el reportaje de una miseria y de una injusticia, Buñuel inicia una etapa nueva», escribe César Arconada, autor de *Luis Buñuel y «Las Hurdes»,* uno de los trabajos más preclaros escritos sobre esta excelente película. Luis, por estas fechas, tras el compromiso político asumido por el grupo de Aragon, tras la experiencia estadounidense y su regreso a España, aun permaneciendo profundamente surrealista, comienza a distanciarse de la capilla bretoniana: «En 1932 –recuerda– me separé del grupo surrealista, aunque continué en buena armonía con mis ex compañeros. Empezaba a no estar de acuerdo con aquella aristocracia intelectual, con sus extremos artísticos y morales que nos aislaban del mundo y nos limitaban a nuestra propia compañía».

La pobreza, la desolación, la extraña dignidad y los sinsentidos de las gentes que poblaban las tierras hurdanas, tan lejanas de los círculos parisinos y de la vida muelle de Hollywood, cautivan a Buñuel con su trágica autenticidad. «Aquellas montañas desheredadas me conquistaron en seguida. Me fascinaba el desamparo de sus habitantes, pero también su inteligencia y su apego a su remoto país, a su "tierra sin pan". Por lo menos en una veintena de pueblos se desconocía el pan tierno. De vez en cuando, alguien llevaba de Andalucía algún mendrugo que servía de moneda de cambio.»

Ayudado por Pierre Unik, que prepararía al tiempo un reportaje para la revista *Vogue,* y Sánchez Ventura, con Eli Lotar a cargo de la fotografía, es decir, con un equipo casi familiar, Buñuel descubre en *Las Hurdes* lo que en otro tiempo señalara André Breton: que la propia realidad puede llegar a ser tan surrealista como la imaginación más desbordada. Luis, en *Tierra sin pan,* añade a su poderosa personalidad de poeta, la de entomólogo de la vida humana, la de testigo también de las sangrantes contradicciones sociales engendradas por nuestras sociedades cristianoburguesas, revelando con ello facetas poco menos que increíbles de lo que pomposamente llamamos realidad. Su predisposición a la objetividad científica del cine documental ya había sido probada en diversos momentos de *La edad de oro.* «No hay nada en el filme -aunque se presta a ello, explica Arconada- de morbosa reincidencia en lo terrible. Buñuel ha sepultado, un poco voluntariamente, otro poco convencionalmente, su fama de traganiños y sus maneras complicadas de hacer y resolver, para situarse ante la naturaleza con precisión, medida y realismo. Siempre la naturaleza sobrecoge las fantasías más desbordadas y, se quiera o no, con ella hay que tener su misma sobriedad y cantarla o contarla con realismo, como se ve y no como se sueña [...] En la medida que Buñuel ha sabido descender del intelectualismo complicado de sus filmes anteriores -magníficos, por cierto, y cuya definición no tratamos de hacer ahora-, hasta la miseria y la existencia primitiva y brutal de unos seres, nos parece que Buñuel es un gran artista» [8].

La agresión al espectador, que era un componente estructural buscado en *Un perro andaluz,* e incluso en *La edad de oro,* aparece aquí sin ser apenas perseguida: basta con que el objetivo de la cámara de Lotar asuma el papel de testigo impasible de la realidad que está frente a él. La visión de la película produce un fuerte y escalofriante contraste entre la dureza agresiva de la realidad enmarcada por el encuadre y ese tono documental, aséptico, de la planificación; entre la fuerza de las imágenes y el tono de la lectura dado por la voz en *off,* un tanto impasible ante los horrores que desfilan por la pantalla. Contraste que se extiende asimismo a la utilización de la música y que produce una inquietante distorsión entre la melancólica elegancia del *leitmotiv* elegido (la *Cuarta Sinfonía* de Brahms) y la rusticidad enorme de las imágenes. Así Buñuel vuelve a aprovechar, una vez más, las grandes posibilidades de la banda sonora, reafirmándose como uno de los innovadores más importantes en este terreno.

Estos contrastes formales son complementados por las flagrantes contradicciones que registra la vida social y las propias costumbres de los hurdanos. Mientras éstos malviven en miserables cubículos donde la higiene es una ilusión, la iglesia del pueblo rebosa riquezas. En primavera no pueden recurrir a su principal fuente alimenticia, que son las patatas; acuden entonces a las cerezas, lo que les produce disentería. Su única posibilidad de salvación, económica y socialmente hablando, pasaría por estructuras agrícolas y ganaderas colectivistas, y vemos escribir a un niño en la pizarra de la escuela la máxima «Respetad los bienes ajenos», que le es dictada por un maestro. Ese cruel surrealismo que generan determinadas organizaciones sociales del hombre llamado civilizado, aparece, en las terribles y al tiempo bellas imágenes de Buñuel, con todas sus chirriantes contradicciones.

Ado Kyrou, por su parte, añade a este respecto: «La arquitectura dramática del filme está basada en la frase *Sí, pero...* Es decir, que Buñuel presenta para empezar una escena que es insostenible, a continuación lanza una esperanza, y termina destruyendo esa esperanza. Por ejemplo: el pan es desconocido, *pero* el maestro da de vez en cuando un mendrugo a los niños, *pero* los padres, que tienen miedo de lo que no conocen, tiran esos mendrugos. O también: los campesinos son mordidos a menudo por víboras, y la mordedura no es mortal en sí misma, *pero* los campesinos la convierten en mortal al intentar curarse con yerbas que infectan la herida. Cada secuencia está basada en esas tres proposiciones y de esa forma la progresión hacia lo horrible alcanza límites que sólo pueden conducir a la revuelta» [9]. Porque *Las Hurdes* es un filme social, inteligentemente antipanfletario a la vez que revulsivo. Con razón Valentín Arteta, conversando con Max Aub, habla, refiriéndose a él, del «grito de la injusticia», del «clamor contra la injusticia»; sólo que ese grito –y en ese punto, como en tantos otros, Buñuel nos evidencia su inteligencia– se emite sin levantar apenas la voz.

Además *Las Hurdes*, pese a tener unas características formales tan distintas a los dos filmes anteriores del cineasta, no rompe en ningún momento el discurso iniciado en *Un perro andaluz* y proseguido en *La edad de oro*. «La realidad del superrealismo –nos confirma Sánchez Vidal– no era sino una forma integradora de diversos realismos antes parciales, y a Buñuel lo que más le interesaba era el fondo moral y superar los cenáculos parisinos para iniciados. En ese aspecto no hay la menor contradicción entre su obra anterior y *Las Hurdes*, sino perfecta continuidad. El *Sí, pero...* que Kyrou postula como columna vertebral de la película es el esquema de la tragedia buñuelesca, el mismo de *Los olvidados*, el hado o fatalismo "despojado de atributos sobrenaturales" (Octavio Paz) con que se enfrentan los hurdanos. Ya decía Cocteau que Buñuel había introducido el *gag* trágico. En efecto, es una de sus propuestas morales: no dejar salida al espectador, impedirle a toda costa la catarsis de la piedad, hermana de la resignación, cimiento de la mala conciencia, pretexto para la coartada que "se permite a sí mismo el individuo demasiado cobarde para comprometerse en la revuelta" (Buache). Ésa es la tónica moral de *Las Hurdes* y lo verdaderamente importante [10]».

Las películas de Buñuel dejan, por lo general, pocos resquicios para la empatía. Los procesos de identificación, tan socorridos de cara al espectador, no funcionan en la mayor parte de sus películas; ésa es tal vez una de las razones que hacen de Buñuel un realizador difícil. Buñuel exige, sin apenas percibirse, la inteligencia del espectador, promueve su capacidad imaginativa, desequilibra las conciencias frágiles y acomodaticias.

La visión de la sociedad hurdana que nos ofrece *Tierra sin pan* trasciende la ubicación geográfica elegida. «Importa poco –apuntaba el gran crítico André Bazin– que esta miserable población fuera o no verdaderamente representativa de la miseria del campesinado español –lo era, sin duda–; su tema principal era la miseria humana. Así entre París y Madrid era posible alcanzar los límites de la decadencia humana. No ya en el Tíbet, en Alaska o en África del Sur, sino en algún lugar de España hombres como vosotros y yo, herederos de la misma civilización, de la misma raza, habían llegado a ser esos cretinos embrutecidos para espantarse las moscas de la cara. También importa poco que sea una excepción; lo que importa es que pueda existir.» Para continuar con una inteligente conclusión: «El surrealismo de Buñuel no es más que la preocupación por alcanzar el fondo de la realidad». A eso tendía *Las Hurdes* y a eso tiende la obra toda de Buñuel: a aproximarnos, como espectadores activos que podemos ser, al fondo de la realidad; por desagradable que en muchas ocasiones ese fondo pueda ser.

A veces, ese desolador patetismo de las imágenes buñuelianas revela una insólita belleza. Las casas se confunden con la tierra; los tejados de pizarra semejan las escamas de un animal fabuloso... Los hurdanos, pegados asimismo a la tierra, son enfocados numerosas veces por los pies. Esta constante telúrica, ese personal fetichismo del artista por los pies, parece adquirir en *Las Hurdes* una poderosa significación dramática. Todos esos pies de niños, de enanos, de gente que vive a ras de tierra, acaban siendo abono de la voracidad de una indómita tierra, de una madre que engulle a sus propias criaturas.

Hay también, por parte del realizador, una gran atención hacia los animales. Animales y personas conviven bajo los mismos techos, hasta confundirse igualmente. Ambos comparten la misma naturaleza; beben y defecan en las mismas aguas. Los mismos rasgos humanos se nos presentan animalizados, deformados por las privaciones y las enfermedades. En una película como *Las Hurdes,* aparentemente de corte naturalista, los animales juegan, en otras ocasiones, un papel plenamente surreal. Así vemos salir por la puerta de un hurdano a una res, en una escena aparentemente cotidiana que resulta tan insólita como aquella de *La edad de oro* en que veíamos entrar plácidamente a una vaca en el dormitorio de la heroína.

«*Las Hurdes* –escribe J. Francisco Aranda– ha quedado como el mejor documental de la primera mitad de los años treinta. Estaba tan lejos de los esfuerzos artísticos vanguardistas de moda en Francia como de los afanes estético-socialistas, un tanto burocráticos, de la escuela inglesa de Grierson. Sólo *Borinage* (1933, de Joris Ivens) también con cámara de Lotar, puede comparársele en un estudio sobre unas condiciones humanas intolerables y su capacidad de denuncia. Pero *Borinage* era una estricto documental de realismo socialista, mientras que *Tierra sin pan* emanaba una poesía que sería la característica de Buñuel. Un documental sobre geografía humana de regusto científico y provocadora distanciación, sobre todo en el comentario de Unik y Buñuel, se convertía en un poema de apasionado humanismo. Ambos hombres habían integrado la extrema izquierda del grupo surrealista de París. Con este filme conseguían satisfacer a surrealistas y comunistas, recién escindidos, apoyándose en lo mucho que les era común. Con ello Buñuel y Unik no aspiraban ya a una imposible reconciliación. Sencillamente querían ser fieles a sí mismos» [11].

La película, por último, es planteada por Buñuel como la crónica de un viaje, de un viaje a unas tierras que acaba convirtiéndose en un descenso a los infiernos objetivos de la condición humana, un descenso a los infiernos realizado con la asepsia de un cirujano que fuera al tiempo poeta; ese difícil matrimonio es uno de los grandes logros del cineasta. Al final del recorrido, los viajeros parten hacia otras tierras. La vida continúa, por fortuna, en otros horizontes.

Denigrar a España

En su libro de memorias, Buñuel nos explica: «Después del rodaje, sin dinero, tuve que hacer el montaje yo mismo, en

Madrid, encima de una mesa de cocina. Como no tenía moviola, miraba las imágenes con lupa y las pegaba como podía. Seguramente, descarté imágenes interesantes por no verlas bien». Algunos años antes, con su proverbial llaneza, declaraba algo parecido a Max Aub: «Monté la película sobre una mesa de cocina con una lupa, por lo que a veces se me desenfocaban las imágenes. Ni moviola ni hostias. De verdad, está montada con los pies». Según su sobrino, Pedro Christian, se descartó, en el montaje final, una gran parte del material rodado, unas seis bobinas aproximadamente.

El primer pase público de *Las Hurdes* tiene lugar un año después del rodaje, en 1933, en el Cine Palacio de la Prensa, en la Gran Vía madrileña. La película no se había sonorizado todavía y el propio Buñuel se encargó de leer el guión literario y de acompañar con discos la proyección de la misma. En realidad, el verdadero estreno de la película, ya sonorizada, tendría lugar cuatro años más tarde, en París, en el Omnia Paris.

Las Hurdes es inmediatamente prohibida por el gobierno republicano de Lerroux. «Por un amigo –explica Buñuel a Max Aub– supimos que habían puesto un telegrama en el que se prohibía su exhibición por "denigrar a España". Luego, ya idos los radicales, conseguimos que la viera Marañón, presidente del Comité de las Hurdes. Fui con Sánchez Ventura. Al acabar la proyección, Marañón me dijo: "Usted ha tomado lo peor. Yo he visto allí carros ubérrimos de trigo..." "Habla usted como un ministro de Lerroux", le contesté. Y me llevé la película.»

Una versión parecida de este mismo hecho da Luis en *Mi último suspiro:* «Pensábamos que Marañón, con su prestigio y su cargo, nos ayudaría a conseguir el permiso para explotar la película que, naturalmente, había sido prohibida por la censura. Pero su reacción fue negativa.

»–¿Por qué enseñar siempre el lado feo y desagradable? –preguntó–. Yo he visto en *Las Hurdes* carros cargados de trigo (falso: los carros sólo pasaban por la parte baja, por la carretera de Granadilla, y eran escasísimos). ¿Por qué no mostrar las danzas folclóricas de La Alberca, que son las más bonitas del mundo?».

A estas salidas de «nacionalismo barato y abominable», como justamente las calificaría líneas después Buñuel, cabe contraponer las inteligentes argumentaciones de César Arconada en su excelente trabajo citado: «Pero, en fin: si hay cámaras que nos enseñan aquello que quisiéramos ver –y así nos hacen soñar–, convengamos, admitamos, que también puede haber otras cámaras, menos vulgares, que nos muestren aquello que jamás iríamos a ver por mil causas: porque es feo, porque es triste, porque es vulgar, porque es amargamente pobre.

»Ciertamente, éstos son propósitos bien raros, que no suelen tener ni los capitalistas que dan su dinero, ni los directores de cine que dan su inteligencia. Pero el mundo es así de curioso, y así tenemos que admitirlo».

El malditismo que siempre acompañó a este ejemplar trabajo parece que llegó a cambiar la buena ventura de Ramón Acín, quien, como antes se ha señalado, financió gran parte de la producción de *Las Hurdes:* «Ramón Acín –nos cuenta Buñuel en sus memorias–, anarquista convencido, daba clases nocturnas de dibujo a los obreros. En 1936, cuando estalló la guerra, un grupo armado de extrema derecha fue a buscarlo a su casa en Huesca. Él consiguió escapar con gran habilidad. Los fascistas se llevaron entonces a su mujer y dijeron que la fusilarían si Acín no se presentaba. Él se presentó al día siguiente. Los fusilaron a los dos».

Cuando, pocos años después, en París, Pierre Braunberger compra *Las Hurdes* para exhibirla comercialmente, y paga la película a Luis, éste devolvió a las hijas del buen Acín el dinero con que su padre había contribuido a financiar *Tierra sin pan.*

6. Sainetes madrileños con el ritmo de Hollywood

Tras realizar *Las Hurdes,* Buñuel se hizo la siguiente reflexión: «Pensé que ya no podía hacer nada en el cine, igual que lo había pensado al acabar *Un perro andaluz* y *La edad de oro.* Y por hacer algo –no me hacía falta dinero–, me dediqué a hacer cine comercial desde ese momento hasta el principio de la guerra».

Meses antes ha andado por París, trabajando en doblajes, y ha escrito con Pierre Unik, su colaborador en *Las Hurdes,* el guión de *Les hauts de Hurlevent,* su primera adaptación de *Cumbres borrascosas*, de Emily Brontë.

La esposa incógnita

Justo en las fechas en que decide producir cine comercial en España, se casa con su novia, la francesa Jeanne Rucar, que estaba encinta de Juan Luis, el primer hijo de la pareja. «La boda de Luis... La boda de Luis –explica Concha Mantecón a Max Aub–. Fue su hermana Concha la que le forzó cuando supo que Juanita estaba embarazada. Debía ser en 1934, creo. "No te figures –le dijo– que vas a tener un hijo espurio.

¡Eso faltaba! Eso no pasa en nuestra familia." Luis se fue a París, se casó con Jeanne y regresó en seguida a Madrid.» Lo mismo comunica a Aub Joaquín Peinado, el íntimo amigo de Luis a través del cual éste había conocido a Juanita: «Yo, por Concha, sé que se casaron -dice- en el treinta y cuatro, porque Concha se puso frenética cuando supo que Juanita estaba embarazada, ¿verdad? Dice: "La familia Buñuel es tal, y te vas inmediatamente a París y te casas con ella". Y, efectivamente, Luis se fue a París, se casó y regresó».

Así parece que sucedieron las cosas. A su vez, el propio Luis, en sus memorias, resumía de este modo su matrimonio: «Me casé a principios de 1934, en la alcaldía del distrito XX de París, y prohibí a la familia de mi mujer que asistiera a la boda. No es que tuviera nada contra aquella familia en particular; pero la familia, en general, me parecía odiosa. Hernando y Loulou Viñes fueron testigos de la boda, junto con un desconocido que encontramos en la calle. Después de almorzar en el Cochon au lait, cerca del Odéon, dejé a mi mujer, fui a despedirme de Aragon y Sadoul y tomé el tren para Madrid».

Jeanne será, durante el largo matrimonio que se prolongará hasta la muerte de Luis, en 1983, «la esposa incógnita», como perfectamente la definirá Concha Mantecón: «Jeanne -continúa comentándole ésta a Max Aub- era la esposa incógnita, porque en realidad jamás la llevaba con él a ningún sitio ni nadie conocía a Jeanne más que el pobre Moreno Villa, que parece ser que la iba a ver con cierta frecuencia. Pero nadie conocía a Juanita. Luis iba siempre solo a todas partes. Incluso hay por ahí unas fotos de mi prima Pilar, en una comida de no sé quien, en la que están Federico, Alberti y Luis, y miles de gentes pero no Juana. Está también Angelines Dorronsoro y su marido, pero Juanita, no. Juanita era la esposa incógnita, dedicada a sacar de paseo al Retiro a su niño. Muy surrealista y todo, pero...» [1].

La propia Jeanne, en la entrevista que mantiene con Aub, confirma las opiniones de Concha y de casi todos aquellos pocos que tuvieron acceso a la pareja. Durante sus ocho largos años de noviazgo en París, precisamente los años de mayor efervescencia surrealista de Luis, nunca llegó a hablar con ella de surrealismo: «No, no. Nunca –declara Jeanne a Max–. Yo era su consentida, la niña que tenía aparte, y me guardaba así. Nunca me hablaba –incluso ahora [la entrevista data de 1969]– ni de política; nunca me habla de nada: la casa, los niños y nada más. El marido español, su mujer allá, y así». En otro momento de esa interesante conversación, Jeanne insistía: «Luis lo hace todo él solo. Nunca me habla de trabajo. Nunca. Y yo tampoco le pregunto, porque sé que no me contestaría». Tal vez esa afirmación personal de la figura masculina, ese relegar a la mujer al ámbito de lo estrictamente doméstico, pueda explicarse, en cierto modo, aparte ya del influjo ejercido por la herencia cultural recibida, pensando en lo que le ocurrió con Gala a Salvador Dalí, su antiguo amigo del alma.

Si tanto insistimos en toda esta serie de datos íntimos de la vida familiar de Luis, es para subrayar, una vez más, como antes insinuaba Concha Mantecón, las profundas contradicciones que jalonan la vida de Buñuel. Estas fuertes contradicciones entre el individuo abierto y progresista a los ojos del mundo y el esposo y padre conservador y tradicionalista en su ámbito doméstico, las transparentaría Luis a la perfección en la figura de don Lope, el personaje galdosiano de *Tristana,* que él convirtió, como casi todos los personajes encarnados por su amigo el magnífico actor Fernando Rey, en su verdadero *alter ego.*

Un obispo exigente y canallesco

Ya casado, Luis se dedica a la producción cinematográfica, más que por imperativos económicos exigidos en principio por su recién formada familia (Juan Luis, el primer hijo, nacerá en este mismo año de 1934), por mantener una actividad más acorde con lo que sus familiares (su madre, sus hermanos) esperaban de él. Dinero sobraba en la casa materna. Luis, después de sus esporádicos e interesantísimos tanteos como realizador, quería mantener una cierta continuidad en su trabajo cinematográfico, deseaba poner en práctica muchas de las cosas que aprendió en París y en Hollywood; quería, en fin, una vez desvinculado –afincado ya en Madrid– del grupo surrealista, intentar otro tipo de cine, un cine popular, que respondiera a los modelos de los grandes géneros cinematográficos adaptados a los gustos y características del público español. Quería, en una palabra, dejar de hacer películas para minorías.

«Yo quería practicar. Saber –declara Buñuel a Max Aub–. Además, después de *Un perro andaluz*, de *La edad de oro*, de *Las Hurdes*, yo me decía: "Adiós al cine. ¿Quién me va a contratar a mí?". Y, además, a mí me encanta el orden, la organización, así que eso de administrar y dirigir lo hacía con mucho gusto. Además, de hecho, yo había acabado con los surrealistas. Ya no me interesaban.

»–Pero sí el surrealismo –agrega Max.

»–Naturalmente, como que me parecía la única cosa seria de nuestro tiempo. Pero las discusiones, las divisiones entre unos y otros, la trayectoria de Dalí, y aun del propio Breton, no me interesaban nada. De hecho, estábamos todos contra el surrealismo, mejor dicho, contra los surrealistas. Por eso, una mañana, después de un ataque fuerte de ciática durante el que había leído muchas obras de Arniches, me presenté en casa de Ricardo Urgoiti y le dije: "Bueno, aquí tengo veinte mil duros para que hagamos *Don Quintín el amargao*". "¿Lo vas a dirigir tú?" "De ninguna manera. Ahí tenemos a Marquina. Le damos dos mil pesetas." Fue un éxito colosal. Ganamos mucho dinero; hicimos luego las otras. Grémillon vino con quince mil pesetas, pero cuando acabó su película ya había estallado la guerra. Yo no hacía más que ver que realizaran películas lo más rápidamente posible y gastando lo menos que se pudiera. Yo no necesitaba dinero, tenía un contrato con la Warner Brothers, en Madrid, por cuatro mil pesetas semanales como jefe de doblajes» [2].

Buñuel se convierte, pues, en productor, «un productor muy exigente –según sus propias palabras– y en el fondo bastante canallesco», que a veces, en su fuero interno, se encuentra «un poco avergonzado». Sus dotes de gran organizador, su celeridad como realizador, su fuerte personalidad, sus innatas condiciones de líder, lo convertían en un productor enormemente eficaz. «Luis –diría muchos años después Fernando Rey– podría ser el mejor jefe de producción del mundo»; y, si no del mundo, sí llegó a ser por entonces el mejor jefe de producción de España.

Luis es el alma de Filmófono. La empresa cinematográfica de Urgoiti llega a controlar cerca de cuatrocientas salas de proyección en España y Latinoamérica. «No hay duda –escribe a este respecto J. Francisco Aranda– que detrás de la idea financiera había el propósito de consolidar un cinema sonoro típicamente español, de carácter popular, pero que fuese elevando paulatinamente el nivel cultural del espectador. Asimismo pretendía conquistar el mercado latinoamericano (entonces carente de producción propia) no sólo con fines comerciales, sino también para estrechar los vínculos histórico-culturales entre España y ese continente que habla su idioma.»

Buñuel formó un sólido equipo de producción con el que realizó cuatro filmes de factura muy digna, con unos presupuestos mínimos. Cuando estalló la guerra tenía esbozadas más de una docena de películas; entre ellas, algunas adaptaciones de Galdós, Baroja y Valle. José María Beltrán, aragonés como él, se ocupaba, excelentemente, de la fotografía. Su amigo Eduardo Ugarte, codirector del ejemplar teatro popular La Barraca, escribía los guiones con el propio Luis. Los actores (Angelillo, Ana María Custodio, Luis Heredia, etc.)

reaparecían constantemente en los repartos. Buñuel, pese a su odio a Thalberg, se había convertido en un pequeño Thalberg. Lo controlaba todo: desde la elección de los figurantes hasta la posición de la cámara. «La dirección de Filmófono –prosigue Aranda, el estudioso que más y mejor ha trabajado sobre esta etapa buñueliana– fue drástica por parte de Buñuel. Allí llevó a la práctica su método de increíble economía (decorados incompletos con un solo posible ángulo de cámara, una o dos tomas a lo más, etc.) y riguroso *time-table* de filmaje. Un método que lo haría muy solicitado en su etapa mexicana. No tenía contemplaciones con los intelectuales. Cuando llegaba a los estudios todos le hacían una reverencia: "Señor Obispo...", y Buñuel pasaba apoyado en su bastón, pues sufría una crisis de ciática» [3].

Las producciones de Filmófono

En 1935 se producen en Filmófono dos películas: *Don Quintín el amargao*, «dirigida» por Luis Marquina, y *La hija de Juan Simón*, cuya cabeza visible era José Luis Sáenz de Heredia.

Don Quintín, rodada, como casi todas las películas de la productora, en apenas tres semanas, era la película favorita de Buñuel en esta etapa suya de productor ejecutivo. Anunciada como «un sainete madrileño realizado con el ritmo de Hollywood», en su casa de México la proyectaba con frecuencia a sus íntimos. Aparecía firmada por Luis Marquina, recién estrenado ingeniero de sonido, hijo del decimonónico autor teatral, y quien no había visto nunca una cámara de cine. La figura de don Quintín, un hombre durísimo que en el fondo tiene un corazón de oro, llegó a resultarle, lógicamente, tan simpática a Buñuel que, dieciséis años más tarde, la llevó de nuevo a la pantalla, en México, bajo el melodramático título de *La hija del engaño.*

«Una escena que a mí me parece bastante buena –explica Buñuel– es la del café. Don Quintín está sentado con dos amigos. En otra mesa están su hija –a la que él no conoce– y su marido. Don Quintín se come una aceituna y tira el hueso, que va a dar en el ojo de la joven.

»El matrimonio se levanta y se va sin decir palabra. Los amigos de don Quintín le felicitan por su osadía cuando, de pronto, vuelve a entrar el marido, que viene solo, y obliga a don Quintín a tragarse el hueso de la aceituna»[4].

Nada más comenzar la película vemos ya la mano de Buñuel, en esa gran panorámica sobre los tejados del Madrid republicano a la que sigue una serie de tres o cuatro planos, en picado, que nos van recortando más y más el espacio físico, hasta centrarnos en la Plaza de Cascorro, en pleno corazón del Rastro. Un procedimiento que luego repetirá en muchas de sus películas (*Los olvidados, La ilusión viaja en tranvía...*), y que consiste en mostrarnos documentalmente el medio urbano donde se desarrollará la acción, delimitando y describiendo, en brevísimas pinceladas, el marco de la misma. En el Rastro, don Quintín compra un poco de fruta en un puesto ambulante que está junto a la puerta de su casa. Primer detalle sorprendente: los tenderos son jóvenes elegantísimamente vestidos.

Don Quintín abre su recia puerta castellana de cuarterón y deja parsimoniosamente su sombrero y su bastón. Nosotros, entre tanto, vemos una escena que se desarrolla en la sala de estar. Su mujer, que espera un hijo, mira amigablemente una vieja fotografía de un familiar, o amigo, al que no ha visto desde hace años, y con quien ha tenido un encuentro casual y lo ha invitado a subir a su casa para presentarle a su marido, al cual por lo visto esperan sin haberse percatado de su llegada. Don Quintín ve la sombra de ambos, sus cercanas siluetas, a través del cristal esmerilado y cree inmediatamente que la mujer lo engaña. Entra como una fiera en la habitación donde se encuentran, saca una pequeña pistola e intenta disparar sobre la pobre visita, que huye despavorida. A continuación, echa a la mujer de casa, sin permitirle ningún tipo de explicaciones, e inicia una existencia triste y amargada, que no cambiará hasta el final de la película, en el que se repite esa misma escena, pero justamente al revés.

Si al comienzo de la película, don Quintín entra en su casa orgullosa y parsimoniosamente, soberbio y altivo –uno llega incluso a pensar que espera la infidelidad de la joven esposa y que está ya preparado para castigarla...–, al final del filme quien abre la misma puerta del inicio es un hombre derrumbado, abatido, pero también alguien que está a punto de descubrir la humildad, gracias a la solidaridad de esa pequeña que, en una escena realizada en falsete, le ha ofrecido gratuitamente su cariño. Buñuel, que se burla al tiempo que se encandila de los momentos más melodramáticos de estos filmes, llegó a decirle a la protagonista de *Don Quintín*, Ana María Custodio, en uno de los momentos emocionales cumbres de la película (la escena del encuentro a solas entre el padre y la hija, en la que ambos desconocen su parentesco): «Hay que echarle más mierda, más mamarrachada sentimental»; a lo que Ana María contestó: «Contigo no se puede trabajar en serio». Paradójicamente ese hombre que entra ahora en casa derruido, encontrará en el interior de la misma la alegría, la felicidad, puesto que dentro, sabedores de los desvelos del padre arrepentido, lo esperan, conciliadores, su hija, su yerno, sus amigos... ¡y su nietecita!

La película está cargada de recuerdos personales de Buñuel, de verdaderos *private jokes*. La pareja formada por Ana María Custodio y su joven marido recuerda la propia pareja que acababa de establecer Buñuel, el productor recién casado, el padre recién estrenado... La aparición de la nietecita (o nietecito) en la caja de «aceitunas sevillanas» recuerda la foto de Luis niño saliendo de una cesta de mimbre que lleva el rótulo de «a mi mamá». La imagen de la maternidad, infrecuente en Buñuel, está presente del comienzo al final de

Don Quintín. Ana María regando las plantas, exuberantes; en el plano siguiente vemos ya la maternidad de la protagonista. El primer plano del gatito mamando de su madre, tras la alusión picante que hace a la maternidad el estupendo Luis Heredia ante la divertida hermana de la protagonista, que formará con él la típica pareja de «los graciosos». Heredia, que, presente en todas las películas de Filmófono, reaparecerá magníficamente veinticinco años más tarde, en *Viridiana*, crea aquí un personaje absolutamente surrealista. Las alusiones al cine son asimismo constantes:

«–Así que usted, señorita, es "cenemática"», –le espeta Heredia a su futura, que es, además de la hermana de la protagonista, una simpática mitómana, siempre rodeada de fotos de Gary Cooper, Greta Garbo, etcétera.

Pero donde definitivamente se delata la mano de Buñuel es en la propia caligrafía de la película. *Don Quintín* hace gala de una planificación inteligente y ajustada, con una cámara que se mueve cuando se tiene que mover (en elegantes movimientos de equilibrio), que se deja embriagar del humor y la ternura del argumento. Aquí, como en todas las numerosas y personalísimas adaptaciones literarias que Buñuel realiza a lo largo de su vida, la obra cinematográfica resultante no sólo supera el material literario de que parte, sino que se convierte en obra autónoma, con entidad propia, en una obra que nos hace olvidar el texto que la inspiró.

La hija de Juan Simón, melodrama musical interpretado por el entonces famosísimo Angelillo, participa del mismo aire fresco, imaginativo y maliciosamente ingenuo de *Don Quintín*. Hay también en ella multitud de detalles, tanto en la hábil utilización de la banda sonora como en la imagen (asociaciones de imágenes, montaje de contraste, etc.) que confirman la mano de Buñuel. Y, si bien tomada en su conjunto, la película no resulta tan lograda como *Don Quintín*, tiene momentos muy acertados. Valga de ejemplo la desenfadada escena musical de Angelillo en la cárcel, cuando recibe la noticia de su liberación. En una divertidísima sobreactuación general, estalla de pronto una especie de musical «carcelario» con intervenciones lírico-cómicas de Angelillo, del resto de los presos e incluso de los mismos guardianes. Otro momento de la película admirablemente resuelto es la escena de los novios, Carmela y Angelillo, en el banco. A Carmela le toca en la feria una jaula con un pajarito que es dejada en el extremo del banco donde a continuación tendrá lugar el encuentro amoroso con su novio; cuando Angelillo la abraza apasionadamente y parece que la cosa va a mayores, Carmela se desplaza, asustada, al extremo del banco y la jaula cae al suelo con su asustado pajarillo. Carmela, que queda encinta y sin su Angelillo, encerrado injustamente en prisión, acaba, cómo no, trabajando en un cabaret de Madrid. Allí, un desagradabilísimo individuo, llamado don Severo, le obliga a beber, contra su voluntad, para amortizar la botella de vino que ha pagado. El tal don Severo –la persona «más respetable» del local, en palabras del chulo que lo regenta– es abucheado por la gente en el palco donde se encuentra al verse aireada públicamente su lamentable conducta. A Buñuel le gustaba la secuencia del baile de una jovencísima Carmen Amaya, secuencia que acababa trágicamente y que llegó a regalar a la cinemateca mexicana.

Nemesio Sobrevila fue el primer director «tapadera» contratado para realizar *La hija de Juan Simón.* A los pocos días de trabajo fue relevado por José Luis Sáenz de Heredia, parece ser que por llevar el rodaje con retraso y detenerse demasiado en la búsqueda de determinados hallazgos artísticos. Arquitecto, Sobrevila había realizado, a finales de los años veinte, *El sexto sentido,* un curioso filme vanguardista en opinión de Aranda. Sáenz de Heredia ha declarado que, durante el rodaje, sólo fue un ayudante de Buñuel. «Ni un solo encuadre del filme es mío», llegó a afirmar. Buñuel, que en *Mi último suspiro,* se cura en salud tachando a ambas películas de «abominables melodramas», fue de nuevo el factótum de *La hija de Juan Simón* cuyo éxito popular sería todavía mayor que el de *Don Quintín*. Sólo con la venta de los temas musicales interpretados por Angelillo se sufragaron los costes de producción de la película.

La tercera producción de Filmófono, rodada en quince días mientras se preparaba la más ambiciosa *Centinela alerta,* fue *¿Quién me quiere a mí?*, también conocida bajo el título de *Ojos cariñosos.* Dirigida oficialmente por Sáenz de Heredia, pasó sin pena ni gloria por las pantallas españolas e hispanoamericanas. Era un melodrama de actualidad, del que se desatendió bastante Buñuel (que estaba preparando la próxima película), motivado por la instauración del divorcio en España. «El tema –escribe Aranda–, que podía ser importante, no fue tomado demasiado en serio. Lina Yegros y otros actores de moda hicieron su rutina habitual. La hija del matrimonio desavenido, que había de sufrir la consecuencia del desajuste, era una niña que acababa de ganar un concurso radiofónico. Herreros la anunció como "la Shirley Temple española". Las consecuencias de la desunión familiar no iban mucho más allá de tomar el bebé el alimento en porrón cuando estaba en manos del padre»[5].

Centinela alerta, la última película de Filmófono, se rueda en la inestable España prebélica. En un ambiente, declara Buñuel en sus memorias, «de huelgas incesantes, siempre acompañadas de violentas escaramuzas, de furiosos atentados de uno y otro bando, de incendios de iglesias (el pueblo, por instinto, se revolvía contra su muy antiguo enemigo), propuse a Jean Grémillon que viniera a rodar en Madrid una comedia militar titulada *Centinela alerta* [...] Durante el rodaje, la situación nacional se deterioraba velozmente. En los meses que precedieron a la guerra, el ambiente era irrespirable. Una iglesia en la que teníamos que rodar unas escenas fue incendiada por la multitud y tuvimos que buscar otra. Mientras hacíamos el montaje había tiroteos por todas partes».

En este ambiente infernal el primer milagro de *Centinela alerta* es que no refleja en absoluto la tragedia que se va fraguando a su alrededor; por el contrario, la película rebosa humor, alegría de vivir, esa ingenua y pícara complicidad con el espectador, basada fundamentalmente en el uso inteligente y malicioso de los tópicos del género, tan propia de Buñuel en estas risueñas comedias de Filmófono.

Inspirada en el sainete de Arniches *La alegría del batallón, Centinela alerta* resulta una extraña mezcla de zarzuela militar, comedia y melodrama. Candelas, la heroína, interpretada eficazmente por la bella Ana María Custodio, ha sido abandonada, junto a su niña, por el malvado Raúl Cancio. Las socorre el batallón en donde prestan sus servicios Angelillo y Tiburcio, un entrañable Sancho Panza encarnado por el divertidísimo Luis Heredia. Cuando Angelillo se hace famoso, merced a sus innegables facultades para el cante, pone a Candelas y a la niña un estanco; así, como suena. El pérfido ex amante, enterado de la prosperidad de las damas, reaparece en sus vidas, e intenta chantajearlas. Tiburcio (o Triburcio, o Tirbucio, como él mismo dice a una bella cliente), metido a Sherlock Holmes de la calle Argumosa, donde se encuentra el estanco de Candelas, logra descubrir las feroces patrañas del extorsionado y Angelillo recobra el amor de su querida Candelas. Los golpes cómicos más celebrados corren a cargo de Tiburcio, que es el limpiabotas del estanco. En una ocasión se le sienta en la silla de limpia una señorita estupenda y prorrumpe gozosamente: «¡Qué lástima que tenga Vd. sólo dos piernas!»; en otra, encontrándose en la comisaría en busca de los antecedentes penales del facineroso, requiere un certificado de «mala conducta, que es el interesante».

Hay números musicales excelentes, en una atmósfera rebosante de jovial vitalidad. Especialmente digna de memoria es la secuencia del teatro de variedades donde Angelillo actúa al final de la película, con una serie de planos, de movimientos de cámara, sobre las bellas coristas, realizados con la habilidad y la eficacia del mejor musical de Hollywood. Algo que, insisto, no deja de maravillarnos al rodarse en la época en que se rodó.

Jean Grémillon hizo la película sólo a medias porque cayó enfermo a mitad de rodaje siendo sustituido, cómo no, por el propio Luis. La película, cuya factura técnica supera a las anteriores (no en vano se emplearon cuatro semanas en el rodaje, en vez de las tres utilizadas anteriormente), estrenada ya en plena Guerra Civil, tuvo un éxito grandioso, tanto en la agitada España bélica como en Hispanoamérica. Escribe Aranda que en las listas sudamericanas de 1939 figura como el segundo título cinematográfico que más dinero ingresó en taquilla aquel año, tras la mítica *Lo que el viento se llevó*.

«Urgoiti –confiesa Buñuel en sus memorias–, encantado de nuestra colaboración, acababa de proponerme una asociación magnífica. Íbamos a hacer juntos dieciocho películas, y yo pensaba ya en adaptaciones de las obras de Galdós. Proyectos perdidos, como tantos otros. Durante varios años, los acontecimientos que hicieron arder a Europa me mantendrían alejado del cine.»

Frente a los numerosos juicios negativos que suscitó con el tiempo esta etapa de Filmófono, juicios de los que participó en ocasiones el propio Buñuel[6], este período profesional de su vida tuvo una importancia decisiva en su formación como cineasta, ya que le permitió controlar todos los entresijos de la producción y la realización cinematográficas. El hecho de que, al llegar a México, a partir de 1947, se convierta inmediatamente en uno de los directores más económicos, rápidos, seguros y eficaces de la cinematografía mundial, después de haber estado más de quince años sin realizar una auténtica película (*Las Hurdes* es de 1932), no se puede explicar sin esta decisiva etapa de Filmófono, que resultó ser para Buñuel el complemento práctico perfecto de sus extraordinarias dotes creadoras, suficientemente demostradas en sus tres originalísimas primeras películas. Por otra parte, Filmófono fue la oportunidad, abortada por la Guerra Civil, como otras tantas cosas, de crear en España un cine popular al tiempo que digno, un cine tan ingenioso como optimista. Y, sobre todo, con la guerra se quebró la posibilidad, que en realidad era ya un hecho –la empresa de Ricardo Urgoiti, recordémoslo, llegó a controlar cuatrocientas salas de proyección, entre España e Hispanoamérica–, de crear un inmenso mercado cinematográfico en lengua española, que hubiera contribuido, a través de la fantasía y del humor, a establecer con Hispanoamérica vínculos mucho más interesantes que los que crearía, años después, la huera retórica de «por el Imperio hacia Dios».

7. El pueblo en armas

Buñuel, perteneciera o no al Partido Comunista, era un hombre de confianza del mismo, un verdadero compañero de viaje. Pocos saben que, antes de la guerra, cuando la Segunda República perseguía a dicho partido, Luis llegó a embargar *Mundo Obrero*. «Yo tenía entonces –informa a Max Aub– una cuenta muy fuerte en el Banco, porque ganaba mucho dinero con Filmófono. Y el Gobierno iba a embargar *Mundo Obrero*. Entonces fui yo y lo embargué por una cantidad que fingimos que me debía. Una vez embargado por uno, ya no se podía embargar por otro.» Luis participaría, en la sombra, sobre todo después de 1936, en bastantes acciones políticas –algunas de ellas se verán seguidamente– relacionadas con la izquierda española.

Poco antes del 18 de julio está a punto de comprar parte de las Batuecas, «uno de los contados paraísos que he conocido sobre la tierra». El convento, las hermosas huertas colindantes, las dieciocho ermitas que se levantaban en torno a la iglesia..., todo ello estuvo a punto de pertenecer a Buñuel por ciento cincuenta mil pesetas. Las religiosas del Sagrado Corazón estaban en tratos con un propietario de Salamanca que les había prometido comprar ese pequeño paraíso a plazos. Cuando nuestro boyante productor les ofreció esa cantidad al contado, las monjas cambiaron rápidamente la opción de compra. «Íbamos a firmar -faltaban tres o cuatro días para ultimar la operación- cuando estalló la Guerra Civil y todo se fue al traste.

»Si hubiera comprado las Batuecas y la guerra me hubiera pillado en Salamanca, una de las primeras ciudades que cayó en poder de los fascistas, es probable que me hubieran fusilado inmediatamente» [1].

Una verdadera pena, pensamos ahora nosotros, que la operación no hubiera tenido lugar en épocas menos peligrosas porque a buen seguro que entonces Buñuel, «el señor obispo», como amablemente le llamaban sus empleados de Filmófono, hubiera regentado la primera diócesis seglar del mundo.

Cuando, a mediados de 1936, se desata la rebelión militar, Buñuel se encontraba solo en Madrid. Un mes antes Jeanne y el pequeño Juan Luis habían regresado prudentemente a París. El caos reina, durante estos primeros meses, en las calles de Madrid. «La violenta revolución que íbamos sintiendo ascender desde hacía unos años, y que yo personalmente tanto había deseado, pasaba bajo mis ventanas, ante mis ojos. Y me encontraba desorientado, incrédulo» [2].

En ocasiones, le embarga una solidaria emoción ante ese pueblo levantado en armas. Como sucede en esa maravillosa escena recordada en sus memorias en la que él y Élie Faure lloran, desde la ventana de un hotel, al ver a un centenar de desharrapados campesinos, mal armados con instrumentos del campo y escopetas de caza, marcando marcialmente el paso. Otras veces le sacude la indignación y el rechazo, al comprobar que sus admirados anarquistas cometen tropelías y abusos semejantes a los cometidos por los fascistas. Él, que en *La edad de oro* había propugnado la revolución, la subversión de los caducos valores burgueses, hace verdaderos esfuerzos para vencer el pánico. En otros momentos de este libro hemos recordado las fuertes contradicciones que siempre sacudieron a Buñuel. Conviene recordar ahora la importante confesión hecha a Max Aub sobre sus acusadas dicotomías vitales, confesión que completa el importante texto anteriormente citado de *Mi último suspiro:* «Es muy curioso, pero soy así. De un lado, mis ideas; del otro la realidad. Lo cierto es que, cuando la guerra de España, era realidad todo lo que habíamos pensado, por lo menos lo que yo había pensado: quema de conventos, guerra, asesinatos, y yo estaba muerto de miedo, y no solamente eso, sino que estaba en contra. Soy revolucionario, pero la revolución me espanta. Soy anarquista, pero estoy totalmente en contra de los anarquistas».

Estas contradicciones no eran, de todas formas, exclusivas de Buñuel. Los propios anarquistas, a los que Luis se sentía en parte tan próximo, incurren en tremendos contrasentidos. Alguno de éstos, por su carácter parasurreal, es digno de ser evocado. Tanto en *Mi último suspiro* como en sus conversaciones con Aub cuenta Buñuel cómo un conocido suyo, director de un periódico de la CNT, Gil Bel, le invitó, en agosto de 1936, a tomar posesión de uno de los chalés burgueses que habían tomado en Torrelodones, ¡a quince kilómetros del frente!, para fundar una colonia de intelectuales anarquistas. Evidentemente, Luis, que en estos temas no era nada surrealista, le contestó airadamente e hizo caso omiso de la oferta.

El desconcierto más absoluto se había adueñado de la vida cotidiana en la capital de España. «Se recomendaba –nos relata Luis en sus memorias– tutear a todo el mundo y acompañar todas las frases con un enérgico "Compañeros" si se hablaba con anarquistas o con un "Camaradas" si se trataba de interlocutores comunistas. La mayor parte de los automóviles llevaban sobre el techo uno o dos colchones como protección contra los francotiradores. Era sumamente peligroso sacar la mano para indicar que el coche iba a virar a uno u otro lado, pues este gesto podía ser interpretado como un saludo fascista y atraer una ráfaga de disparos al paso. Los señoritos fingían vestir mal para disimular sus orígenes. Se ponían viejas gorras y se manchaban la ropa, a fin de parecerse a los obreros, mientras que del otro lado, las consignas del partido comunista recomendaban a los obreros ponerse corbata y camisa blanca.» En ocasiones, unas manos poco curtidas delatan a un hijo de buena familia bajo su disfraz de desaliñado trabajador: las consecuencias son funestas. Ahora, frente a los alegres disfraces de los años veinte, ciertos disfraces, tan usados por el propio Luis, podían resultar ciertamente trágicos.

Buñuel, pese a sus querencias anarquistas, vence sus miedos y colabora con los comunistas. En *Mi último suspiro* cuenta cómo, habiéndose quedado sin armas en casa, fue a ver a Santiago Carrillo, entonces secretario de las Juventudes Socialistas Unificadas, con la intención de pedirle un arma: «Él abrió el cajón vacío, y me dijo: "No tengo ni una"».

«Finalmente –prosigue–, me dieron, de todos los modos, un fusil. Un día, en la Plaza de la Independencia, donde me encontraba con unos amigos, comenzaron los tiroteos. Se disparaba desde los tejados, desde las ventanas, desde la calle, en medio de la más absoluta confusión, y allí estaba yo, detrás de un árbol, con mi fusil inútil, sin saber contra quien disparar. ¿Para qué entonces conservar un fusil? Lo devolví.»

Por las tardes acude a las reuniones de la Liga de Escritores Revolucionarios; allí se encuentra con sus amigos Bergamín, Corpus Barga, Alberti, Altolaguirre, y con los intelectuales extranjeros que, como Malraux o Faure, acuden inmediatamente en ayuda de la República. La operatividad de estas reuniones, en donde se discute interminablemente sobre la teoría y la praxis, era bastante dudosa para Luis, tanto colectiva como individualmente. «En mí –insiste–, luchaban, como siempre, la atracción teórica y sentimental hacia el desorden y la necesidad fundamental de orden y de paz» [3].

En ocasiones, el crédito personal que Buñuel tiene en los medios izquierdistas logra salvar incluso alguna vida. Sáenz de Heredia mantuvo la suya gracias a Luis. Arrestado por un grupo de socialistas en razón de su parentesco con José Antonio Primo de Rivera y a punto de ser fusilado, Buñuel se presentó, acompañado de unos cuantos técnicos y obreros de los estudios de cine donde aquél trabajaba, en las dependencias de los detenidos. Éstos, al igual que Luis, declararon en favor de Sáenz de Heredia, buen profesional y compañero, que fue liberado.

En Calanda, la patria chica de Buñuel, se proclama por decreto el amor libre. «Un buen día –relata, no deja de tener su gracia, el gran mentor de *l'amour fou*–, por orden de los anarquistas, el pregonero se adelantó al centro de la Plaza Mayor, se llevó a los labios la trompetilla, tocó y, luego, declaró.

»–Compañeros, a partir de hoy se decreta el amor libre en Calanda.

»No creo que esta proclamación, acogida con la estupefacción que es de imaginar, tuviera consecuencias dignas de mención. Algunas mujeres fueron agredidas en la calle, intimadas a hacer el amor (que nadie sabía muy bien lo que era) y, ante su enérgica resistencia, dejadas en paz. Pero los espíritus se hallaban turbados. Pasar de la rigidez sin fisuras del catolicismo al amor libre de los anarquistas no era cuestión baladí. Para calmar los sentimientos, mi amigo Mantecón, gobernador de Aragón, aceptó un día improvisar un discurso desde el salón de nuestra casa. Declaró solemnemente que el amor libre le parecía un absurdo y que teníamos otra cosa que hacer, aunque sólo fuese la guerra.» En efecto, Mantecón, ante la pregunta de Max Aub sobre si estuvo o no en Calanda al estallar la guerra, confirma: «Sí, yo estuve en Calanda. Di un mitin. Que si no les daba vergüenza. Porque allí habían proclamado el amor libre. El único lugar. Y el sitio era precisamente la Torre, la finca de los Buñuel»[4].

Pero, por lo general, la tragedia prevalece sobre la comedia. Y Buñuel lo comprueba cuando los muertos tienen nombre y apellidos, como los tenía –y grandes– su amigo Federico García Lorca. La relación entre ambos amigos se había enfriado, sobre todo a partir de *Un perro andaluz*, título en el que se veía representado el propio Federico. «Buñuel ha hecho –rememora Luis– una peliculita así (gesto de los dedos), se llama *Un chien andalou* y el perro [*chien*] soy yo.»

Pero, desde 1934, la amistad que se profesaban había recobrado su natural impulso. Muchos días, Buñuel coge su Ford y suben ambos a charlar y ensimismarse en las hermosas soledades de El Paular, en aquella época un monasterio derruido que mal conservaba media docena de habitaciones donde se podía pernoctar, «a condición de llevar un saco de dormir».

«Era difícil hablar de pintura y poesía cuando sentíamos aproximarse la tempestad. Cuatro días antes del desembarco de Franco, García Lorca –que no podía apasionarse por la política, apunta Buñuel– decidió de pronto marcharse a Granada, su ciudad. Yo intenté disuadirle, le dije:

»–Se están fraguando auténticos horrores, Federico. Quédate aquí. Estarás mucho más seguro en Madrid.

»Otros amigos ejercieron presión sobre él, pero en vano. Partió muy nervioso, muy asustado.

»El anuncio de su muerte fue una impresión terrible para todos nosotros.»

Las especulaciones sobre la tragedia de Granada harían correr ríos de tinta. La explicación que años después da Luis de la misma merece ser recordada: «Jamás se han encontrado sus restos. Han circulado numerosas leyendas sobre su muerte, y Dalí –innoblemente– ha hablado incluso de un crimen homosexual, lo que es totalmente absurdo. En realidad, Federico murió porque era poeta. En aquella época, se oía gritar en el otro bando: "¡Muera la inteligencia!"».

Para concluir haciendo en voz alta esta empática reflexión: «Federico sentía un gran miedo al sufrimiento y a la muerte. Puedo imaginar lo que sintió, en plena noche, en el camión que le conducía hacia el olivar en que iban a matarlo.

»Pienso con frecuencia en ese momento»[5].

París ya no era una fiesta

El análisis que Luis hace en sus memorias, con la serenidad y la distancia que le permiten los años transcurridos, de aquellos borrascosos, trágicos y desconcertantes primeros meses de la contienda es de gran lucidez:

«El pueblo se rebelaba, tomaba el poder e inmediatamente se dividía y se desgarraba. Injustificados arreglos de cuentas hacían olvidar la guerra esencial, la única que hubiera debido contar [...] En el interior del bando republicano comenzaban a manifestarse graves divisiones. Los comunistas y los socialistas querían, ante todo, ganar la guerra, aplicar todos sus esfuerzos a la obtención de la victoria. Por el contrario, los anarquistas, considerándose como en terreno conquistado, organizaban ya la sociedad ideal.»

A finales de septiembre de 1936, a los tres meses de la rebelión, Buñuel es citado en Ginebra por el ministro de Asuntos Exteriores de la República, Álvarez del Vayo. Pese a la citación oficial, el hecho material de salir de España no era nada fácil. En Barcelona, se encuentra con Bergamín, Imaz y Muñoz Suay, que iban también a Ginebra para una convención política. Ambos advierten a Luis acerca de lo difícil que es pasar la frontera sin el visado de los anarquistas. De hecho así sucede en Port Bou. «Al bajar del tren –explica a Max Aub– había allí un anarquista con barba y pañuelo rojo y negro. Y una especie de tribunal de la CNT. Yo llevaba un pasaporte ordinario y una carta de *Mundo Obrero* recomendándome. "Eso no sirve." "¿Cómo que no sirve? –solté un par de blasfemias–. ¿Qué os habéis creído? ¡Sois peores que la misma Policía! –y otra sarta de blasfemias–. ¿Cómo que no sirve? ¡Peores que la misma Guardia Civil! ¡A hacer puñetas! "Bueno, compañero, bueno. Pero es que por aquí pasa cada fascista..." Y pasé el primero. Palabra».

En Ginebra tiene una breve entrevista con el ministro, quien le aconseja vaya a París para ponerse a las órdenes de Luis Araquistáin, el nuevo embajador de la República en París; «nuestro mejor embajador en París», en opinión posterior de Buñuel. Permanecerá en la capital francesa casi hasta el final de la guerra. En distintas manifestaciones Luis ha declarado que fue una especie de jefe de Protocolo de la embajada, aunque, en realidad, se dedicaba a reunir y trabajar material filmado prorrepublicano, y a otra serie de «misiones» diplomáticas que rozaban claramente los terrenos del espionaje. Dentro de las labores cinematográficas realizadas en la embajada destaca su importante papel como supervisor de *España leal en armas,* labor compartida con su amigo y colaborador Pierre Unik, una de las películas de combate más interesantes que se hicieron durante la Guerra Civil. Esta obra había sido montada por Jean-Paul Le Chanois –que años más tarde reclamaría y perdería su presunta autoría de la película en un tribunal de París, autoría concedida a Unik y Buñuel– y estaba fundamentada en diversos documentales rodados en las líneas de fuego españolas.

«Buñuel y Unik –escribe Aranda a este respecto– crearon un documental de guerra como jamás he visto otro, sin los lugares comunes de la propaganda. Filme pesimista, acusaba de ayuda indirecta a las democracias occidentales al fascismo de Franco y afirmaba que la lucha del pueblo español por su libertad era desesperada y visceral. Algunas escenas llevan la impronta de Buñuel: así la Plaza del Callao, la más concurrida de Madrid [*sic*], se ve desierta, atravesada por un hombre portando sobre su cabeza el diminuto ataúd blanco de un bebé. O los terribles primeros planos de niños muertos en un bombardeo. Fragmentos de la séptima y octava Sinfonías de Beethoven daban el contrapunto irritante al texto de comentario lacónico. Obviamente, estábamos cerca del autor de *Tierra sin pan*»[6].

Un día, cuando ya llevaba algún tiempo en París, recibe un telegrama de Roces, subsecretario de Instrucción Pública, pidiéndole que volviera a Madrid para filmar en el frente. «Bajé a ver a Araquistáin, se lo enseñé. Me preguntó: "¿Usted qué quiere hacer?". "¿Yo? Quedarme. Filmar en las trincheras no se puede. El frente no sirve para eso. Ahora bien, si es para hacer una película, mejor se hace en el estudio, y entonces se ve todo. Pero no creo que es el caso." Me quedé»[7].

Sin embargo, Buñuel pasa varias veces a España transportando documentos, llevando propaganda o ayudando, simplemente, a quienes estaban rodando en España, como ocurre cuando acude a los Pirineos para abastecer, desde el otro lado de la frontera, al equipo de filmación de *La División perdida,* filme dirigido por Sobrevila y con su antiguo colaborador, Beltrán, de operador jefe. Presta también ayuda a Malraux, que rodará *L'espoir (Sierra de Teruel)* y a Joris Ivens, que prepara con Hemingway *Tierra española (Spanish Earth)*. Algunas de las misiones de Luis resultaban verdaderamente chocantes. «Durante la guerra –comenta a Aub– mandábamos –¡yo!– encíclicas del Papa, la *Rerum Novarum,* a España, millares y millares de ejemplares, con la complicidad del Partido Comunista francés y por medio de marinos alemanes.»

Desde su polivalente puesto en la embajada, Luis viaja, en misiones a veces secretas, por todo Europa. Concha Mantecón, en sus declaraciones a Aub, reconoce que Luis trabajó en el Servicio de Contraespionaje de la República, con Sánchez Ventura y Vicens. En *Mi último suspiro,* Buñuel habla de sus viajes a Amberes, a Suiza, a Londres (en varias ocasiones), a Estocolmo... La misión que le conduce a la capital sueca le va a proporcionar algunos quebraderos de cabeza..., y de corazón: «La región de Biarritz y de Bayona hervía de fascistas de todas clases, y buscábamos agentes secretos que nos informasen. Fui a Estocolmo para ofrecer este papel de espía a una sueca bellísima, Kareen, miembro del Partido Comunista sueco. La mujer del embajador la conocía y la recomendaba. Kareen aceptó, y volvimos a vernos en barco y en tren. Durante este viaje, hube de sostener un verdadero conflicto entre mi deseo sexual, siempre vivo, y mi deber. Venció mi deber. No intercambiamos ni siquiera un beso, y sufrí en silencio. Kareen marchó a los Bajos Pirineos, desde donde me enviaba regularmente todas las informaciones que llegaban a sus oídos. No la he vuelto a ver» [8].

El curso de la Guerra Civil va decantándose cada vez con mayor claridad del lado fascista. Las ayudas italianas y alemanas a Franco contrastaban fuertemente con las divisiones que desgarraban el bando republicano. París ahora no es para Buñuel el paraíso dorado de la época de las vanguardias. «Yo vivía en Meudon. Por la noche, al volver a casa, solía detener el coche, con la mano en el revólver, para mirar hacia atrás y cercionarme de que nadie me seguía. Vivíamos rodeados de secretos, de intrigas, de influencias incomprensibles. Mantenidos minuto a minuto al corriente de la evolución de la guerra, y comprendiendo que las grandes potencias, a excepción de Italia y Alemania, preferían abstenerse hasta el fin, veíamos morir toda esperanza.» Con este deprimente panorama, no es de extrañar que algunos republicanos españoles, como el propio Buñuel, e incluso los propios comunistas, justificaran el pacto germano-soviético, a la vista del innoble comportamiento hacia la Segunda República que mantenían las llamadas democracias occidentales. Sólo notables individualidades de estas democracias, apoyaron, hasta derramando su sangre, al gobierno español legítimo. En una ocasión, un multimillonario inglés, Edward James, llegó a ofrecer a Buñuel, por mediación de Dalí, un bombardero para la República española, oferta que hacía a cambio de que el gobierno republicano le cediera algunas de las obras maestras del Museo del Prado, cesión que sería amparada por el Tribunal de La Haya. James prometía organizar una serie de grandes exposiciones en las ciudades más importantes de Europa. A Luis esta singular oferta le hizo tanta gracia que llegó a comunicársela a Álvarez del Vayo, quien, naturalmente, a pesar del importante servicio que ese arma de combate hubiera hecho a la República, la rechazó [9].

Entre tanto, en España, la guerra se hacía más y más virulenta. En la zona del Bajo Aragón, de acusada raigambre anarquista, en Calanda mismo, hubo verdaderas masacres. Conchita, la querida hermana de Luis, es detenida en Zaragoza y pasa un tiempo en prisión con peligro real de ser fusilada. Los fascistas, conforme van «reconquistando» España, intentan borrar del mapa cualquier vestigio republicano. Así, la madre de Buñuel, cuando Madrid cae, tras una larga y heroica resistencia, en manos de Franco, quema toda la importante biblioteca del piso de Luis, por temor a futuras represalias. Luis va a tardar veinticinco largos años en regresar a España.

Recordando, ya octogenario, lo que significó la guerra civil española, Buñuel llega, en *Mi último suspiro*, a esta ponderada y valiente síntesis, que no dudo en citar íntegramente, en razón de su importancia, tanto en sí misma, como en la futura obra del cineasta:

«En 1936, el pueblo español tomó la palabra, por primera vez en la Historia. Instintivamente, atacó primero a la Iglesia y a los grandes propietarios, representantes de una antiquísima oposición. Quemando las iglesias y los conventos, matando a los sacerdotes, el pueblo designaba con toda claridad a su enemigo hereditario.

»Del otro lado, del lado fascista, los crímenes eran cometidos por españoles más ricos y más cultivados. Eran cometidos –el ejemplo de Calanda puede extenderse a toda España– en mayor número, sin verdadera necesidad, con una frialdad mortal.

»Eso me permite decir hoy con cierta necesidad que, en el fondo, el pueblo es más generoso. A nadie se le escapaban las razones que tenía para sublevarse. Si durante los primeros meses de la guerra me horrorizaron ciertos excesos cometidos en el lado republicano (nunca he intentado ocultarlo), muy pronto, a partir de noviembre de 1936, se instauró un orden legal y cesaron las ejecuciones sumarias. Por lo demás, nosotros hacíamos la guerra contra los rebeldes.

»Toda mi vida me ha impresionado enormemente la famosa fotografía en que, ante la catedral de Santiago de Compostela, se ve a unos dignatarios eclesiásticos, revestidos con sus ornamentos sacerdotales, haciendo el saludo fascista junto a varios oficiales. Dios y la patria están allí codo con codo. No nos traían más que represión y sangre.

»Nunca he sido un adversario fanático de Franco. A mis ojos, no representaba al diablo en persona. Incluso estoy dispuesto a creer que evitó que una España exangüe fuese invadida por los nazis. Aun en lo que le afecta, dejo lugar a una cierta ambigüedad[10].

»Lo que me digo ahora, mecido por los sueños de mi inofensivo nihilismo, es que el mayor desahogo económico y la cultura más desarrollada que se encontraban al otro lado, en el lado franquista, hubiera debido limitar el horror. Pero no fue así. Por esta razón, a solas con mi *dry-martini*, dudo de las ventajas del dinero y de las ventajas de la cultura».

8. América otra vez

En 1938, Buñuel regresa a Estados Unidos. Piensa que allí puede ser más útil y así se lo manifiesta a Marcelino Pascua, el último embajador de la República en Francia. En Estados Unidos puede supervisar las películas de Hollywood que versan sobre la guerra de España. Además, los aires, en París, se están enturbiando, ya que, pocos meses después, estallará la Segunda Guerra Mundial[1]. Como apenas tiene dinero –en esta ocasión las ayudas familiares, debido a la guerra civil española, son imposibles– acude ahora a sus amigos, en especial a Sánchez Ventura[2], que le presta cerca de dos mil dólares, con lo que puede cubrir los primeros gastos. Al entrar en Estados Unidos, le preguntan si es comunista: «No –responde–. Pero tengo muchos amigos comunistas, y el Partido Comunista es el único que lucha de verdad por el pueblo español». «¿Lo jura?» «Lo juro.» Y ya que surgen de nuevo sus querencias comunistas, creo oportuno evocar las líneas que en sus memorias dedica a sus futuras relaciones con el comunismo: «Conservé mis simpatías por el Partido Comunista hasta finales de los años cincuenta. Después me fui alejando cada vez más de él. El fanatismo me repugna, donde quiera que lo encuentre. Todas las religiones han hallado la verdad. El marxismo, también. En los años treinta, por ejemplo, los doctrinarios marxistas no soportaban que se hablase del subconsciente, de las tendencias psicológicas profundas del individuo. Todo debía obedecer a los mecanismos socioeconómicos, lo cual me parecía absurdo. Se olvidaba a la mitad del hombre».

En principio, Luis debe realizar las funciones de asesor histórico de *Cargo of Innocents*, película sobre la evacuación de Bilbao producida por su antiguo responsable en Hollywood, Frank Davis. Cuando casi había leído ya el guión, la Asociación General de Productores Americanos prohíbe la elaboración de cualquier película sobre la guerra de España, ya sea desde la óptica republicana o fascista. Se encuentra por lo tanto en Hollywood sin trabajo y con muy poco dinero. Intenta entonces algunos proyectos que no logran fraguar; por ejemplo, vender a Chaplin uno de sus múltiples *gags*, pero éste no llega a recibirle. Por estas fechas, comienzos de 1939, la República proclama una movilización general como la última de las medidas posibles para reencauzar una guerra que ya está perdida. Luis escribe al consulado general de España pidiendo su repatriación y la de Jeanne, su mujer. La embajada agradece sus intenciones pero lo anima a que siga sus trabajos, «como si no hubiera de ser llamado», ya que la situación no está nada clara. En efecto, a las pocas semanas, terminaba la guerra. Unos meses más tarde, escribe una pequeña e informal autobiografía, a manera de singular *curriculum vitae*, para enviarla a diversos lugares donde tal vez puedan necesitar sus servicios. Esta autobiografía, que alguna vez hemos citado fragmentariamente en otros capítulos, tiene una enorme importancia y casi todos los estudiosos de Buñuel la han empleado en diversos trabajos. Como muy bien nos recuerda su sobrino Pedro Christian, su contenido fue la base que utilizó el propio Buñuel en los primeros capítulos de *Mi último suspiro*.

En este boceto autobiográfico, además de expresarnos su situación actual y de opinar acerca del llamado cine independiente, nos explica el concepto que él tiene de lo que debe ser un filme documental, concepto que en buena parte ya había llevado a la práctica en *Las Hurdes* y que muy pronto tendrá oportunidad de desarrollar más en muchos de los trabajos que realizará para el Museo de Arte Moderno neoyorquino [3]. Pensando en la escasez de textos teóricos del propio Buñuel, considero sumamente interesante reproducir ahora estas líneas de su boceto.

«Ya he dicho -escribe- que mis actividades cinematográficas se vieron completamente interrumpidas por el conflicto español y hace exactamente tres años que he estado sin trabajar en mi profesión. Tanto por razones espirituales como materiales tengo que volver al trabajo; la última razón está apoyada en el hecho de que me he casado y tengo un hijo.

»Alguien me ha sugerido que busque trabajo en el cine de Hollywood, cosa que si no imposible, al menos es difícil en vista de las presentes condiciones de la industria. Otra actividad sería la producción independiente. Y la llamo independiente en sentido artístico, ya que las aquí llamadas producciones independientes son quizá más dependientes que las otras en la rutina comercial y en las demandas. Este tipo de filme independiente de que hablo casi ha desaparecido a causa del gran coste de la producción. Creo que los experimentos más interesantes de hoy en día se pueden encontrar en filmes documentales, que son en realidad los sucesores de lo que más arriba he llamado "producciones independientes".»

Y, a partir de aquí, Buñuel diseña una teoría del cine documental:

«En mi opinión existen dos tipos de filmes documentales: uno, que puede ser llamado *descriptivo,* en el que el material se limita a la transcripción de un fenómeno material o social. Por ejemplo: la manufactura industrial, la construcción de una carretera o las operaciones de alguna línea aérea, etc.

Otro tipo, mucho menos frecuente, es ese en que siendo al mismo tiempo descriptivo y objetivo, intenta *interpretar la realidad.* Por este motivo puede atraer las emociones artísticas del espectador y expresa amor, tristeza y humor. *Tal documental es mucho más completo porque, además de ilustrar, conmueve.* Aunque, hay temas que se prestan más fácilmente que otros a tal propósito, ninguno se excluye *a priori* de esta posibilidad emocional. La acción trivial de construir una carretera o mostrar una nueva línea aérea, a la que me he referido antes, puede, de acuerdo con sus interpretaciones, *convertirse en dramática, cómica o subversiva.*

»El cine documental aburre, generalmente, al público que no está versado en esta comprensión. Se usa más material del necesario para destacar detalles cuyo valor es solamente visual o dinámico. La gran mayoría de los filmes documentales carecen de valor psicológico.

»Así, aparte del documental descriptivo existe el psicológico. Me gustaría hacer *documentales de naturaleza psicológica*».

En realidad, a pesar de que Buñuel, si exceptuamos sus inmediatas labores de montaje y reconstrucción cinematográfica en el MOMA, desarrollará en lo sucesivo prácticamente toda su producción en el campo de la ficción cinematográfica, aplicará, no sólo en *Los olvidados* sino en muchas de sus películas, este interés suyo por el «documental de naturaleza psicológica».

La importancia de esta preocupación suya es tan grande que, en la etapa mexicana, por ejemplo, convertirá auténticos melodramas, como su magnífico filme *Él*, en verdaderos documentos de naturaleza psicológica.

Peor que comunista

Debido a las escasas oportunidades que en aquellos momentos le brinda la Costa Oeste, Buñuel decide marchar a Nueva

York. Su situación económica es tan precaria que está a punto de trabajar de cocinero (hacía excelentes paellas) en un restaurante de la ciudad de los rascacielos. Afortunadamente para los amantes del cine, su amistad con Iris Barry, poeta y crítica cinematográfica inglesa, lo va a apartar de la tentación de los pucheros devolviéndolo al cine. Iris, que acoge en su casa de Nueva York a Buñuel y su familia, admiraba *La edad de oro* y toda la primera etapa del cineasta. Su marido, Dick Abbot, era vicepresidente del Museo de Arte Moderno, institución en la que también trabajaba ella misma. Por otra parte, la Fundación Rockefeller, patrocinadora del Museo, iba a crear una sección denominada *Coordination of Inter-American Affairs,* un comité de propaganda de los valores de las democracias occidentales para los países de la América Latina; la Segunda Gran Guerra se había iniciado y los estadounidenses necesitaban propagar sus ideas al mundo. Iris propone a Luis comenzar a trabajar para ese comité y como primer paso, y para que su nombre sea conocido en los círculos en torno al Museo, le encarga un cometido concreto: reducir y remontar dos películas alemanas de propaganda nazi con el fin de que las autoridades norteamericanas reparasen en la decisiva importancia de los filmes propagandísticos, que en Estados Unidos apenas se habían trabajado. Para ello se eligen dos filmes, ideológicamente atroces, que son técnicamente perfectos: *El triunfo de la voluntad,* de Leni Riefenstahl, que trata del Congreso de Nüremberg, y *Bautismo de fuego,* de Hans Bertram, documental sobre la invasión nazi de Polonia. Se le asigna a Luis una ayudante alemana para mantener la continuidad de los numerosos discursos de Hitler y Goebbels. Buñuel emplea unas tres semanas en concluir el trabajo: el resultado logra impresionar a las escasas personalidades estadounidenses que lo ven, pues su exhibición es muy breve. Luis, siempre parco en autoelogios profesionales, tuvo en gran consideración este trabajo: «Lo de la Riefenstahl salió magnífico», confesaba a Max Aub.

«Las películas reducidas –relata en sus memorias– fueron mostradas un poco por todas partes a título de ejemplo, a senadores y en consulados. René Clair y Charles Chaplin las vieron juntos un día. Sus reacciones fueron totalmente opuestas. René Clair, horrorizado por la fuerza de las películas, me dijo: "¡No muestren eso, si no estamos perdidos!". Chaplin, por el contrario, reía como un loco. Llegó, incluso, a caerse al suelo de tanto reír. ¿Por qué? ¿Era a causa del *Dictador*? Hoy es el día [*sic*] en que aún no puedo entenderlo.» Probablemente, Chaplin estuviera preparando entonces su parodia del totalitarismo y la presencia de Hitler le reportaba valiosos datos para su refocilante recreación de *El gran dictador,* que es de 1940.

El excelente trabajo realizado sobre *El triunfo de la voluntad,* así como el apoyo de Iris Barry y su marido, junto a una breve conversación con un multimillonario de la Fundación Rockefeller, que le pregunta si es comunista, permiten a Buñuel entrar en el Museo de Arte Moderno de Nueva York con una veintena de empleados a sus órdenes y el cargo de *Chief editor.* Su trabajo consiste en seleccionar y doblar películas de propaganda antinazi, preferentemente documentales, destinadas al resto del continente americano. En el Museo coincide con antiguos amigos de la República: Gustavo Durán, Eduardo Ugarte, inseparable colaborador de Luis, y el músico Gustavo Pittaluga. «Debíamos doblar –refiere a Max Aub– y hacer documentales. Nuestro jefe era un tipo estupendo, Kenneth Mc Govan. Pero todo dependía de Rockefeller. Me acuerdo de dos cosas bastantes divertidas. En uno de los documentales se trataba del trabajo en el campo, y en el otro de cómo se fabrica el acero. En el primero salían cinco estudiantes latinoamericanos: un argentino, un venezolano, un chileno, un uruguayo, ya no sé, que trabajaban en el campo con excelentes resultados, siguiendo las indicaciones de sus profesores. Hubo que quitarlo. Pregunté por qué. "No sea que aprendan y luego crean en sus países que pueden hacerlo", me dijeron. El del acero fue mucho más sencillo: lo suprimieron. Por la misma razón. No fuera que se les ocurriese montar unos altos hornos aquí o allá. ¡Fuera!»

A pesar de los pesares, esta etapa de trabajo en el MOMA es muy positiva para Buñuel. Aunque él infravalorase globalmente su trabajo («una modesta aportación burocrática y técnica»), parece que estuvo presente, de una manera u otra, en muchos de los documentales producidos o reelaborados por el Museo. Y para el Museo trabajaron en aquella época, directa o indirectamente, como bien señala Aranda, nombres del prestigio de Flaherty, Joris Ivens, Von Sternberg, Jay Leyda, etc., y, poco después, John Ford, Frank Capra, William Wyler, John Huston y otros grandes de Hollywood. Escasos años antes de su entrada en el MOMA, en 1940, había nacido Rafael, el segundo y último de sus hijos. Además Luis reencuentra en Nueva York a buena parte de los miembros más notables del grupo surrealista y de las vanguardias en general, que, a causa de la Segunda Guerra Mundial, han salido de la vieja y sufrida Europa para vivir en Estados Unidos. En Nueva York se ve con Breton, Max Ernst, Tanguy, Léger, Saint-Exupéry, Leonora Carrington, e incluso con el antropólogo Lévy-Strauss.

Pero esta buena racha de tranquilidad y de trabajo va a durar poco tiempo. Salvador Dalí acababa de publicar su autobiografía en lengua inglesa, *The Secret Life of Salvador Dalí,* en donde tachaba a Buñuel de ateo. «En cierto modo –declara el realizador en sus memorias–, esto era más grave que una acusación de comunismo.» «Si una denuncia de filocomunismo –razona muy bien el sobrino del cineasta Pedro Christian– era peligrosa, todavía lo era más la de ateísmo, dado que en una sociedad maniqueizada hasta a un comunista puede reconocérsele cierto sentido ético, cosa impensable en un ateo» [4]. Esta acusación llovía sobre mojado porque un grupo de católicos intransigentes de Washington, comandados por un tal Prendergast, llevaba entre manos una campaña para «sanear» ciertas instituciones estadounidenses de relevancia de intelectuales y artistas que no respondieran a los ideales del *American Way of Life*. Para colmo, la revista *Motion Pictures Herald* publica un artículo «en el que se dice que un extraño personaje llamado Luis Buñuel, autor de una película resueltamente escandalosa titulada *La edad de oro*, ostenta un alto cargo en el Museo de Arte Moderno». Luis intenta no darle importancia al asunto, pero sus secretarias están enormemente preocupadas y su amiga Iris Barry, a la que acude a ver de inmediato, llora desolada en su despacho. «Hace ya un año, me dice, desde la publicación del libro de Dalí, que el Departamento de Estado, influido por Prendergast, ejerce presiones para que me echen a la calle. Ahora, a causa de este artículo, el escándalo es público» [5].

El director del Museo, Mr. Bar, le ofrece su apoyo y le aconseja permanecer en su puesto, pero Luis dimite. El tristemente famoso Comité de Actividades Antinorteamericanas, con el senador McCarthy al frente, ya está en marcha, y muchos de los grandes de Hollywood tendrán que salir en los próximos años de Estados Unidos, algunos de ellos tras ser sometidos a ridículos y denigrantes procesos ideológicos. Para exonerar de cualquier sospecha de ateísmo o comunismo a su valedora y buena amiga Iris Barry, Luis escribe una carta, que luego será muy atacada por los surrealistas, donde descafeinaba el movimiento surrealista, al que, por otro lado, evidentemente, no podía negar su pertenencia: «La verdad es que soy capaz –confiesa a Max Aub– de retractarme de cualquier cosa si puedo ayudar con ello a un amigo. ¿Qué coño me importaba a mí el escribir una carta en que reconocía que el surrealismo era un movimiento que respetaba la ley y estaba dentro de todo lo normal y establecido, si con eso podía yo preservar la situación de mi amiga Iris Barry, que se había portado conmigo estupendamente y a quien yo le debía tanto? Me lo echaron en cara algunos surrealistas. Los mandé a la mierda. Yo seguía teniendo mis ideas surrealistas, como las tengo ahora. Pero no me importaba nada escribir una carta oficial, que no se atenía gran cosa a la verdad, si con ello podía hacer un favor grande a quien se había portado conmigo tan magníficamente. Y lo hice y no me pesa. Y lo volvería a hacer». Y, seguidamente, explica un poco más la desafortunada alusión de Dalí. «Es verdad que Dalí no me denunció como comunista, pero en su cochino libro sí decía que su respeto profundo por la Iglesia y la religión cristianas le impedían haber participado de una manera seria en la realización de *La edad de oro,* película impía y blasfema.» Una vez más la profunda humanidad de Buñuel prevalecía sobre cualquier capilla ideológica y estética, por muy próxima que esta fuera.

Cuando, en *Mi último suspiro,* Buñuel recuerda la daliniana acusación de ateísmo, que le deja a la postre sin trabajo, evoca su brillante y citada paradoja: «Soy ateo, gracias a Dios», fórmula que en el fondo sólo aparentemente es contradictoria. Buñuel no cree, desde luego –y algo de esto se ha indicado en el primer capítulo de este libro– en ese dios de premios y castigos que durante tanto tiempo ha adoptado la religión católica. Respeta, sin embargo, lo que la religión tiene de misterio y rechaza su antivitalismo, su mirada puesta en el más allá despreciando al tiempo tantas y tantas veces el más acá, todo lo que conlleva la inmediata realidad. Buñuel tampoco cree demasiado en la ciencia, ese moderno dios que se han sacado de la manga las nuevas tecnologías.

«La ciencia no me interesa. Me parece presuntuosa, analítica y superficial. Ignora el sueño, el azar, la risa, el sentimiento y la contradicción, cosas todas que me son preciosas. Un personaje de *La Vía Láctea* decía: "Mi odio a la ciencia y mi desprecio a la tecnología acabarán conduciéndome a esta absurda creencia en Dios". No hay tal. En lo que a mí concierne, es incluso totalmente imposible. Yo he elegido mi lugar, está en el misterio. Sólo me queda respetarlo.»

Y, junto al misterio, Buñuel colocará el azar. En esas dos palabras se centra la profesión de fe del artista y del hombre: «Si fuéramos capaces de devolver nuestro destino al azar y aceptar sin desmayo el misterio de nuestra vida, podría hallarse próxima una cierta dicha, bastante semejante a la inocencia»[6].

Retomando su labor en la sección de cine del Museo de Arte Moderno de Nueva York y la propia significación que esta institución cultural tuvo en el campo del filme-documental, J. Francisco Aranda vierte en su biografía crítica de Buñuel estos interesantes juicios, que nos sirven para cerrar este apartado de Buñuel en el MOMA: «El movimiento del documental creado alrededor del Museo [...] constituyó una eclosión de cultura y arte al servicio de un fin social y político sin paralelo en la historia del cine americano y –salvo la escuela rusa– en el cine mundial. Con razón ha escrito Georges Sadoul que el documental americano de esta época tiene un valor y una significación muy superior a la famosa escuela documental británica del tercer decenio del siglo. Su historia está por hacer. No parece fácil, por ahora, ponerla en claro. Hubo muchas intrigas políticas, mucho oscurantismo de origen inconfesable, pero relacionado claramente con una actitud "pre-mac-carthysta", que aumentaría después de la muerte del presidente Roosevelt, en 1944, y llegaría a su apogeo después del fin de la guerra. Como tantas veces ha sucedido en la historia, las fuerzas reaccionarias destruyeron un movimiento cultural, del cual la actividad del documental norteamericano ha sido después una sombra, por no decir una caricatura. Que Buñuel formara parte de este grupo de trabajo parece una de las más hermosas fatalidades de su destino. Sin buscarlo, Buñuel estuvo presente en el nacimiento del cine sonoro francés, del cine español, del moderno cine mexicano y del documental significativo norteamericano».

De proyectos y realidades

De nuevo, a sus cuarenta y tres años, Buñuel se encuentra sin trabajo, con una familia que mantener y con escasos medios económicos. Logra, con todo, un trabajo eventual: grabar, con su grave vozarrón aragonés, con su «hermosa voz de locutor» -como gustaba ironizar al respecto-, una veintena de versiones españolas de documentales sobre el ejército estadounidense. Su ciática, que le había postrado en cama durante seis meses hacía diez años, arrecia por estas fechas, y, según cuenta en sus memorias, un quiropráctico de Nueva York está al borde de hacer de Luis un inválido. Un día -acudimos otra vez a sus memorias-, se cita con Dalí «en el bar del Sherry Netherland». Llega muy puntual, y pide champaña. «Furioso, dispuesto a pegarle, le digo que es un cerdo, que por culpa suya estoy en la calle. Él me responde con esta frase que no olvidaré jamás:

»-Escucha, he escrito ese libro para hacerme un pedestal a mí mismo. No para hacértelo a ti.

»Me guardé la bofetada en el bolsillo. Con ayuda del champaña -y de los recuerdos y el sentimiento-, nos separamos casi amigos. Pero la ruptura era profunda. No volvería a verlo más que una sola vez.»

Apoyado en unas muletas, a causa de sus fuertes ataques de ciática, sostiene en 1944 una entrevista con uno de los responsables de la Warner. Se le ofrece trabajar en Los Angeles, de nuevo en el doblaje de películas. Acepta de inmediato.

Por tercera vez, Buñuel se instala en la meca del cine. El empleo es bueno, pero sólo dura un año. Un año en el que, afortunadamente, merced a un tratamiento suave y mucho más eficaz que el sufrido en Nueva York, se cura de su aguda ciática. De esta dolorosa enfermedad, explica Pedro Christian García Buñuel, médico de profesión, «conservó siempre su costumbre de dormir sobre una tabla (o en el suelo cuando por sus viajes era difícil disponer de ella), así como una forma característica de deambular».

El segundo año que pasa en Los Angeles vive del dinero ganado el año anterior en su puesto del departamento de doblaje de la Warner. Es época de proyectos que casi nunca se van a llevar a la práctica, de «proyectos inútiles», como los califica, el propio realizador en sus memorias. Acaricia hacer, por ejemplo, una película con Man Ray ubicada en un gigantesco vertedero de basuras de Los Angeles, una historia de amor protagonizada por una adolescente enmarcada en ese decorado increíble; nadie se atrevió a financiar un proyecto crepuscularmente surrealista que nos remite a algunos momentos de su magnífico *Los olvidados.* Imagina también una película de misterio, acerca de la reaparición de una muchacha muerta (de nuevo su fijación por la adolescente), también sin resultado práctico alguno. Uno de estos proyectos está a punto de realizarse, y de hecho se lleva a cabo, pero sin su concurso.

Se trata de una secuencia en la que una mano viva –reencarnación del antiguo carnuzo– aparecía en una biblioteca e intentaba estrangular al propietario de la casa. Ofrece la idea a Robert Florey, que estaba preparando *La bestia de cinco dedos,* con Peter Lorre. Florey y Lorre aceptan entusiasmados la secuencia y acuden, con Luis, al productor. Pero éste –según los americanos, pues Buñuel se queda fuera, esperando– rechaza el proyecto. Poco tiempo después, cuando Luis ya se había instalado en México, ve allí la película y contempla, atónito, su «rechazada» secuencia. Intenta poner una demanda judicial por semejante robo intelectual, pero sus amigos le aconsejan que olvide el asunto: sólo en Nueva York, cuenta en *Mi último suspiro,* tenía la Warner, que casualmente era la productora, sesenta y cuatro abogados. Esta estupenda y terrorífica secuencia fue utilizada al fin por Buñuel en *El ángel exterminador* y ha sido publicada también bajo el título de «Alucinaciones en torno a una mano muerta»[7]. Muchas de sus ideas de esta época, e incluso de bastante antes, de su período de juventud, serán trasladadas a la pantalla por Buñuel, de una manera por lo general fragmentaria, en su última etapa creativa, cuando tenga carta blanca por parte de los productores -muy en especial en sus trabajos con Serge Sielberman, el productor de sus últimas películas- debido a su reconocimiento universal.

Y ya que hablamos de los proyectos de Buñuel que no llegan a ver la luz, que son muchos -en el libro de Pedro Christian puede leerse una detallada relación de los mismos, así como de los ocurrentes *gags «made in Buñuel»*-, es obligado mencionar las dos sinopsis argumentales que llegó a depositar en el Museo de Arte Moderno.

En la primera de ellas, titulada *Goya y la duquesa de Alba*, desarrolla su antiguo trabajo sobre el pintor, que era del año 1927, y ha sido varias veces editada a partir de los años setenta. Buñuel lo concibió como un proyecto comercial, que pensaba vender probablemente a la Paramount. La analogía entre ambos personajes, Buñuel y Goya, salta pronto a la vista. Como el genio de Fuendetodos, y citamos algunas palabras de la sinopsis, Luis era «alto, ardiente y apasionado» y siempre le acompañaron «las virtudes campesinas de la sinceridad y la simplicidad». Su común rechazo de las supersticiones humanas más acendradas, ya fuera de las religiones o de las laicas -como la razón, por ejemplo, tan denostada por Sade- es una característica moral que los une también enormemente, al igual que su poca afición por lo bello, mejor dicho, por el cultivo de la belleza por la belleza, y su mutua apuesta por el feísmo y la eficacia ejecutiva -trátese del pintor- o narrativa, en el caso del cineasta. Sin embargo, en muchos otros aspectos de su obra, Buñuel, como muy bien apunta en sus *Conversaciones* Max Aub, se parece bastante más a Velázquez que a Goya.

El otro proyecto que Luis inscribe en el Museo es su sinopsis *Ilegible, hijo de flauta*, un trabajo marcadamente surrealista inspirado en el texto de Juan Larrea, uno de los documentos cumbres, en opinión de Sánchez Vidal, del surrealismo español. Buñuel siempre estuvo muy interesado en realizar este proyecto y estuvo a punto de hacerlo a comienzos de los sesenta, cuando incluso contaba con un productor, Manuel Barbachano Ponce, que había producido *Nazarín;* pero Larrea no se avino a modificar el final de su historia e *Ilegible* no llegó nunca a convertirse en película. La sinopsis fue publicada por Aranda en el apéndice antológico de su biografía y el texto completo aparece en la edición de la *Obra literaria* de Buñuel, de Sánchez Vidal y en la más reciente de Manuel López Villegas, *Escritos de Luis Buñuel,* y, unos años antes, había aparecido también en *Vuelta,* la revista mexicana de Octavio Paz.

Entre otros proyectos más tardíos que Buñuel nunca pudo realizar están las adaptaciones de *Los seres queridos,* de Evelyn Waugh, de *El Señor de las Moscas,* de William Golding, que luego llevó a la pantalla Peter Brook, de *Johnny cogió su fusil,* de Dalton Trumbo, y de la extraordinaria novela gótica *El monje,* que acabaría en manos del estudioso buñueliano y surrealista Ado Kyrou. Cuenta Buñuel en sus memorias que varias veces le ofrecieron llevar al cine *Bajo el volcán,* la genial novela de Malcolm Lowry, tan apreciada por el realizador, que pondría años después en imágenes John Huston. Un director como Buñuel, que tanto sabía de lo que supone llevar una novela al cine (conviene recordar que más de la mitad de su producción cinematográfica está basada en textos literarios), conocía a la perfección la imposibilidad de visualizar el texto de Lowry.

Es precisamente un proyecto que nunca llega a realizar lo que le lleva a abandonar Estados Unidos y dirigirse a México. En Los Angeles se encuentra con Denise Tual, amiga suya en París, antigua mujer de Pierre Batcheff, el protagonista de *Un perro andaluz.* Ésta le anima para que le acompañe en un breve viaje que debe hacer a México; desea que Buñuel adapte al cine *La casa de Bernarda Alba*, de Lorca, obra que tenía un éxito extraordinario en París, y durante esos días en la capital azteca podrían estudiar los pros y los contras del proyecto. A pesar de que la obra no era del gusto de Luis, acepta la propuesta de Tual. Desde México telegrafía a Francisco García Lorca, a Nueva York, con la intención de comprar los derechos de la obra. Paco García Lorca le comunica que unos productores de Londres han doblado la oferta de Tual y Buñuel.

Ya en México, aún sin proyecto concreto alguno, Buñuel no tiene demasiadas ganas de regresar a un país, los Estados Unidos, premacartista, en el que, por su filocomunismo, su ateísmo y su fuerte personalidad, jamás fue públicamente bien mirado; pese a la buena disposición que Luis siempre tuvo en todos los trabajos realizados en aquel país. «De Hollywood –explica a Max Aub– vinieron a hacer averiguaciones... Yo tenía –como siempre– algunas armas. Tuve que ir a declararlas. El empleado me preguntó: "¿Es usted norteamericano?" Cuando le dije que no, puso una cara de asustado y se negó a registrarlas, me dijo que se las regalara a un amigo norteamericano para que éste a su vez se las declarara. Fui a ver al armero, y se negó también a apuntármelas, por extranjero. Gracias a Payne, que era comunista, amigo mío y secretario del gobernador, se pudieron arreglar las cosas. Pero ya entonces, él mismo empezó a deshacerse de todos los libros marxistas que tenía...»

Así que cuando Denise Tual le presenta en México al productor Oscar Dancigers, que Luis había conocido en el París de la preguerra, y éste le ofrece trabajo si decide quedarse a vivir en el país azteca, Buñuel, fiel a sus principios, devuelve su destino al azar y opta por no regresar a Los Angeles.

9. Renacer en México

En *Mi último suspiro,* siempre fiel a sus contradicciones, Luis Buñuel explica que no sentía ninguna atracción por Hispanoamérica: «Si desaparezco -solía decir a sus amistades-, buscadme en cualquier parte menos allí». Sin embargo, no sólo se quedará en México y adoptará, desde 1949, la nacionalidad mexicana, sino que en el país hermano realizará dieciocho películas de un total de treinta y dos que configuran su filmografía. Después de estar unos quince años sin rodar una película, Buñuel no sólo recobra, con su obra mexicana, el pulso del gran realizador que era, sino que consigue convertirse, en muy poco tiempo, en uno de los directores cinematográficos más seguros y económicos del mundo. Es sorprendente recordar que en ninguno de sus filmes mexicanos utiliza más de veinticuatro días de rodaje y tan sólo tres o cuatro días de montaje; en realidad, Buñuel va montando la película en el mismo proceso de rodaje o filmación y la seguridad con que rueda va a llegar a ser proverbial. Poquísimos metros de película descartó quien supo ser eficaz artesano a la vez que gran artista, calificativo al que hay que acudir por más que le disgustara al propio Buñuel, que huyó sistemáticamente de las palabras grandilocuentes. El realizador, al referirse en su libro de memorias a su largo período mexicano, pide comprensión y casi disculpas por la irregularidad de esas películas, perfectamente comprensible por las exigencias de los productores con los que trabajó (Buñuel debía ahora ganarse su vida y la de su familia haciendo cine) y por la precariedad económica con que se rodaron. En sus conversaciones con Max Aub es mucho más preciso a la hora de hablar de esa importante etapa de su producción: «Yo procuraba que en cada película –matiza– hubiera siempre un escape, que siempre tuviera un senderillo por donde me iba a hacer lo que yo quería, pero quedaba ahogado por el conjunto». Palabras inteligentemente confirmadas por el escritor Julio Alejandro, uno de sus mejores guionistas: «Al principio –declara asimismo a Max Aub–, cuando empezó a trabajar en el cine mexicano, no tuvo más remedio que amoldarse a lo que le daban. Pero entonces encontró un medio de escape en la broma, en el humor, en hacer que en esas películas haya una especie de subtrama, o, ¿cómo le diría yo?, como una línea subterránea de broma, de humor, que nos hace ver que Buñuel se estaba burlando de sí mismo en el momento en que las hacía. Esto en realidad no lo hizo con fines estéticos, sino simplemente, creo yo, como una justificación personal». Evidentemente, esta lectura no puede aplicarse a películas como *Los olvidados* o *Nazarín*, pero sí a la mayoría de sus producciones mexicanas.

La gran lección que podemos extraer de ese ejemplar período mexicano de la obra del cineasta reposa en los magníficos resultados que Buñuel logra partiendo de unas bases por lo general inconsistentes, de unos temas tan vulgares en algunos casos, tan descaradamente tópicos y comerciales. Con una sabiduría y una capacidad irónica notables, Buñuel consigue convertir ramplones melodramas, como *Susana la perversa* o *Él*, en películas inquietantes, en las que la inteligencia y el misterio brillan por doquier. Su despreocupación por la obra ya hecha, su desprecio por las relaciones públicas, impidió que títulos como *Los olvidados, Susana, La hija del engaño, Subida al cielo, Él, La ilusión viaja en tranvía, El río y la muerte, Archibaldo de la Cruz,* e incluso *Nazarín, El ángel exterminador* o *Simón del desierto,* fueran saludados en su momento como obras importantes que eran, obras maestras en algunos casos. El tiempo se ha encargado de resaltar las bondades de muchas de esas películas mexicanas, su contagiosa frescura, su inteligente ironía, su conmovedora ternura. Con la perspectiva histórica que nos otorga el tiempo ya transcurrido, podemos decir, sin demasiado temor a equivocarnos, que de 1950 a 1955 Buñuel alcanza en México su fase de mayor madurez como creador cinematográfico, rodando en poco más de cinco años una docena larga de títulos tan inolvidables –valga la paradoja– como *Los olvidados, Él* o *Archibaldo,* sin contar películas tan interesantes y encantadoras como *Robinson Crusoe* (1952) o *Así es la aurora* (1955), que rueda, respectivamente, en Estados Unidos y Francia. Estamos, en consecuencia, ante su etapa más grande, en su período dorado como creador, aquel que, partiendo de *Los olvidados* (1950), se cerrará prácticamente con *Simón del desierto* (1965), su última película rodada en México.

En esos quince activísimos años, tras los anteriores quince de obligado silencio creador, vividos en México, hallamos casi toda la filmografía de Buñuel, y, desde luego, sus obras más destacables, hechas las oportunas salvedades de obras de gran riqueza, incluso testamentarias, como *Tristana* (1970) o, ya a distinto nivel, la brillantísima película que es *El discreto encanto de la burguesía* (1972).

Las primeras películas mexicanas

La primera película que Buñuel realiza en México, *Gran casino,* protagonizada por Libertad Lamarque y el famoso cantante Jorge Negrete, es un melodrama cómico-musical, género que el realizador, tras su trabajo en Filmófono, dominaba a la perfección. «Yo no había estado detrás de una cámara –testimonia Buñuel en sus memorias– desde Madrid, desde hacía quince años. No obstante, si bien el argumento de la película no tiene ningún interés, creo que la técnica es bastante buena.

»En el relato, muy melodramático, Libertad Lamarque, la protagonista llegaba de Argentina para buscar al asesino de su hermano. Al principio, sospechaba de Negrete, antes de que los dos protagonistas se reconciliaran y llegara la inevitable historia de amor. Como todas las escenas de amor convencionales, ésta me fastidiaba e intenté destruirla.

»Por eso es por lo que le pedí a Negrete que cogiese un palo durante la escena y lo hundiera mecánicamente en el barro petrolífero, a sus pies. Luego, rodé un primer plano de otra mano, con el palo removiendo el barro. En la pantalla, inevitablemente, se pensaba en otra cosa distinta del petróleo» [1].

La película tuvo «un modesto éxito» que llevó a Buñuel a estar algo más de dos años en el dique seco, preparando, entre otros proyectos, el guión de *Ilegible, hijo de flauta,* un magnífico texto de Larrea que intentaría en vano llevar a la pantalla años después, tras *Nazarín,* cuando el productor Manuel Barbachano, animado por el éxito internacional alcanzado por esta extraordinaria película, estaba dispuesto a producir cualquier proyecto de Buñuel, por surrealista y raro que fuese.

Oscar Dancigers, el productor de las primeras películas mexicanas de Buñuel, comentaba a Max Aub que encargó a Buñuel la realización de *El gran calavera* (1944), la segunda película mexicana de Luis, «porque tenía absoluta necesidad de trabajar, se la di a leer y me dijo que no le engañaba, él estaba dispuesto a dirigirla, lo necesitaba, pero [...] buscó un seudónimo. Le dije que no era posible, porque tendría yo luego dificultades con los compradores de películas, etc. Finalmente aceptó y la película tuvo un gran éxito».

Interpretada por el buen actor Fernando Soler, que luego sería protagonista de varios filmes de Buñuel, en *El gran calavera,* un hombre rico se hace pasar por pobre para «comprobar» las reacciones de quienes lo rodean. Esta complicada y melodramática comedia de equívocos tiene tal éxito de público (Buñuel, desde su etapa de Filmófono, podría desarrollar, y de hecho solía desarrollar a la perfección los recursos de lo popular) que Dancigers le anima a realizar una obra más personal, que entronque más directamente con su primer cine. Surge entonces, ayudado por un equipo de trabajo en el que colaboran personalidades tan interesantes como Larrea, Luis Alcoriza y el propio Max Aub, *Los olvidados,* una película estremecedora que nos ofrece la cara miserable y tercermundista de la fabulosa ciudad de México. Con *Los olvidados* (un milagroso paréntesis en el comienzo de su carrera cinematográfica mexicana), Buñuel, en cierto sentido, regresa al surrealismo por la mera mostración, procedimiento que con tanto acierto había cultivado en *Las Hurdes.* Sólo que ahora lo hace a través de la ficción y no del documental, y lo más importante: con el transcurso de los años, el feroz e impasible Buñuel ha ganado en humanidad, en ternura. Alejado del sentimentalismo paternalista de las películas neorrealistas, que a Buñuel ciertamente no le gustaba, logra lo que el neorrealismo italiano raras veces consiguió: comunicarnos, casi por la piel, la feroz injusticia del mundo. Y logra comunicárnoslo con fuerza, con inteligencia poética, con la emoción y la rabia que produce la visión de las terribles injusticias del mundo. Con gran razón, Max Aub diría al cabo del tiempo que a partir de *Los olvidados,* poema trágico plenamente social, el surrealismo sería en parte un biombo -humorístico, añadiríamos nosotros- que se coloca para ocultar su gran sentido social.

«Volví a mí mismo con *Los olvidados*», reconoce Buñuel ante Max Aub. Para ambientarse en la historia que va a narrar, Luis se pone sus peores ropas y se dedica a pasear por los miserables arrabales de la ciudad de México, acompañado por Luis Alcoriza –quien le había sido recientemente presentado por Dancigers y con el que haría algunas de las películas más memorables de este período– o por el director de fotografía Edward Fitzgerald, quien luego filmaría magníficamente su poema visual sobre la desgracia humana. Un poema que termina con las terribles palabras que pronuncia el viejo ciego cuando arrojan al infecto estercolero de la carretera el cadáver de Pedro, el niño que quería salir de la suciedad física y moral que le rodeaba: «¡Ojalá los mataran a todos antes de nacer!».

Todos los personajes de *Los olvidados* son víctimas de las miserables circunstancias vitales en las que penosamente se desenvuelven. Desde aquellos que parecen una encarnación del mal, como Jaibo o el apestoso ciego, clara representación de los instintos más reaccionarios, a los tiernos personajes que encarnan Pedro o el pequeño «Ojitos». En el mundo de *Los olvidados* todo está sumergido en la espiral de la violencia; todos, en su desesperación, acaban siendo víctimas –activas o pasivas– de dicha violencia. El Jaibo mata a palos al chico del borrachín; la madre de Pedro intenta matar a palos al gallo peleador, y Pedro, al no soportar la escena, que le recuerda el apaleamiento anterior del muchacho, prorrumpe en llanto sobre la cama; Pedro, a su vez, mata a palos a dos gallinas en la granja del reformatorio, en un arranque de violencia que transparenta todo su enorme sufrimiento interior; Pedro arroja la cáscara de un huevo al objetivo de la cámara, en la misma granja, en un acto violento que supone una provocación de cara al público similar a la cruel secuencia que prologa *Un perro andaluz,* empujando de ese modo al espectador a la acción; el Jaibo, para finalizar esta pequeña relación, mata a palos al pobre Pedro, verdadero mártir de la bondad y de la perfectibilidad humanas, que no tienen cabida en un mundo sometido a la crueldad de la ley del más fuerte.

Si el tono general de la película es magistral, existen en ella algunos momentos verdaderamente sublimes. Un solo ejemplo. Pedro en la ciudad, por la noche. La única aparición del centro de la ciudad de México, con sus comercios, con sus luces, sus «neones» publicitarios, en enorme contraste con la miseria que hasta ese momento ha inundado nuestros ojos. Pedro mirando, alegre, con los ojos bien abiertos, el interior de un escaparate. Se le acerca entonces un viejo verde, requiriendo sus servicios. Pedro, entre inocente y necesitado, accede a las pretensiones del viejo al ver el dinero, pero, a continuación, tiene que escapar velozmente ante la presencia de un policía que entra en campo y observa, con una mezcla de consternación, amenaza e ironía, el precipitado desenlace de tan repugnante idilio. Toda esta escena, genial, la resuelve Buñuel en un solo plano fijo, sin una sola palabra, con la cámara situada dentro del escaparate, en un plano-secuencia en el que parece homenajear al cine mudo y que recuerda mucho algunos otros sublimes momento de *El chico,* de Chaplin.

Como ha ocurrido casi siempre con las obras más valientes y arriesgadas de Buñuel, *Los olvidados* es, inicialmente, un gran fracaso comercial que desata al tiempo la indignación de ciertos sectores sociales, en este caso del exacerbado nacionalismo mexicano, que no puede tolerar, como antes sucediera en España con *Las Hurdes,* que un español (por más que, como antes hemos señalado, Buñuel adoptara la nacionalidad mexicana el año anterior) les muestre la otra cara de la moneda, aquella dolorosa realidad que casi todos queremos ocultar. Tiene que airearse la película en Europa (su proyección en el Festival de Cannes es un acontecimiento) para poder «regresar» a México con el espaldarazo de la cultura europea y ser aceptada y vista con otra óptica. Pocos mexicanos –hecha las excepciones de algunos artistas como Siqueiros u Octavio Paz– habían sabido percibir la sensibilidad de Buñuel en la primera exhibición del filme.

Aprovechando la presentación de *Los olvidados* en París, Buñuel realiza su primer viaje a Europa tras la guerra.

«A finales de 1950, volví a París para presentarla. Caminando por las calles, que volvía a encontrar después de más de diez años de ausencia, sentía llenárseme de lágrimas los ojos. Todos mis amigos surrealistas vieron la película en el "Studio 28" y se sintieron, creo, impresionados por ella. Sin embargo, al día siguiente Georges Sadoul me mandó recado de que tenía que hablarme de algo grave. Nos reunimos en un café cercano a la plaza de *L'Étoile*, y me confió, agitado e incluso demudado, que el Partido Comunista acababa de pedirle que no hablara sobre la película. Sorprendido, pregunté por qué.

»–Porque es una película burguesa –me respondió.

»–¿Una película burguesa? ¿Cómo es eso?

»–En primer lugar –me dijo–, se ve a través del cristal de una tienda a uno de los jóvenes abordado por un pederasta que le hace proposiciones. Llega entonces un agente de la policía, y el pederasta huye. Eso significa que la policía desempeña un papel útil: ¡no es posible decir tal cosa! Y, al final, en el reformatorio, muestras a un director muy amable, y humano, que deja a un niño salir para comprar cigarrillos.

»Estos argumentos me parecían frágiles, ridículos, y le dije a Sadoul que no podía hacer nada. Por suerte, unos meses después el director soviético Pudovkin vio la película y escribió un artículo entusiasta en *Pravda*. La actividad del Partido Comunista Francés cambió de la noche a la mañana. Y Sadoul se mostró muy contento de ello»[2].

Un hecho profundamente emotivo de este viaje lo constituye el reencuentro que tiene con su familia –con su madre, sus hermanos– en Pau, muy cerca de la frontera española. Verse en España era todavía inimaginable en aquella época.

Habían sido quince largos años, desde 1936, de continua ausencia.

De Susana la perversa *a* Él

También en 1950 nuestro cineasta realiza *Susana la perversa,* uno de sus divertimentos más inteligentes. Ya en esta película, Buñuel nos muestra la estupidez masculina ante la mujer. Un aspecto de Buñuel que pocos estudiosos han planteado es la perspicacia con que juzga generalmente las relaciones erótico-amorosas entre hombres y mujeres, siendo en sus películas las mujeres, casi siempre, seres más fuertes y profundos.

En el caso de *Susana,* conocida también bajo el título de *Demonio o Carne,* Buñuel se lamenta, tal vez injustamente, de no haber subrayado más su irónico final: un *happy end* chirriante, que contrasta, surrealísticamente, con lo que la película ha sido hasta su último tramo.

Ya que hablamos del final de *Susana,* hay algo muy curioso en las películas de Buñuel. Conviene observar con detenimiento, en muchos casos, los comienzos y los finales de sus películas. En algunas ocasiones, como en *Nazarín, Viridiana* o *Tristana,* hay una evolución, positiva o negativa, del personaje central; para mejor o para peor, ese personaje del comienzo es distinto al final de la película.

En el caso de *Él,* o de *Susana,* los personajes centrales son exactamente lo mismo al comienzo y al final de la historia. *Él* comienza en la iglesia y termina en ella: el protagonista, al iniciarse la película, no está loco ante la sociedad, más bien parece un hombre cuerdo y responsable; al final sí. Pero, en realidad, el desequilibrio que sufre el personaje protagonista al término de su andadura ya estaba al principio de la misma. El personaje no ha avanzado ni retrocedido un paso. En *Susana* ocurre exactamente lo mismo, más acusadamente si cabe. Susana comienza su historia siendo conducida, pataleando, al calabozo por las guardianas de la cárcel, chillando, insultando, mordiendo; al final acaba igual: detenida en el rancho, es llevada de nuevo al reformatorio, como un animal furioso, pataleando, chillando, maldiciendo, mordiendo... En el caso de *Él* se tratará de un enfermo, de un pobre enfermo incurable; en el de *Susana,* de una encarnación, sumamente atractiva, de las fuerzas de la naturaleza, de los poderes del mismísimo demonio, si se quiere.

Las últimas palabras de la película, pronunciadas por el personaje de la criada, tipo que cada vez cobra más importancia en la obra del realizador (recuérdese la Saturna de *Tristana),* son puro sarcasmo: «El sueño era lo otro, señor –dice la criada dirigiéndose a Guadalupe, el "respetable" cabeza de familia seducido por Susana–, una pesadilla del demonio; ésa *es la pura verdad de Dios*», sentencia refiriéndose al tramposo final donde todos simulan ser felices, una vez encerrada Susana. Pero, como bien podemos esperar del mordaz Buñuel, ocurre justamente lo contrario. La verdad es todo lo anterior. El hombre, Guadalupe en este caso, ha sido arrastrado por el deseo, y se ha envilecido, se ha hecho enemigo del hombre, incluso de sus seres más queridos. ¿Qué es en realidad Guadalupe?, nos llegamos a preguntar: ¿el «perfecto caballero cristiano» (tomo la expresión de *Él)* que aparenta ser, o ese otro hombre que reprime sus feroces instintos que le llevan a Susana, esa hembra joven, apetitosa, seductora...? ¿O es una víctima en la que luchan ferozmente –esta sería posiblemente la opción buñueliana– los prejuicios y los instintos? Del mismo modo, su mujer, que es la imagen viva de la perfección, comedida, sacrificada, goza frenéticamente cuando flagela a la descubierta Susana, en una escena digna de *Justine.* Se le desencaja el rostro de placer. Nada es lo que parece.

Al mismo tiempo, como en muchas de sus películas más interesantes, Buñuel pone en *Susana,* junto a sus sarcasmos e ironías, mucho amor y ternura; introduce detalles enormemente familiares, inspirados, por lo general, en su propia experiencia, en su propia vida (y el recuerdo de *Diario de una camarera: Journal d'une femme de chambre,* película en muchos aspectos tan cerca de *Susana,* viene pronto a la mente). Buen ejemplo de ello son las relaciones del hijo y la madre (que recuerdan en parte las de Luis con doña María Portolés), el gusto del padre por las armas (gusto del que tanto participara el propio realizador), la relación, totalmente íntima, entrañable, de la vieja criada con los señores, tan llana como la que mantenían los Buñuel con sus criados en Calanda. Todo esto hace que, en ocasiones, la carga afectiva que envuelve el filme nos distraiga de las evidencias morales que contiene. Queda claro que, si bien la familia es un refugio, un bálsamo afectivo, ternura, comprensión, etc., todo eso está un poco en el aire. La introducción de la bella Susana -nombre que irónicamente significa pureza- en esa fortaleza de aparentes seguridades afectivas hace que todo se desmorone.

En un momento muy significativo del filme Guadalupe besa apasionadísimamente a su mujer, hasta tal punto que ésta se queda absolutamente sorprendida, hecho que sucede tras haber tenido su marido un pequeño contacto, un roce -reprimido, por supuesto- con Susana en el patio de la casa. Susana acaba siendo, pues, ese oscuro objeto del deseo que todos quieren poseer a toda costa. La hembra que conturba todo cuanto le rodea. La naturaleza salvaje hecha mujer. Es como si la irreprimible naturaleza, los instintos primarios, el viejo deseo de *La edad de oro,* derribara el orden artificioso y elaborado que representa la institución familiar, esa falsa serenidad de los afectos dormidos.

De los tres filmes que Buñuel realiza en 1951, el más interesante es *Subida al cielo,* basado en un curioso argumento de Manuel Altolaguirre, que fue también productor de la película. *Una mujer sin amor* es una obra mediocre («sin duda mi peor película», dice el realizador en sus memorias), que parte de Maupassant. El tercer título de 1951, *La hija del engaño,* es una segunda versión, muy fresca y encantadora, de *Don Quintín el amargao,* su producción favorita de Filmófono.

Partiendo de la vieja idea de la vida como viaje, el tándem Buñuel-Altolaguirre, a través del accidentado recorrido de un autocar por las zonas rurales de México, realiza una película memorable donde se dan cita la vida y la muerte, el bien y el mal, pero todo ello en clave entre humorística e ingenua, en clave popular, cómo populares son los héroes de este entrañable relato cinematográfico [3]. En *Subida al cielo,* la figura de la madre –destacada ya en *Los olvidados* y después en otras muchas películas mexicanas de Buñuel– es importantísima. El hombre, debido al amor inevitable, absorbente, de la madre, se convierte en un niño, casi siempre incapaz de hacer algo por sí mismo.

En una secuencia onírica muy sugestiva, de la boca del joven protagonista sale una especie de cordón umbilical que le une a la madre y que no es otra cosa que una interminable piel de manzana que ella está pelando desde lo alto de una columna, lo que nos recuerda enormemente al personaje de *Simón del desierto.* En esa misma secuencia, cuya importancia es similar a la que tienen las extraordinarias imágenes oníricas de *Los olvidados,* el joven protagonista confunde constantemente a la mujer angelical –la esposa– con la seductora Raquel, que tan pronto aparece de novia como de putilla. La confusión es enorme, semejante a ese vaivén personal que vemos siempre en Buñuel entre virginidad y prostitución, y cuya imagen más evidente nos la dará el personaje de Séverine en *Belle de Jour.* Pero todo, en *Subida al cielo,* está tocado por la ligera pluma del humor. Así, el joven protagonista, Oliviero, es rechazado por la atractiva Raquel viva reencarnación de Susana, tras la solitaria subida que ambos personajes hacen en el destartalado autocar al riscoso puerto de montaña (verdadera ascensión a las benditas locuras del sexo). «Ya he tomado lo que quería», replica Raquel ante la sensiblera dulzura del joven, en un divertidísimo intercambio de los tópicos amatorios acuñados por el hombre y la mujer.

Tres películas dirige Buñuel en el año siguiente, en 1952, tres excelentes películas –una de ellas, *Él*, una auténtica obra maestra–, confirmando así esta extraordinaria racha creativa. La primera de ellas es *El bruto*, con guión de Luis Alcoriza. «Luis Alcoriza –explica Buñuel en *Prohibido asomarse al interior*– me sugirió una idea sobre un viejo, propietario de una finca, que quería expulsar a los inquilinos para montar un negocio. Los inquilinos organizaban su defensa y el propietario utilizaba a un hombre de confianza, un hombre muy fuerte y muy bruto, para aterrorizarlos y pegar a algunos de ellos...» [4] Sobre esta base social («considero *El bruto* –declaraba Ado Kyrou– una película perfectamente comunista»), Buñuel hace una obra de sólida factura técnica, que cabalga entre el melodrama sentimental propio del cine popular, que tan magistralmente domina en esta época, y la crónica social propia del cine negro.

Pero lo que más me interesa de *El bruto*, cuyo personaje principal es víctima de todos los atributos del machismo, es el papel desempeñado por las mujeres que aparecen en la película. Ellas son bellos espejos en los que se ven los hombres, hermosos objetos del deseo: «Eres muchas veces tan linda», dice don Andrés –el explotador– a Paloma, su mujer objeto; «eres tan bonita, tan bonita...», dice Bruto a la virginal Meche. La mujer de nuevo es ángel (Meche) o demonio (Paloma, irónica denominación, como antes Susana). Bruto, como Oliviero en *Subida al cielo*, se debate entre ambas, y, aunque elija el ángel, acabará siendo víctima de la traición del demonio. Paloma, cuando se ve relegada por Bruto, que se ha convertido en su amante, se transforma en un ser diabólico cuyo único deseo es la venganza y la muerte. Bruto, ante Meche, se vuelve un corderillo, el amor lo hace frágil y delicado: «Cuando te veo me flojean las piernas». Con Meche, Bruto quiere ser otro, quiere olvidar el infecto machismo que ha hecho de él una especie de bestia de carga: «Pienso lento», reconoce ante las mujeres; sólo ante Meche se atreve, ilusionado, a decir: «Me ayudarás a pensar» [5]. Pero, desgraciadamente, no puede salir de ese infernal círculo que una sociedad basada en la injusticia ha tendido en torno a él, y muere, como el pequeño Pedro de *Los olvidados,* víctima de otras víctimas, convertidas a su vez en sus verdugos.

«El productor George Pepper –explica Luis en sus memorias– y el famoso guionista Hugo Butler, que hablaba de corrido el español, me propusieron la idea de *Robinson Crusoe.* Poco entusiasmado al principio, empecé a interesarme con la historia durante el transcurso del rodaje, introduje algunos elementos de vida sexual (sueño y realidad) y la escena de delirio en que Robinson vuelve a ver a su padre.» A este respecto, Emilio García Riera dice que «es, pues, la parte inconsciente de Robinson, la no descrita por Defoe, la que le interesa a Buñuel, pues es la parte que lo liga por la vía del deseo y del amor a sus semejantes». Buñuel, desde luego, es un caso único; es el único cineasta que se permite tomar una novela y sumergirse en las profundidades psicológicas del personaje mucho más de lo que hiciera el propio novelista, Defoe en este caso.

En *Robinson Crusoe,* Buñuel consigue nadar maravillosamente, una vez más, entre dos aguas, bastante difíciles de conciliar en teoría. Por un lado, su película logra deleitar a todos los públicos, esencialmente al infantil, que encontró delicioso el filme; por otro, su *Robinson* está cargado de guiños personales, de detalles humorísticos –como la divertida dialéctica que establece entre naturaleza y civilización– que encandilan al público adulto, y no digamos ya a sus incondicionales.

Recordemos sólo tres magníficos momentos del filme. La secuencia, en primer lugar, del ensueño del agua. Robinson, en su cueva, con fiebre, muerto de sed, débil, sin fuerzas para levantarse y salir al exterior por agua; hace, sin embargo, un intento. Tropieza con todo, tira un poco de agua que queda, y ensueña. Aparecen imágenes en las que vemos a su padre, derramando el agua por todas partes, usándola para limpiar a un cerdo, desaprovechándola despiadadamente mientras le reprocha su huida de casa y le dice que él y su madre lo han perdonado, pero que duda de que lo haya hecho Dios, condenándolo a morir como a un perro. En tanto se desvanecen las visiones, Robinson agarra un hacha e intenta matar a su padre... posible parricidio que nos recuerda de inmediato al realmente cometido por Bruto en la película anterior en la persona del explotador don Andrés, su verdadero padre, parricidio que continúa siendo uno de los fantasmas personales de Buñuel (recuérdese la pistola que escondió bajo la almohada al día siguiente de la muerte de su padre).

En otro momento memorable de la película vemos a Robinson y a Viernes fumando tranquilamente unas pipas al lado del fuego, realizadas ya las duras jornadas domésticas. Robin intenta adoctrinar a Viernes en el cristianismo. Le habla de Dios y del diablo. Viernes pregunta: Y si Dios es el más poderoso, el señor de todos, ¿por qué permite que exista el diablo?, ¿por qué no lo aplasta? Robin le responde que Dios permite la existencia del diablo para que tiente al hombre por medio del pecado, obligándole así a elegir entre el bien y el mal. Entonces, replica Viernes, ¿por qué se enfada tanto Dios cuando el hombre peca?, ¿qué clase de manipulador es ese ser que crea las condiciones del mal para que el hombre, su criatura, lo cometa? Preguntas-respuesta, escribe Sánchez Vidal en su análisis de la obra cinematográfica buñueliana, dignas de un avezado lector de Sade.

En otro momento genial de la película, Viernes se pone uno de los trajes de mujer que hay en el baúl que Robin consiguió rescatar del naufragio. Bien pertrechado con sus armas, comienza a dar fuertes gritos y pregunta a Robinson si le gusta su «traje de guerra». Cándida pregunta de Viernes; malévola imagen de Buñuel que nos remite a la continua guerra de los sexos, presente en casi todas sus películas.

Guerra de los sexos que se reaviva en *Él*, durante mucho tiempo una de las películas favoritas del realizador, donde todos los tópicos clásicos de la educación machista mediterránea hacen del patético protagonista, Francisco, un pobre y desgraciado enfermo, a pesar de contar, al contrario que Gloria, su mujer, con todos los beneplácitos sociales[6].

Francisco, el protagonista de *Él* (atención al universalismo del título), magníficamente interpretado por Arturo de Córdova, es, en efecto, un personaje patético, que produce en el espectador, al igual que en el propio Buñuel, sentimientos que van del ridículo a la piedad. Al principio de la película es un personaje que parece salido de *La edad de oro*, una víctima del *amour fou;* incluso Buñuel recrea aquí la famosa secuencia del jardín de su segunda película. En la primera fiesta que da en su casa –que es una especie de fortaleza que recuerda el castillo del duque de Blangis al final de *La edad de oro*–, cuando pasan a cenar, Francisco, mirando fijamente a su amada, habla del amor, del flechazo («es como un rayo, toda la fuerza acumulada en las nubes durante años estalla; aunque esos dos seres no se hayan visto nunca, se conocen desde la primera mirada»), y crea, Quijote enamorado, una atmósfera muy tensa que es percibida por el sacerdote, quien, ante la pregunta de una dama («y usted, padre, ¿qué piensa del amor?»), responde con una sorna absolutamente buñueliana, ya evocada en el capítulo primero: «Yo pienso del amor... que este pollo está muy rico».

El humor negro, sumamente brillante, demoledor al tiempo que piadoso (en ese difícil equilibrio entre términos y sentimientos opuestos del que sólo son capaces los narradores natos), sobresale en ésta, como en las grandes películas de Buñuel rodadas en México. Podemos decir, sin temor a equivocarnos, que el Buñuel maduro de México ha ganado no sólo en humanidad y ternura a la hora de mostrarnos su mundo (si lo comparamos con el joven realizador de la primera trilogía surrealista), sino, sobre todo, en humor, en un humor irónico e inteligente que le lleva a emparentarse con las mejores películas de otro ex alumno de los jesuitas, Alfred Hitchcock[7], aunque el humor de Buñuel sea más duro y contrastado que el del maestro inglés. La sensación de veracidad que produce *Él* es tan grande, que psicoanalistas del prestigio de Jacques Lacan presentaban con frecuencia la película a sus alumnos. Pero este hecho no resta en absoluto belleza ni sensibilidad estética a tan extraordinaria obra. La resolución plástica de muchas de sus secuencias alcanza una elegancia difícilmente igualable. Después de admirar secuencias como las iniciales de la película -el lavatorio de pies, concretamente, donde Francisco, a partir de los pies y los tobillos de Gloria, se enamorará perdidamente de la joven-, resueltas en largos y bellísimos desplazamientos de cámara, uno se pregunta en qué extrañas razones estaba fundamentada aquella injusta fama que Buñuel durante cierto tiempo tuvo de cineasta descuidado y poco preocupado de los aspectos formales de una película, cuando ésta, como otras muchas secuencias de sus otros filmes, le sitúan a la altura de estilistas de la elegancia y calidad de un Ophüls, un Mankiewicz o del mismo Hitchcock.

Buñuel con *Él* demuestra, por otra parte, que es uno de los artistas más auténticos, más capaces de analizar sus propios fantasmas, de diseccionarse en sus criaturas de ficción; de sacar en la pantalla lo que todo el mundo calla o acalla. En esta ocasión, el brutal y enfermizo machismo (en el fondo, una forma más del fascismo) del hombre mediterráneo, del «perfecto caballero cristiano», como muy bien define a Francisco su amigo el sacerdote. Nos reímos, ciertamente, del personaje principal de *Él*, pero, en determinados momentos de la película, se nos pone un angustioso nudo en la garganta. Pensemos en la escalofriante escena en la que Francisco, con una serie de objetos que parecen sacados de *La filosofía en el tocador,* de Sade, intenta coser el sexo a Gloria, asaltado por los enfermizos fantasmas de la infidelidad. Después de ser sorprendido y regresar precipitadamente a su habitación, vemos a un ser destrozado, que navega ya en la locura; lo vemos como a una extraña mezcla de un niño al que le han interrumpido su juego, su mayor capricho, y de un hombre hecho añicos, una piltrafa humana. Y, sobre todo, Buñuel nos hace ver, como siempre en él –y en eso radica en buena parte su grandeza–, por la mera mostración (ya que *Él* es un verdadero documental sobre la locura), que su personaje sufre, que sufre terriblemente, pues en el fondo se trata, una vez más, de una pobre víctima de la educación recibida, de un sistema de valores injusto, cruel, enormemente inhumano. A pesar de su enorme lucidez, de su despierta inteligencia, su manera de presentarnos los personajes, por lamentables que éstos sean, nos demuestra una y otra vez que Buñuel es un poeta de una enorme humanidad, que posee una infinita ternura. Octavio Paz lo señalaba a propósito de *Los olvidados.* Fernando Rey, el actor favorito de la última época del cineasta, amigo personal suyo, diría, con absoluto conocimiento de causa: «En Luis Buñuel existe la figura de un gran poeta de enorme ternura».

De Abismos de pasión *a* Ensayo de un crimen

Julio Alejandro, que en *Cumbres borrascosas* colaboraba como guionista de Buñuel por vez primera, cuenta a Max Aub algo muy interesante acerca de la óptica con que el director veía este libro que tanto le había gustado en su época de juventud y del que había hecho –ya se dijo anteriormente– un tratamiento argumental en los años treinta con su colaborador Pierre Unik: «Una de las cosas que me pidió –indica Alejandro– fue que no hubiera escenas de amor en la película. Yo vi la dificultad tremenda de hacer un *script* sobre *Cumbres borrascosas* sin que hubiera ninguna escena amorosa. Él, desde luego, con muy buena visión, comprendió inmediatamente que no era un libro de amor, sino todo lo contrario, una novela de odios». Su enorme perspicacia no le dio a Buñuel precisamente suerte a la hora de rodar la versión cinematográfica de la famosa novela victoriana que, con el título de *Abismos de pasión,* realizó en 1953. Pese al tratamiento fuertemente surrealista de la historia amorosa principal –verdadero ejemplo de *amour fou*–, *Abismos de pasión,* considerada por algunos estudiosos como una obra maestra [8], falló por su pobre y sorprendente ambientación y por la deficiente y sobreactuada interpretación de los actores, que en un principio estaban destinados por su productor a intervenir en una película musical... Sin embargo, Buñuel consigue algunos momentos –como el final de la película, subrayado por la wagneriana música de *Tristán e Isolda,* tan emocionante para el cineasta– fogosamente románticos, casi sublimes.

Tras su fallida experiencia de *Cumbres borrascosas* –las ganas que tenía Buñuel de realizar su antiguo proyecto le perdieron en esta ocasión–, realiza ese mismo año una película muy diferente, una deliciosa comedia de las clases humildes, llena de encanto y ligereza: *La ilusión viaja en tranvía.* Ajena a cualquier tipo de pretensión, esa pequeña joya cinematográfica comienza, como muchas de las películas de Buñuel, con una voz en *off* informativa, que nos señala el marco social en que se va a desarrollar una historia cotidiana, una de las muchas que todos los días tienen lugar en la gran ciudad. Al final de la película, la misma voz en *off,* situando al espectador en una postura de nuevo objetiva, despedirá esta historia sin importancia. Como si empezando en un gran plano general, fuéramos después a una larga serie de primeros planos (la historia en sí) y volviéramos al final al mismo plano general del principio.

En *La ilusión viaja en tranvía,* como muy bien escribe J. Francisco Aranda, «lo real se convierte en maravilloso». Ésa es una de las grandes diferencias de estas comedias populares de Buñuel con respecto a las películas neorrealistas. En Buñuel lo cotidiano no ahoga lo mágico, lo ahonda. La trama argumental es muy sencilla. Dos tranviarios, Caireles y Tarrajas, que han reparado en sus momentos libres un viejo tranvía destinado al desguace, lo «roban» de las cocheras de la compañía cuando se enteran de que, a pesar de haberlo puesto de nuevo en funcionamiento, la burocracia ordena la muerte del vehículo. Durante una noche, sacarán el tranvía por la dormida capital, sucediéndoles las peripecias más hilarantes. Pero cuando la película adquiere caracteres realmente inolvidables es cuando la cámara de Buñuel penetra en una fiesta popular del barrio de los amorosos tranviarios. En ella se representa una paródica pastorela, aparentemente de gran ingenuidad, donde el realizador introduce el meollo de sus preocupaciones religiosas. Los improvisados actores –Caireles y Tarrajas tienen papeles destacados– utilizan un lenguaje rimado que parodia al del teatro del barroco español, y la película se convierte por unos momentos en extraordinario teatro filmado. Buñuel monta, con sus actores haciendo de actores, la expulsión de Luzbel de los cielos, la caída de Adán tentado por Eva y su consiguiente salida del Paraíso y, por último, la muerte de Luzbel a manos del Arcángel San Miguel. Y ya que mencionamos el lenguaje de la divertida pastorela, otro acierto notable de *La ilusión viaja en tranvía* es la utilización de un maravilloso habla coloquial, acierto muy frecuente en los guiones que Buñuel escribe, como en este caso, con Luis Alcoriza. Las expresiones de los dos amigos protagonistas son de una riqueza y de una comicidad extraordinarias.

El año siguiente, 1954, Buñuel realiza una sola película, *El río y la muerte,* donde pone de relieve lo poco que vale la vida humana en México y nos demuestra, con un ánimo moralizante demasiado evidente, un tanto insólito en él, lo absurdo de este planteamiento, lo importante que es, en cualquier ámbito cultural, la vida. En México, como en buena parte de América Latina, la vida depende muchas veces del antiguo concepto castellano del honor. El machismo, esa exagerada dignificación de la hombría, tiene sus orígenes en la herencia española, como Buñuel reconoce[9], y en las áreas rurales de México la gente se juega la vida por un «quítame allá esas pajas», por cualquier estupidez. La Iglesia, por ejemplo, hace bien poco por remediar esto. Don Julián, el sacerdote de *El río y la muerte,* lleva incluso un revólver bajo la sotana: «Cada uno debe defenderse», le dice al atónito don Nemesio, el prócer liberal y pacifista del pueblo. En este marco, Buñuel hace una interesante película, que no llega a ser excelente -aunque, una vez más, la factura técnica del filme sea insuperable- por sus mentados afanes moralizantes, de los que el propio realizador se arrepintió en varias ocasiones. Buen ejemplo de ello lo constituye Gerardo Anguiano, el médico protagonista del filme, quien hablando de la brutalidad y de la estulticia del pueblo, de sus bárbaras costumbres, y contraponiendo a ese estado de cosas de civilización, la cultura de la gran ciudad, viene a decir en cierta ocasión: ojalá que todos, y no sólo unos pocos, tuvieran acceso a la universidad, a la cultura. El mundo entonces, sería distinto...[10]. El mismo Buñuel se encargaría de demostrar -el mejor ejemplo de ello es *El ángel exterminador*- que esa educación urbana, que esas maneras universitarias, no son más que un barniz que se disuelve en cualquier situación límite.

Lo que permanece de *El río y la muerte* es su fuerza como testimonio documental antropológico. El gran documentalista dramático que siempre fue Buñuel, aprovecha la coyuntura para ofrecernos, por medio de esas absurdas muertes entre las familias de los Anguiano y los Menchaca (actualización, en parte, de la tragedia clásica de Capuletos y Montescos), unas imágenes impresionantes del pueblo mexicano y de sus lacras sociales. La figura de la madre vuelve a tener aquí una importancia decisiva. Gerardo Anguiano, que vive voluntariamente en la gran ciudad, ajeno a las luchas fratricidas e inútiles del terruño, regresa al pueblo bajo la presión de la madre, que le conmina a demostrar su hombría. Está la absorbente madre del bendito Chinelas, que lo trata como a un niño y, recordándole constantemente su condición de macho (le obliga a salir de casa con pistola), le impide llegar a ser una persona adulta. Ese machismo que anega al pueblo en estúpidas y continuas muertes está alimentado, en gran parte, por las madres. Son estos rasgos antropológicos –insisto– los que hacen de *El río y la muerte* una de las películas populares de Buñuel más interesantes.

La vida criminal de Archibaldo de la Cruz (1955), conocida también bajo el nombre de *Ensayo de un crimen,* es una de las películas más complejas y singulares de Buñuel. En su perfección formal, en la ajustada dirección de actores, en la magistral narrativa del realizador, es una película equiparable a *Él.* Además estos dos filmes están vinculados también por sus protagonistas. Archibaldo es el primo hermano, risueño y laico, del Francisco de *Él,* trágico y católico. Ambos tienen en la mujer el mismo «oscuro objeto del deseo»; sólo que Archi, al menos aparentemente (el final de la película tiene grandes dosis de ironía), terminará en compañía de la mujer, mientras que Francisco será la propia y solitaria víctima de sus obsesiones masculinas. Archibaldo, además, es un hombre mucho más decidido e independiente, en tanto que Francisco depende en gran medida de su propia imagen social, de la opinión de los otros, de componer ante los demás esa perfecta imagen de «caballero cristiano». Un detalle importante: Archi asiste a todas las fiestas, sale constantemente de casa; Francisco celebraba en su casa las escasísimas fiestas en que participaba: eran los demás quienes tenían que acudir a su morada-fortaleza. Ambos, por otra parte, tienen la misma fijación por la mujer virgen, por esa especie de inmaculada e irreal divinización de la figura femenina.

En cierto sentido, la historia de Archibaldo es la historia de una catarsis en la que el azar y el amor juegan un importante papel, liberando al héroe del tremendo destino al que parecía encaminado («quisiera ser –dice Archibaldo a la mujer con la que se va a casar– un gran criminal o un gran santo»). Buñuel, a poco de comenzar la película, realiza una mirada retrospectiva a la infancia de Archibaldo, mirada cargada de autobiografismo [11], en un intento explicativo, entre irónico y neofreudiano, o mejor aún, neofreudianamente irónico, de las posteriores obsesiones del joven. La misoginia de Archibaldo, empeñado en matar a las mujeres que lo atraen, es asimismo entre estrambótica y conmovedora, como lo era la locura de Francisco en *Él;* aunque Buñuel simpatice muchísimo más con Archibaldo que con Francisco, objeto este último de análisis, más que de empatía. Los numerosos elementos fetichistas que invaden *Ensayo de un crimen* –a la cabeza de todos ellos figura el impresionante maniquí que da la réplica a Lavinia, la mujer que logra «hacerse» con Archi al final de la película–, pueblan una historia que, bajo una apariencia delicadamente poética, casi rosa, traduce constantemente un notable sarcasmo.

Archibaldo, como tantos otros héroes de Buñuel, se pasa toda la película intentando realizar algo que nunca consigue llevar a cabo. Curiosamente se unirá a Lavinia, la única mujer, entre las muchas que desfilan por la película (Archie es un contumaz seductor), a la que ha logrado matar –personificada en el maniquí, que es una réplica exacta de Lavinia; «su prima», ironiza él– con sus manos. La escena de la cremación del maniquí es impresionante. «La muerte (esto es, la fusión en el horno de cerámica) parece devolverle la vida al ojo muerto –escribe, evocando este momento, Eric Rohmer–; el ojo brilla, se mueve, la carne palpita, se ablanda, sin descomponerse, y uno llega a percibir, muy bien, que en ese mismo instante, Archibaldo, cuyo corazón es más puro de lo que él mismo piensa, se enamora de la que sirvió de modelo a la figura de cera...» [12], se enamora de Lavinia, a la que Archibaldo, excitado, convocando los ancestrales recuerdos del pasado, ve «como a una pequeña bruja condenada a la hoguera... otra pequeña Juana de Arco».

De Cela s'appelle l'aurore *a* Nazarín

El mismo 1955, año en que realiza *Archibaldo,* Buñuel regresa a Europa para dirigir *Así es la aurora,* filme basado en la novela de Emmanuel Roblès. «Es una de las películas de las que estoy más satisfecho –manifestaba Buñuel–. Es una historia perfectamente pura.» Aprovecha de nuevo el viaje para reunirse con su familia, esta vez en San Juan de Luz. Esta película es un encendido canto a *l'amour fou,* dentro de los más fieles postulados surrealistas. El doctor Valerio (Georges Marchal), abandona su cómoda posición burguesa, su futura consulta en Niza, y a su mujercita, una hermosa muñeca, para permanecer en Córcega, al lado de los oprimidos, al lado de Clara (Lucía Bosé), junto a Sandro, perseguido por la injusta justicia... *Así es la aurora,* se convierte, en manos de Buñuel, en un *revival* social de *La edad de oro.* Cuando Valerio y Clara, los dos amantes, se ven por vez primera en el lecho de dolor de la pobre niña, a la que ha intentado violar su abuelo [13], se reconocen de inmediato, como si realmente supieran que toda la vida han estado esperando ese mágico momento; nos hallamos ante ese sublime instante que tan bien describiera Francisco en *Él:* el protagonizado por dos seres que se reconocen y saben que jamás podrán huir del amor que los atrapa. Como en las viejas películas de aventuras, el amor triunfa sobre sus principales enemigos, que suelen estar bien amparados y protegidos por las instituciones burguesas.

La película que rueda al año siguiente, 1956, *La muerte en este jardín (La mort en ce jardin)*, es una producción franco-mexicana realizada en México. Buñuel no tenía demasiados buenos recuerdos de esta película, en particular por el mal sabor de boca que le dejó Simone Signoret, insoportable durante el rodaje (nuestro realizador odiaba sistemáticamente a los grandes divos). Recuerda con cariño, sin embargo, su trato con Raymond Queneau, que colaboró durante unos días en el guión, y su encuentro con Michel Piccoli, con el que trabajaría después en otras películas y con el que llegaría a entablar una buena amistad [14].

La muerte en este jardín es una película tan interesante como extraña. En la primera parte del filme, demasiado prolija a mi parecer, Buñuel nos suministra una serie de datos sobre los personajes principales, que nos serán útiles para comprender sus reacciones ulteriores. Nos presenta también el absurdo y el desconcierto de los estados dictatoriales sudamericanos. La segunda mitad de la película, que es la verdaderamente interesante, muestra a un pequeño grupo de personajes que huyen del pueblo-colonia y se internan en la selva. Aquí se ve ya que Buñuel se encuentra en su medio: unos pocos personajes a la deriva, en una situación límite, acosados por el hambre y la demencia. Esos personajes, que antes de la huida estaban reducidos a su carácter de meros estereotipos (el aventurero sin escrúpulos, la prostituta, la virgencita muda y su padre, el sacerdote...), cambian en contacto con el peligro, el esfuerzo, el sufrimiento. Casi todos ellos se harán más humanos, más solidarios, conocerán la amistad, el valor de las virtudes reales –no ficticias, metafísicas– de los hombres; el único personaje que no cambia positivamente es, precisamente, el padre de la joven muda, quien está más sumido en los valores burgueses, que acabarán convirtiéndolo en una fiera sedienta de sangre, en una de las mejores secuencias de la película: la del tiroteo desde el inquietante fondo del avión siniestrado. Allá se hace fuerte el viejo, completamente enloquecido, y dispara, gratuita y salvajemente, primero sobre la prostituta, que muere ataviada con todas las joyas que han encontrado en el avión abandonado, después sobre el sacerdote –cruel sarcasmo, Piccoli, en nombre de la religión, de la autoridad moral que su sacramento parece concederle ante el viejo, avanza hacia esa boca negra del avión, que le envía un certero y mortal disparo–. Uno de los movimientos de cámara más inquietantes de la historia del cine, es el *travelling avanti* que realiza Buñuel hacia esa negrura asesina y sin sentido. A partir de esos momentos ya no volveremos a ver más al viejo, veremos el arma, el rifle asomándose, mortal, entre la negrura o entre la espesura vegetal de la selva, como si ese terror mortal no tuviera cuerpo y fuera un mandato absurdo e imprevisible de la muerte, quizá la muerte misma.

La figura del sacerdote, del padre Lizzardi de *La muerte en este jardín,* muy bien interpretado por Piccoli, preludia, en cierto sentido, uno de los personajes más geniales creados por Buñuel: Nazarín.

Y mencionada ya *Nazarín,* la extraordinaria adaptación que hace en 1958 de la novela de Galdós, forzoso es volver unos momentos al ejemplar trabajo que Buñuel realizó como adaptador cinematográfico de relatos literarios. Con él, estamos ante una de las escasas excepciones que confirman la regla de que, muchas veces, la película basada en una obra literaria desmerece bastante si la comparamos con su fuente original. Las adaptaciones cinematográficas de Buñuel –sobre todo las dos basadas en las novelas de su admirado Galdós, *Nazarín* y *Tristana*– [15], son superiores a los materiales novelescos de los que parten. Esta bondad de las adaptaciones buñuelianas radica, principalmente, en que el realizador elige novelas muy afines a su mundo poético personal (sean las ya citadas de Galdós o *Diario de una camarera, Así es la aurora, Robinson Crusoe, Cumbres borrascosas* o *Belle de Jour,* por poner algunos conocidos ejemplos), en que capta a la perfección lo esencial de las narraciones seleccionadas y en que no sólo las muchas novelas que trata se acercan a su propio mundo, sino que el propio mundo de Buñuel -creador por creador- se instala en los de Galdós, Mirbeau, Roblès, De Foe, Brontë o Kessel. Por otra parte, en la mayoría de sus adaptaciones literarias aproxima los relatos originales a épocas más cercanas, que él conoce por lo general de primera mano. *Tristana* la acerca a los años veinte. Con el *Diario* hace otro tanto, y *Nazarín* la sitúa en el México de Porfirio Díaz. Por último, salvo raras excepciones, como *Cumbres borrascosas,* las obras de las que parte son, cinematográficamente hablando, abarcables, o, dicho de otra manera, sus características especiales y temporales se adecuan bastante a las posibilidades del cine.

«*Nazarín* -declaraba Buñuel- es un hombre fuera de lo común y por eso me gusta tanto... Es un Quijote del sacerdocio, que en vez de seguir el ejemplo de los libros de caballería, sigue el de los Evangelios. En vez de tener como escudero a Sancho Panza, es acompañado por dos mujeres, que son un poco sus "escuderas"» [16]. El padre Nazario abandona todo lo que tiene y, en la pobreza más absoluta, en una pobreza que causa incluso el escándalo de la Iglesia, se lanza al mundo, como un nuevo Quijote, para socorrer a los más pobres y necesitados. Sin embargo, esa dura senda de santidad elegida le lleva paradójicamente a engendrar más el mal que el bien. Intentando restablecer el amor y la justicia, deja a su paso, pese a sus buenas intenciones, el odio y la injusticia. Arrastrado en una cuerda de presos, va a dar con sus huesos en la cárcel, y allí, una especie de buen ladrón (las referencias evangélicas son constantes) le dice estas terribles y verdaderas palabras: «Míreme: yo hago el mal, usted hace el bien; pero, al fin y al cabo, su vida ¿de qué sirve? Usted del lado bueno, yo del malo... Ninguno de los dos servimos para nada». En su caso, como en el de Viridiana, que será su prima hermana [17], la caridad está más cerca del orgullo que del desprendimiento altruista. En muchos momentos, como en la patética escena en que intenta llevar sus auxilios espirituales a una joven moribunda, su caridad sobra, no viene a cuento; «Juan, sí; cielo, no; Juan, sí; cielo, no», exclama apasionada y dolorosamente la joven llamando a su pareja terrenal, mientras Nazarín se da cuenta de su absoluto fracaso (secuencia, por cierto inspirada en un texto de Sade importantísimo para Buñuel: el *Diálogo del sacerdote y un moribundo)*. Al final de la película, a raíz de su emotiva revelación final -donde Nazarín descubre por sí mismo que es un pobre hombre, ni más ni menos que los demás que le rodean-, es cuando el héroe buñueliano adquiere una verdadera dimensión humana («llora -explica Buñuel- porque duda por primera vez, duda de su fe. Rechaza la caridad de la vieja; luego la acepta. Ya no está seguro de nada») [18], en medio de los atronadores tambores de Calanda, no utilizados por el realizador desde el final de *La edad de oro,* que subrayan dramáticamente ese admirable momento climático.

Pero *Nazarín,* que, en sus tres cuartas partes, sigue el desarrollo itinerante de la novela picaresca, procedimiento tan del gusto de Buñuel, va encontrando en el camino que recorre su protagonista muchas situaciones y personajes que no tienen menor entidad que el padre Nazario. De todos estos episodios viene prontamente a la memoria la tierna y emocionante historia de amor entre Ujo y Andara, el enanito y la mujer pública. Una historia de amor que apenas dura unos minutos en pantalla y que, sin embargo, es una de las más intensas y verdaderas de la historia del cine. Cuando la cuerda de presos, en la que van Nazarín y sus dos «escuderas», Beatriz y Andara, se marcha del pueblo donde Ujo ha conocido a esta última, Buñuel dedica un largo primer plano a Ujito, que baja su cabeza tristemente, apareciendo su rostro en un ligero contrapicado que resalta la dignidad moral del personaje, su amor verdadero por Andara. Un plano de una ternura y sinceridad aplastantes. Una imagen dolorosa y sublime en su contenida intensidad, en su encendido sentimiento. Ésta es una de las grandezas de Buñuel: las cosas más grandes nos son mostradas de la manera más sencilla y emotiva. Andara se ve obligada a marchar en la cuerda de presos, Ujito intenta retenerla, agarrándose a su falda, y uno de los guardianes posiblemente lo golpea; corre tras ella con sus cortos, cortísimos, miembros, hasta que no puede más, hasta que ve que todo es inútil. Y entonces, con dolorosa resignación, agacha la cabeza, su noble cabeza. ¡Qué inmenso contraste! El tullido físico, en un mundo de tullidos morales, es el único capaz de sentir, de experimentar los más nobles sentimientos. Ujo no cesa de repetir, como un constante *ritornello:* «Eres fea, Andara; eres pública, pero yo t'estimo, yo t'estimo, Andara».

Durante el rodaje de *Nazarín* sucede un hecho en apariencia nimio, pero revelador, en el fondo, de la manera de hacer de Buñuel, de su estética de la sobriedad y la eficacia. Gabriel Figueroa, el director de fotografía de la película, que ya había realizado con Buñuel trabajos tan meritorios como *Él,* pero que le gustaba hacer alarde –en cuanto se lo permitían, y su prestigio era grande– de un esteticismo tan ineficaz como bello, había preparado –cuenta Buñuel en sus memorias– un encuadre estéticamente irreprochable, con el bello Popocatépetl al fondo y las nubes blancas, a las que tan aficionado era Figueroa, recorriendo el cielo (recuérdese, por ejemplo, su trabajo en la famosa película *María Candelaria).* Buñuel no pudo aguantar tamaña belleza y dio media vuelta a la cámara, colocándola justo frente a un paisaje trivial, «pero que me parecía –añade el director– más verdadero, más próximo».

El gran constructor dramático que siempre fue Buñuel extraía de su anécdota la siguiente conclusión: «Nunca me ha gustado la belleza cinematográfica prefabricada, que, con frecuencia, hace olvidar lo que la película quiere contar y que, personalmente, no me conmueve» [19]. Toda una lección.

10. La madura juventud de la imaginación buñueliana

Tras dirigir la mediocre *Los ambiciosos (La fièvre monte à El Pao)* (1959), coproducción franco-mexicana que no parece de Buñuel [1] y cuyo reparto estaba encabezado por un Gerard Philipe que ya tenía un pie en la otra vida, nuestro director realiza dos extraordinarias películas: *La joven (The Young One)* (1960), donde analiza pormenorizadamente uno de sus temas predilectos –el de la niña y el hombre maduro, o el de la joven y el viejo, como sucede en *Viridiana* o en *Tristana*–, y otra en España, la misma *Viridiana* (1961), de la que pronto hablaremos con más detenimiento. Al año siguiente, y de nuevo en México, Buñuel concluye una película que lo sitúa en la cumbre cinematográfica mundial, *El ángel exterminador* (1962). La vida personal de Buñuel, a estas alturas de su trayectoria está, ya desde hace algunos años, ligada indisolublemente a sus filmes. Salvo algún acontecimiento aislado, que intentaremos destacar, sus películas son su vida.

Una de las virtudes más admirables de Buñuel es la inteligencia y la perspicacia con que sabe entrar en distintos ambientes y culturas, haciéndolos suyos (exactamente igual que ocurre cuando adapta relatos literarios al cine), bien por coincidir en parte sus constantes temáticas con los argumentos elegidos, bien por crear a partir de acciones laterales situaciones o conflictos que vienen a ser típicamente buñuelianos. *La joven* parece una película estadounidense, una película sureña, cargada de datos pertenecientes a esa cultura, desde el jazz a la esclavitud, pero en el fondo estamos en el mundo de los conflictos buñuelianos, del juego entre las falsas apariencias y la realidad, de las relaciones psicosociales, en el mundo de la adolescente y del hombre maduro, sin dejar de estar, en ningún momento, en aquella cultura estadounidense, del sur; aunque fuera de hecho filmada en México, en Acapulco, con parte del mismo equipo estadounidense con que había rodado unos años antes *Robinson Crusoe* (George Pepper en la producción y Hugo Butler en el guión).

«Creo que *La joven* –declara el propio realizador– es una de mis películas más personales [...] Hay muchos pormenores: los pies del cadáver, las arañas, las gallinas, la imparcialidad. El final no está ni a favor de los negros ni a favor de los blancos [...] No hay ni malos ni buenos absolutos. El racista le da al negro un cigarro, agua para beber, pero no consigue verlo como a un semejante. Esto no es maldad, sino fruto de ciertas circunstancias sociales [...] El racismo es uno de los problemas tratados en el guión, pero no me parece que sea el único. Existe también el de la relación erótica entre un hombre y una jovencita, que es casi una niña. Sin embargo, acepto que el problema del racismo tiene mucho peso en el filme. Sin pretender presentar una tesis, traté de comprender –no de justificar– a los personajes racistas [...] Un negro no es forzosamente un hombre perfecto. Puede tener tantos defectos humanos como cualquier hombre. Lo malo de algunas películas de tesis es que, en el caso del racismo, por ejemplo, muestran a los negros como almas de Dios. Pienso que esto es hacer trampa»[2].

Puesto que Buñuel recuerda en primer lugar en sus interesantes declaraciones a propósito de *La joven* los pies del cadáver, vale la pena evocar aquí esa secuencia, en la que se juntan varios de los elementos más definitorios de su mundo. Tras el primer acercamiento de Miller (el hombre maduro) a Evvie (la adolescente) –algunas caricias, intentos de besarla–, ésta huye al pabellón de al lado y se encierra con el cadáver del viejo. Se prepara una rebanada de pan con miel, con lágrimas en los ojos mira al muerto, a quien le cubre los pies y la cabeza que han quedado descubiertos. En un momento, y en una curiosa síntesis, se han encontrado, una vez más, sexo y muerte. Los animales, también mencionados por Buñuel en sus palabras sobre el filme, están omnipresentes en *La joven,* siempre en lucha constante por la vida. Un mapache mata y se come a una gallina ante el resto del asustado gallinero; el cervatillo de Evvie, que es una réplica animal casi exacta de adolescente... El amor de ésta por ciertos animales, su ternura por el cervatillo, y su odio por otras bestias: aplasta inmisericorde a una gran araña cuando camina por el campo. Buñuel, hablando de Evvie, de su inexperiencia como actriz –la chica que interpretaba ese personaje era la primera vez que trabajaba en el cine y sus padres no la dejaban ni a sol ni a sombra–, confesaba en sus memorias: «A veces, lloraba. Es quizá a todas estas condiciones –a su inexperiencia, a su temor– a lo que debe su extraordinaria presencia en la película. Así ocurre a menudo con los niños. Los niños y los enanos han sido los mejores actores de mis películas». No hay sino recordar, para ver hasta qué punto Buñuel tiene razón, a los niños de *Los olvidados* o al impresionante Ujo, el enano de *Nazarín.*

Ni que decir tiene que la película, sobre todo por la enorme imparcialidad –ni buenos ni malos– con que el realizador se enfrentaba a los temas racistas, fracasó comercialmente en Estados Unidos y en casi todos los países donde se proyectó.

Don Jaime (Fernando Rey) acaricia el fetiche en *Viridiana.*

Buñuel inicia un brindis con Jeanne Moreau, Georges Geret y su hijo Juan Luis en *Diario de una camarera.*

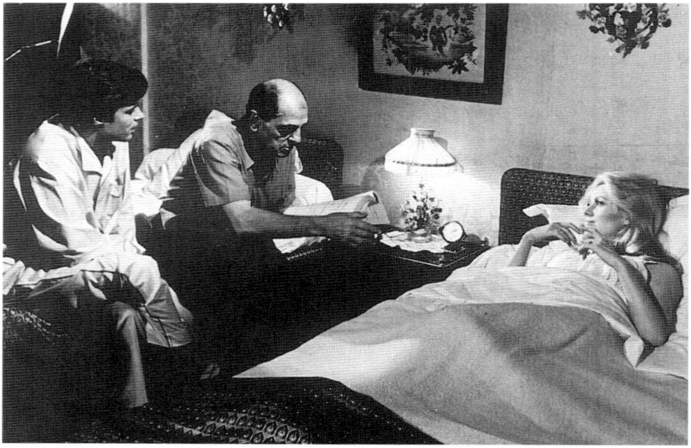

Buñuel alecciona los sueños de Catherine Deneuve *(Belle de Jour)*.

Buñuel en México (1965), en medio de un grupo de familiares y amigos.
Sentados: Jean-Claude Carrière, Jeanne Moreau y Julio Alejandro.

Buñuel, improvisado entrenador de fútbol, en el rodaje de *Tristana.*

El viejo Don Lope (Fernando Rey) y la joven (Catherine Deneuve) en *Tristana.*

Buñuel da instrucciones al comandante de la Benemérita en *Tristana.*

Buñuel, maestro armero, prepara una escena de *El discreto encanto de la burguesía.*

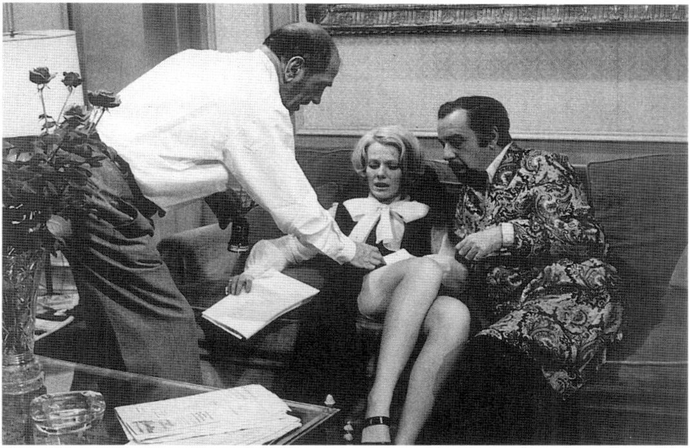

Buñuel indicando los movimientos del embajador y su amante en *El discreto encanto de la burguesía.*

Jean-Claude Carrière, Jeanne Rucar y Luis Buñuel, tres ases en la mesa (1965).

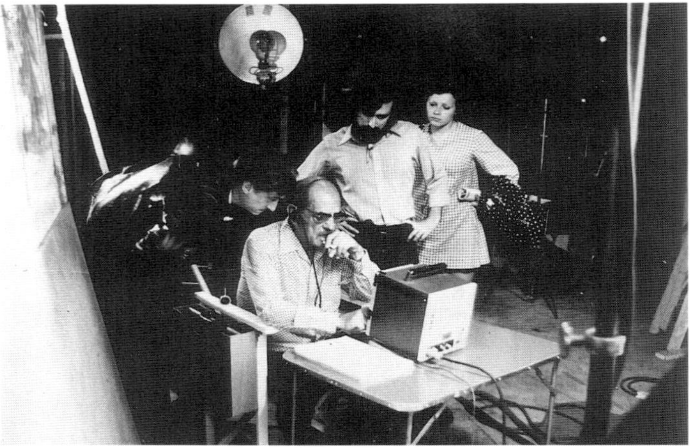

En su última etapa, Buñuel se ayudaba en los rodajes de un pequeño monitor de vídeo.

Buñuel dirigiendo *El fantasma de la libertad.*

Los fusilamientos del Dos de Mayo en *El fantasma de la libertad*. *De izda. a dcha.*, en el paredón, «fray» Buñuel, Serge Silberman , el Dr. Barros y José Bergamín.

Buñuel preparando la secuencia final de *Ese oscuro objeto del deseo*, con Fernando Rey y Carole Bouquet.

Una de sus últimas fotos, en el homenaje que le rindió la Universidad Complutense en 1980.

Viridiana, la reina novicia

En 1960 Buñuel pide un visado al consulado español en París y consigue garantías del gobierno franquista, que iniciaba entonces una etapa de apertura y de lenta recuperación de los grandes artistas y científicos exilados tras la contienda civil, para poder permanecer durante unas semanas en España. Atraviesa la frontera por Port-Bou, adonde acude a recibirle su querida hermana Conchita. «Pasé primero por Barcelona –concreta en sus memorias– y, luego, por Zaragoza, antes de regresar a Madrid. No hace falta decir la emoción que experimenté al encontrar de nuevo los lugares de mi infancia y juventud. Al igual que en mi regreso a París, diez años antes, me echaba a llorar a veces, al pasar por tal o cual calle.»

En Madrid, Francisco Rabal le presenta a Gustavo Alatriste, singular hombre de negocios mexicano que se va a convertir en amigo personal suyo y productor de tres de sus filmes más extraordinarios *(Viridiana, El ángel exterminador* y *Simón del desierto).* Por aquella época, Buñuel pensaba llevar al cine *Ángel Guerra,* novela de Galdós, con Rabal de protagonista, pero Alatriste, animado por su pareja de entonces, Silvia Pinal, se brindó a producirle lo que quisiera; y, aunque, cuando regresa a México, Gabriel Figueroa, muy relacionado con los círculos económicos y políticos de la capital azteca, le ofrece hacer una producción de gran presupuesto, Buñuel la rechaza y acepta, por el contrario, el compromiso verbal con Alatriste, y llama a Julio Alejandro para desarrollar cinematográficamente una vieja obsesión suya. «Mi amigo Julio Alejandro –comenta en *Mi último suspiro*– me ayudó a desarrollar una antigua fantasía erótica [...], en la que, gracias a un narcótico, abusaba de la reina de España. Una segunda historia vino a injertarse en esta.» Es el origen de *Viridiana,* que rodará inmediatamente en España, en coproducción con UNINCI, una productora progresista en la que trabajaban amigos suyos como Bardem y Muñoz Suay.

Buñuel concentra en *Viridiana* la mayor parte de sus obsesiones personales, logrando engarzarlas perfectamente con otras obsesiones que siempre fueron constantes hispánicas: la represión y el erotismo, el fanatismo religioso, la ensoñación desenfrenada, la ironía, que llega a veces a la crueldad... Nuevo Nazarín, Viridiana es otro ser que, ocultando en realidad una acendrada soberbia, intenta hacer un bien que sólo produce calamidades.

El viejo don Jaime (Fernando Rey) narcotiza a su sobrina, la joven novicia Viridiana (Silvia Pinal), a la que previamente ha vestido de novia, y la besa en su antiguo lecho conyugal, donde años atrás murió su esposa en la misma noche de bodas. Viridiana se ve convertida en coheredera de la propiedad de don Jaime, quien se ahorca tras la frustrada noche de amor con la narcotizada Viridiana. Sin embargo, su suicidio, que tiene algo de diabólico, se convierte para él en la única manera de retener a Viridiana a su lado, o al lado de su heredero, Jorge, su hijo natural, en la única manera de quitarle la novia a Dios... Así termina la primera parte de la película, la más perfecta y redonda dramáticamente hablando. Viridiana crea entonces en su casa una especie de albergue para los mendigos y delincuentes de la zona, con el propósito de cristianizarlos y reformar de ese modo sus bárbaras costumbres. Pero lo único que logra es dejar sin trabajo a los criados de la casa –que se despiden, incapaces de convivir con tales mendigos y delincuentes– y permitir, con su afectada caridad, que los esperpénticos moradores de los alojamientos del servicio, que parecen sacados de un cuadro de Solana, tomen materialmente la casa y violen a su santa protectora. El orgullo de Viridiana irá desapareciendo, merced a estos crueles acontecimientos, que Buñuel siempre nos da en clave tragicómica y sarcástica (recuérdese la famosa parodia del cuadro de la Santa Cena de Leonardo da Vinci), y a su creciente interés por su «primo» Jorge (Paco Rabal). El final de la película es el comienzo de la humanización de Viridiana, la cual, aceptando humildemente sumarse a esa partida de cartas que juegan Jorge y la criada, Ramona (una inspirada Margarita Lozano), entra a formar parte del triángulo erótico que cierra el filme, sugiriéndose con ello el definitivo fracaso de sus anhelos de redención.

Hay a lo largo de toda la película una especial delectación del realizador en enfocar una y otra vez los pies de los personajes. Al comenzar el filme, la sensación de inmanencia que se produce al presentar a los personajes principales a través de sus pies es patente. Incluso la música, tan espiritual, que sale del órgano del caserón, surge, en un principio, de los pies de don Jaime. Luego la cámara sube hasta enfocar su rostro, en un movimiento similar al que se hace sobre el mismo personaje ahorcado (de los pies, lentamente, a la cabeza y, todavía más, enfocando el manubrio de la cuerda de saltar de la niña, Rita, con su forma absolutamente fálica). Los pies de la misma niña saltando a la comba. Los pies desnudos de Viridiana, en la escena, profundamente erótica, del paseo sonámbulo por la casa: se acerca al fuego del hogar, arroja allí los ovillos de lana al tiempo que muestra sus sensuales piernas y vuelve a su habitación, mientras Buñuel, convirtiendo la cámara en los ojos de don Jaime, sigue los hermosos pies de Viridiana caminando por la estancia hasta desaparecer tras su puerta...

El cambio estilístico dado por Buñuel en su ejemplar renacimiento como director cinematográfico en México –la sugerencia en vez del impacto directo; el humor, la sutil ironía, prevaleciendo sobre el absurdo y lo estrambótico– no importó demasiado. Como en sus primeras películas, el escándalo surge de nuevo con *Viridiana*. Antes de iniciarse el rodaje, los republicanos españoles de México desatan una dura campaña contra el realizador por el hecho de aceptar rodar en la España de Franco; tras el pase de la película en el festival de Cannes, donde es presentada bajo pabellón español en un alarde de interesada apertura por parte del Ministerio de Información y Turismo, gana *ex aequo* la Palma de Oro. Mas el periódico del Vaticano, *L'Osservatore Romano,* la acusa de sacrílega, y *Viridiana* es inmediatamente prohibida en su país de origen. Sin ir más lejos, un período tan crucial de su obra como la interesantísima etapa mexicana no podrá verse en España, de una manera sistemática y mayoritaria, hasta el invierno y la primavera del año 1984, época en la que la Segunda Cadena de Televisión Española programó un ciclo completo de su obra mexicana debido a su reciente fallecimiento.

De El ángel exterminador *a* Belle de Jour

Como en *Viridiana,* Buñuel parte, en *El ángel exterminador,* rodada con Alatriste en México apenas dos años después, de una historia original, más original si cabe (recuérdese el influjo galdosiano en *Viridiana),* de un guión basado en una situación insólita. Un grupo de personas, tras asistir a una representación teatral, llega a casa del adinerado Nobile, con el propósito de cenar amigablemente. Casualmente, por una u otra razón, casi toda la servidumbre se despide esa misma noche de la casa. Después de cenar pasan al salón y, cuando ya se hace tarde y se disponen a salir de la casa, no pueden hacerlo. Algo se lo impide. Durante varios largos días permanecen encerrados en la gran sala de la señorial mansión, alcanzándose en este encierro situaciones verdaderamente límites. Las normas sociales burguesas, la esmerada educación recibida, desaparecen en cuanto surgen el hambre y la desesperación, y los cultos y acomodados burgueses se convierten en verdaderas fieras. Lo vimos en sus declaraciones con respecto a *El río y la muerte.* Para Buñuel, la educación, la cultura universitaria, no es generalmente más que un barniz –ya lo dijimos– que desaparece cuando los hombres mejor formados se encuentran en una situación límite. Aquí, estos seres refinados, plutócratas, médicos, ingenieros, aristócratas, todos, pese a sus constantes controles, acaban comportándose de un modo similar a los mendigos de *Viridiana.* Lo que late en el fondo de todo esto es una idea desesperanzadora: el hombre es una criatura malvada, egoísta, autodestructiva... El propio Buñuel, en sus memorias –la cita la hemos recogido en otro momento de este libro– nos confiesa cómo con el tiempo perdió aquella idea rousseauniana del hombre, para admitir las posturas sadianas[3].

Retomando el hilo argumental de *El ángel exterminador,* al final de la película los notables burgueses logran salir de la casa, repitiendo ritualmente, dirigidos por la walkiria (espléndida Silvia Pinal), todos los movimientos anteriores al encierro. La película termina con una divertida alegoría que mezcla la revolución con el gregarismo –el rebaño que entra maquinalmente en el templo– de las normas sociales al uso. A lo largo de su relato cinematográfico, Buñuel se permite verdaderos «golpes de efecto» surrealistas, cuajados de humor y desenfado, que contrastan violentamente con la desesperada situación de los buenos burgueses. La película no se basa únicamente en lo insólito de la situación, sino también en la importante función dramática que adquiere en ella el moderno recurso de la repetición. Repeticiones –hay unas veinte en toda la película– que inciden, una vez y otra, en las absurdas y mecánicas costumbres sociales de nuestra era del desarrollo. Lo insólito y repetitivo, como elementos estructurales del drama, serán vueltos a utilizar, de una manera más sofisticada, en una buena película de Buñuel que en parte se puede considerar una especie de *remake* de ésta, *El discreto encanto de la burguesía*[4]. Buñuel lamentó, por cierto, haber rodado *El ángel exterminador* –cuyo título le prestó gustosamente su amigo Bergamín, quien a su vez lo había tomado de la Biblia– en México, en lugar de hacerlo en París o en Londres, en medio de una atmósfera de mayor lujo y sofisticación, con lo cual el contraste entre el refinamiento inicial de los burgueses y su progresiva desesperación y animalización hubiera sido todavía más lacerante.

Sin embargo, este contraste está ya muy logrado en *El ángel exterminador.* Contraste entre la limpieza narrativa ejemplar de la película, la elegancia y precisión de los movimientos de cámara, de los casi imperceptibles movimientos de seguimiento del actor, de los movimientos de ajuste a los objetos fotografiados, frente a la zafiedad de lo fotografiado, un mundo descompuesto y corrompido, maloliente y sucio; un mundo putrefacto, en suma, que se nos ofrece, por contra, con una caligrafía exquisita.

El núcleo temático de *El ángel exterminador* responde de nuevo a una de las principales constantes buñuelianas: uno o varios personajes no pueden hacer aquello que desean. A esa dialéctica, que siempre existe en él entre la realidad y el deseo. El propio Buñuel sintetiza agudamente el meollo de su película: «Lo que veo en ella es un grupo de personas que no pueden hacer lo que quieren hacer: salir de una habitación. Imposibilidad inexplicable de satisfacer un sencillo deseo. Eso ocurre a menudo en mis películas. En *La edad de oro,* una pareja quiere unirse, sin conseguirlo. En *Ese oscuro objeto del deseo,* se trata del deseo sexual de un hombre en trance de envejecimiento, que nunca se satisface. Los personajes de *El discreto encanto de la burguesía* quieren a toda costa cenar juntos y no lo consiguen»[5].

El ángel exterminador, como todas las grandes películas de Buñuel, está llena de referencias autobiográficas y autofilmográficas. Julio, el magnífico mayordomo, estupendamente interpretado por Claudio Brook (quien luego protagonizará *Simón del desierto),* dice en un momento de la película: «Me eduqué con los jesuitas. Buena gente». En las secuencias del sueño, de la ensoñación, se llama a la madre, mientras el padre está en la cumbre de una enorme montaña... Recuerdos de *La edad de oro* aparecen una y otra vez a lo largo de la película: la misma reunión social, repetida en *Él*, en *Así es la aurora*, en *El discreto encanto de la burguesía*, etc.; el oso que se pasea por la habitación (como la vaca en su segunda película); el director de orquesta masón (que se parece, incluso físicamente, al de *La edad de oro)*... Volveremos a hallar, por otra parte, en uno de los momentos cumbres de la película, esa constante fusión entre Eros y Thanatos: pienso en la pareja de enamorados que se ha encerrado en el armario para huir del mundo y refugiarse en el amor y en la muerte, pues acabarán suicidándose. Anteriormente, en una efusión orgásmica, la muerte ha quedado preanunciada («Mi río que va a dar a tu mar»... «Amor mío, amor mío»... «Es la muerte, la muerte» [6]).

La película, por último, si olvidamos la coda final, termina como comienza, con un elegante movimiento de grúa hacia el enrejado y la puerta de la señorial mansión (sita en la calle Providencia... [7]). Por cierto, y ya que hemos citado la coda final, donde, tras quedar los burgueses encerrados de nuevo en la iglesia, un nutrido grupo de policías o militares ametralla a la multitud en la gran plaza, muchos han visto en este luctuoso suceso una premonición buñueliana de la sangrienta masacre que, años más tarde, se realizó sobre los estudiantes mexicanos siendo presidente Echevarría.

«En 1963 –cuenta Buñuel en sus memorias–, el productor Serge Silberman, que quería verme, alquiló un apartamento en la Torre de Madrid y se informó de mi dirección. Resultó que yo ocupaba el apartamento situado justamente enfrente del suyo. Llamó a mi puerta, nos bebimos juntos una botella entera de whisky, y ese día nació una entente cordial que no se ha roto jamás.» Con Silberman va a rodar casi todas sus últimas películas –hechas las salvedades de *Simón del desierto, Belle de Jour* y *Tristana*–; este productor fue también el responsable de que Buñuel siguiera haciendo cine después de *Tristana* (1970), película testamento con la que pensaba retirarse. A partir de *El discreto encanto de la burguesía* (1972), Buñuel siempre rodará su «última» película, hecho que afortunadamente repetirá con *El fantasma de la libertad* (1972) y *Ese oscuro objeto del deseo* (1976).

La primera película que Buñuel rueda con Silberman es *Diario de una camarera,* hecha en el mismo año 1963, una excelente adaptación de la obra de Octave Mirbeau. En esta película, trabajarán juntos por vez primera con el joven e inteligente escritor Jean-Claude Carrière, con quien Buñuel hará seis películas, y con quien, como bien es sabido, redactará sus memorias. *Diario de una camarera* está llena, como vimos al comienzo del libro, de recuerdos de infancia y juventud del propio Buñuel; el ambiente de la finca rural recordado en ella nos lleva, inevitablemente, a sus tiempos de Calanda. Pero Buñuel, en esta película, que es una de sus obras más importantes, hace mucho más. Realiza un análisis, minucioso y exacto, de las contradicciones y mezquindades de la burguesía rural –su convivencia con el fascismo, por ejemplo, al que permite desarrollarse impunemente a su alrededor–, al tiempo que aprovecha la ocasión que le brinda Silberman para resarcirse de los atropellos que su propia obra de juventud –*La edad de oro,* concretamente– sufrió por parte del comisario Chiappe, para burlarse del fascismo en fin, encarnado aquí en los personajes de Joseph y el sacristán.

Uno de los grandes aciertos de Buñuel es que, a pesar de las numerosas citas personales que contiene la película, con *Diario de una camarera* consigue realizar una de sus obras más contenidas y sabias. Con una notable serenidad, con un tono casi documental, el realizador nos muestra los mayores horrores y monstruosidades, siempre encubiertos, naturalmente, por una sociedad basada exclusivamente en las apariencias.

Simón del desierto (1965), último de sus trabajos con Alatriste, realizada tras el *Diario*, es también la última película de Buñuel en México. Inspirada en *La leyenda áurea*, que había leído en la Residencia de Estudiantes animado por Lorca, es una pequeña obra maestra pletórica de ingenio y desenfado, y por supuesto de humor. En este mediometraje a pesar suyo –ya que Buñuel se vio obligado a impedir el rodaje a causa, entre otros problemas, de los apuros económicos de producción– [8], se nos muestra la vida de un anacoreta subido en una columna, desde la que se aleja de los hombres, de su propia madre, que, paciente, lo espera en tierra, junto a la columna, y dice acercarse a Dios [9]. Como en el caso de otros importantes personajes religiosos del cine de Buñuel (Nazarín, Viridiana), Simón busca la santidad; pero realmente, a pesar de ser un alma bendita, lo que alcanza es el orgullo y la soberbia. Gran aficionado a la teología y a todo tipo de simbología religiosa, Buñuel se mueve por esta singular historia muy a gusto y, sobre todo, se divierte enormemente narrando, en un tono plenamente documental, las tentaciones y renuncias de este curioso personaje. Simón acabará siendo sorprendentemente trasladado a nuestro tiempo (la película, aunque está ambientada en los primeros tiempos de la Iglesia, parece más bien intemporal), en concreto a una discoteca de Nueva York, en compañía del diablo (una bellísima Silvia Pinal), envuelto en el ruido ensordecedor de un *rock* e inmerso en los saltos africanos de una juventud que parece muy lejana de las situaciones que hemos visto en el filme. El infierno es nuestro mundo, el mundo en que vivimos, parece decirnos Buñuel; como si Simón hubiera cedido al atractivo erótico de Satán convertido en bella mujer que tiene atado y bien atado a esta moderno estilita.

Dentro de las múltiples genialidades de este inspirado mediometraje –para Kyrou es el Buñuel más Buñuel de todos– hay un momento que se me hace imposible olvidar. Se trata de la secuencia en la que el monje que miró lascivamente a la mujer acude a visitar a Simón para decirle que ha cumplido la penitencia que le fue impuesta y, al tiempo que implora perdón, le plantea la dialéctica de lo tuyo y de lo mío, que tan hermosamente planteó Cervantes en el *Quijote,* en aquel maravilloso discurso de «La edad de oro». El monje porta un zurrón destinado a Simón, en el que se contiene su frugal comida; para probar al estilita, le da primero el zurrón y le dice que es suyo. Acto seguido se lo quita y dice: «Este zurrón es mío», a lo que Simón le responde: «Pues quédatelo», con lo que destruye toda su dialéctica y demuestra su nulo sentido de la posesión. Buñuel, que en el fondo estaba lleno de filantropía, adoraba esta secuencia.

Tras abandonar su propósito de hacer una de las mejores novelas góticas de todos los tiempos, *El monje,* de M. G. Lewis, que rodaría precisamente Ado Kyrou, acepta la oferta de los hermanos Hakim para realizar *Belle de Jour,* la novela de Joseph Kessel. Rodada en 1966, se convierte en la película que da el espaldarazo internacional al cine del maestro. *Belle de Jour* será, por otra parte, el filme de Buñuel que mejor funcione comercialmente; más por lo escabroso del tema –las perversiones sexuales de una bonita esposa burguesa, muy bien interpretada por Catherine Deneuve– que por sus virtudes cinematográficas [10]. El propio Buñuel se permitió algunas bromas a propósito de su película dentro del desarrollo argumental de la misma; así el Duque (Georges Marchal), tras ver a Séverine, que dice llamarse «Belle de Jour», le replica: «J'avais une chatte qui s'appellait "Belle d'ombre"». A pesar de ser una de las obras de menos garra del director, supera con creces la novela de la que parte. Rechazada por el festival de Cannes (por no tener suficiente nivel artístico...), fue galardonada con el León de Oro del Festival de Venecia. Su mayor atractivo reposa, a mi juicio, en su divertida vertiente fetichista, tan cara al viejo realizador. «La película –explica en sus memorias– me permitía también describir con bastante fidelidad varios casos de perversiones sexuales. Mi interés por el fetichismo era ya perceptible en la primera escena de *Él* y en la escena de los botines de *Diario de una camarera,* pero debo decir que no experimento hacia la pervesión sexual más que una atracción teórica y exterior. Me divierto y me interesa, pero yo personalmente no tengo nada perverso en mi comportamiento sexual.»

«El surrealismo no ha muerto»

Buñuel, por esta época, se siente más libre que nunca: «Sólo hacia los sesenta o sesenta y cinco años –nos explica– comprendí y acepté plenamente la inocencia de la imaginación. Necesité todo ese tiempo para admitir que lo que sucedía en mi cabeza no concernía a nadie más que a mí, que en manera alguna se trataba de lo que se llamaba "malos pensamientos", en manera alguna de un pecado, y que había que dejar ir a la imaginación, aún cruenta y degenerada, a donde buenamente quisiera».

Entre tanto, su vida transcurre sencillamente. Desde su hogar de México, cada año venía durante unos meses a Europa (a España o Francia) para escribir o rodar sus películas. Normalmente escribía sus historias con la misma persona –Carrière– y le gustaba asimismo rodar con los mismos equipos. Para Buñuel, tener un buen guión era la garantía máxima de que aquello contenía una buena película. Su hijo Juan Luis, que trabajó como primer ayudante suyo en varios de sus filmes, explicaba muy bien a Max Aub la enorme importancia que su padre concedía al guión: «Yo veo que él construye primero una historia, muy fuerte, cuando hace su *script,* y una vez que está hecha la historia y que tiene una base fuerte, entonces entra a hacer la película y surgen de ahí sus contradicciones y alternativas. Pero él siempre tiene esa idea lineal inicial». El propio Buñuel pensaba a este respecto de una manera muy parecida: «Filmar es un accidente, un accidente necesario, para que lo vean los demás, pero lo que me importa es el guión, el *script,* las situaciones, la historia, los diálogos. La palabra *cámara* no aparece en ningún *script* mío. Nunca tengo idea del desarrollo ni de lo que voy a hacer. No preparo nunca lo que voy a hacer en el plano siguiente». Esta dura preparación mental de la película hacía que en los rodajes fuera, como ya hemos indicado en alguna otra ocasión, un director enormemente rápido, eficaz y, por ende, económico. Cuando los actores tenían suficiente personalidad, apenas les daba tres o cuatro someras indicaciones, para que ellos mismos «crearan» su personaje; si los actores no eran suficientemente buenos, ensayaba bastante con ellos, pero antes de rodar. El montaje era, para Buñuel, juego de niños, pues, como todos los grandes directores, montaba la película conforme la rodaba. «Decidir el montaje de una película –confiesa a Max Aub– me cuesta un par de horas, aunque la copia de trabajo dure cinco o seis, por las repeticiones. Luego no hay más que afinar. Yo "veo" la película antes de filmarla, y eso que llego al *set* sin una idea fija o totalmente determinada» [11].

En 1968, y en medio de una saludable libertad imaginativa, realiza *La Vía Láctea,* una película de aventuras teológicas en la que Buñuel se divierte de lo lindo haciendo desfilar por la pantalla la historia de las más importantes herejías que ha suscitado el cristianismo. «Mi carrera –reconoció a poco de terminar la película– es un puente tendido de *La edad de oro* a *La Vía Láctea.*»

La película, que prosigue en buena parte el camino abierto por *Simón del desierto,* supone una burla contra todas las formas de intolerancia religiosa y una reafirmación del humor y del vitalismo, dentro de una estructura otra vez itinerante, como de *sketchs,* que nos recuerda la primera parte del *Quijote.* Sucesión de encuentros reales e imaginarios de dos simpáticos vagabundos, representantes de la juventud y la vejez (cabría rastrear el influjo de *El Criticón,* de Gracián), que peregrinan de París a Santiago de Compostela, tiene un tono cálido y entrañable, como los relatos que cuentan las viejas junto al fuego. A pesar de mostrarnos, a través de ingeniosos vericuetos narrativos (en los que se salta del presente al pasado, y viceversa, con la mayor facilidad), las más empecinadas intolerancias. Asimismo el realizador nos presenta su relato de una manera amable y cordial; a pesar de darnos constantes muestras de contradicciones religiosas, de seres extravagantes, de todo tipo de traumas engendrados por el catolicismo, la mirada de Buñuel es severa al tiempo que divertida, sabia a la vez que fresca. En lugar de resentimiento, encontramos un excelente y fino humor. Un humor juguetón que bromea con las cosas que los católicos consideran más sagradas.

Buñuel deja bien patentes en *La Vía Láctea* las contradicciones de los católicos –algo muy familiar para él– que emplean su tiempo en vanas discusiones teológicas, mientras hacen oídos sordos a la pobreza y la miseria –en buena parte subsanables– de este mundo.

Los vagabundos, por ejemplo, suelen aparecer en paradores, restaurantes –los templos gastronómicos de la burguesía– interrumpiendo interesantes discusiones teológicas, y son casi siempre echados con cajas destempladas de esos lugares, reservados, claro está, a personas de orden, es decir, con dinero, posición y distinguido porte social.

Pero Buñuel va todavía más allá: «A mis ojos, *La Vía Láctea* no estaba a favor ni en contra de nada. Aparte de las situaciones y las disputas doctrinarias auténticas que la película mostraba, me parecía que era, ante todo, un paseo por el fanatismo en el que cada uno se aferraba con fuerza e intransigencia a una parcela de verdad, dispuesto a matar o a morir por ella. Me parecía también que el camino recorrido por los dos peregrinos podía aplicarse a toda ideología política o, incluso, artística»[12].

Los diversos fragmentos que aparecen intercalados de la vida de Cristo funcionan en la película como verdaderos *leitmotivs.* La primera de las secuencias evangélicas está motivada por una referencia que hace el joven peregrino, recordando a sus padres. Vemos entonces en la pantalla una deliciosa escena familiar de la vida de Cristo; en ella Jesús está a punto de quitarse la barba y la Virgen le dice: «No te la quites, hijo mío. Con barba estás mejor...». Imágenes siempre tocadas por una cotidianidad maravillosa y un sutilísimo humor.

La película está repleta de frases y sentencias memorables. Una de ellas, pronunciada en el duelo entre el jansenista y el jesuita: «La libertad no es más que un fantasma», dará origen a su penúltima película. En la extraordinaria secuencia nocturna de la posada, el hombre que aparece de pronto en la habitación del otro estudiante, leyendo plácidamente en la cama, pronuncia la famosa reflexión buñueliana, ya citada en el capítulo noveno, de «mi odio a la ciencia y mi desprecio a la tecnología acabarán conduciéndome a esta absurda creencia en Dios».

Una anécdota bastante graciosa, a propósito en *La Vía Láctea*, es que fue la primera película en la que Buñuel se atrevió a poner el genérico de «sonorización de Luis Buñuel»; evidentemente, en la cinta no había ni un solo momento musical. Cabe recordar también que, a mitad de rodaje, estallaron los movimientos revolucionarios estudiantiles de 1968, debiendo suspenderse momentáneamente la filmación de la película. Víctima de sus contradicciones, Buñuel salió inmediatamente para Bruselas, regresando cuando la revuelta ya había sido reprimida. Su hijo Juan Luis, espoleado, según Buñuel, por Louis Malle, participó activamente en las revueltas estudiantiles. Refiriéndose después a estos acontecimientos, Buñuel comentaba a Max Aub: «La revolución estudiantil en París, a mi juicio, fue completamente surrealista, completamente. En mi época, los surrealistas éramos veintiuno en el grupo. Veintiuno, máximo. Había un yugoslavo, había cuatro o cinco que eran subministros y... En Japón había un grupo surrealista, en Canarias otro, pero, en París éramos veintiuno. Los estudiantes eran ochocientos mil. Ésa es la diferencia. ¿Adónde vamos? ¿Qué es lo que quieren destruir? Religión, patria, familia, capital. Es lo mismo. Es la misma ideología, las consignas, *les mots d'ordre:* la imaginación, al poder. Me acuerdo de que alguien hablaba de Cristo en un artículo titulado: *À bas la putain de Nazareth,* y la *putain* era Cristo. En la Sorbona había un letrero: "Abajo la vaca...", no decía la *putain,* no me acuerdo, pero era un *slogan* contra Cristo. Todo parecidísimo. Los surrealistas flotando entre anarquismo y comunismo. O sea, que estamos en vigor, los surrealistas han salido a la calle ahora con la revolución estudiantil en París. El surrealismo no ha muerto».

11. El risueño cansancio de un viejo surrealista

La triste Ana en Toledo

Aunque se encuentra bastante escamado por la experiencia de *Viridiana,* apoyada primero por el gobierno franquista y luego prohibida por el consiguiente escándalo, Buñuel se anima a iniciar la nueva década rodando una película en España, *Tristana* (1970), un filme importante que él va a mimar como si se tratara de su testamento fílmico. «Puse en *Tristana* muchas cosas a las que toda mi vida he sido sensible», escribe Buñuel en *Mi último suspiro.* Y en sus conversaciones con Max Aub declara abiertamente, a propósito de don Lope, el protagonista masculino de la película: «Sí, yo soy don Lope. Ha venido a ser mi historia. Muy liberal, muy anticlerical al principio, y, a la vejez, sentado ante una mesa camilla tomando chocolate, ¡qué maravilla de chocolate!, hablando con los curas. Y la nieve, fuera». Los exteriores de la película se rodaron en Toledo –la adorada Toledo de sus felices años de la Residencia– y la acción de la misma, basada en la novela homónima de Galdós, la situó en la segunda década de nuestro siglo, época llena de agitaciones estéticas y sociales que Buñuel, como se ha podido ver en los primeros capítulos, conoció muy de cerca.

Al igual que *Viridiana, Tristana* es una historia de amor imposible entre un viejo (de nuevo Fernando Rey) y una joven (Catherine Deneuve, que ansiaba volver a trabajar con Buñuel). Pero lo que verdaderamente desarrolla la película es el proceso de destrucción de la joven protagonista de la historia, la triste Ana, Tristana. Este personaje, que aparece al comienzo del filme como un ángel de candor e inocencia, terminará destruido, muerto moralmente a causa del nefasto papel que sobre esta criatura han ejercido las normas y las conveniencias de una sociedad hipócrita e inhumana; y a causa también del ejemplo que le ha dado su tutor, padre y ocasional marido, don Lope; ejemplo que en la segunda mitad de la película se vuelve contra él, cuando Tristana se convierte en una criatura profundamente egoísta y amargada. Hay una frase sintomática pronunciada por Tristana ante el cura, que comienza a rondar la casa del antaño «comecuras» don Lope, cuando aquél le propone que se case con Lope. En esta frase, referida a su extraña pareja, se encuentra en síntesis toda la filosofía de la segunda parte de la película: «Cuanto mejor es, lo quiero menos». Antes don Lope la trataba como una esclava y ella le era sumisa; ahora ocurre justo lo contrario.

A pesar de ser una película rodada en color, con una magnífica fotografía de José F. Aguayo, hay en *Tristana* un uso dramático del blanco y negro que consigue en determinados momentos contrastes excelentes. En la terrible escena de la boda, por ejemplo, todos visten de negro, como si en vez de una boda asistieran a un entierro (lo que, en el fondo de este contexto, es verdaderamente la ceremonia). A partir de ese momento, el color negro, ya en los detalles de la puesta en escena, ya en los diálogos, va a dominar la pantalla. En la genial secuencia del chocolate con los curas a la que aludía Buñuel, Tristana, ya coja, va y viene con su muleta por el pasillo de su casa, produciendo al caminar sobre la tarima un ruido seco, angustioso, estremecedor: en un momento determinado se acerca a la cámara y la imagen se funde en negro. El realizador empalma entonces con la sala de estar donde don Lope toma el negro chocolate calentito con tres curas, lógicamente vestidos de negro. Don Lope, que lleva incluso una boina negra, comentando el frío que hace fuera de la estancia, donde cae la blanca nieve, dice: «Después de todo la vida no es tan negra...», frase que en este contexto se convierte en un verdadero sarcasmo. Frente al uso de los tonos sombríos, que invaden el último tercio de la película, Buñuel utiliza, en vivísimo contraste, la blancura del lecho conyugal -blancura que quedará impoluta- y la blancura de la nieve, que cae cada vez más intensamente, como si la nada fuera envolviendo poco a poco el último hilo de vida de Lope, deslizándose hacia la muerte, hacia la nada; como si la nada envolviera esa otra muerte, la muerte moral de Tristana [1], quien, aunque permanece fisiológicamente viva, está muerta por dentro, con el alma reseca de un verdadero cadáver moral. Por ello, los últimos planos de la película, esos controvertidos *flashes* que hacen desfilar velozmente ante nosotros algunos de los momentos más significativos de una vida, son las últimas imágenes de dos cadáveres (de un cadáver físico: don Lope, y de otro moral: Tristana), de dos seres que han abandonado al mismo tiempo la vida. De esta forma, *Tristana* se convierte, al fin y a la postre, en una historia de amor, en una terrible y desfasada historia de amor y muerte.

En *Tristana,* el viejo fetichista, el maravilloso surrealista, vuelve a dar una vida inquietante y extraña a los objetos, en especial a la pierna ortopédica de la protagonista que haría las delicias de otro ilustre fetichista llamado Alfred Hitchock. La pierna ortopédica de Tristana, como la cuerda con la que salta Rita en *Viridiana* (precisamente la cuerda con la que se ahorcará don Jaime -verdadero precursor del personaje de don Lope- y con la que sujetará los pantalones el mendigo que violará a Viridiana), es uno de esos objetos buñuelianos que cobran vida propia, que llegan realmente a convertirse en uno de los personajes más importantes de la película.

La capacidad de emoción, sin embargo, que alcanzan determinados momentos de *Tristana* es impresionante. Fernando Rey, que logra con su interpretación de don Lope un personaje absolutamente inolvidable, comenta a Max Aub la capacidad de emoción que tanto él como Buñuel pusieron en la recreación de don Lope: «Por ejemplo, cuando estaba haciendo la escena de *Tristana* en que salgo de la entrevista con el pintor, ¿recuerdas?, una entrevista fría en la que yo, manteniendo firme mi compostura, averiguo que Tristana está enferma, que tiene un tumor maligno, que quizá la pierna tenga que ser amputada; y cuando decide el pintor que Tristana vuelva a mi casa, yo la acepto de una manera fría, como haciéndole un favor, pero al salir y cerrar la puerta hay un cambio brusco en mi personaje que yo sentí verdaderamente. Y cuando encuentro a Saturna, que me está esperando en la calle, yo soy otro personaje distinto, y casi con lágrimas en los ojos le digo: "La vamos a volver a tener en casa, Saturna, esta vez no se me escapará". Esta reacción mía no se la esperaba Luis, y se emocionó. Se emocionó terriblemente». Rey, que es un actor muy inteligente, comentando poco antes con Aub el perfeccionismo del cineasta Buñuel, señala uno de los méritos artísticos más notables del realizador: «Consigue como director una de las cosas que a mí me parecen más difíciles, el ritmo. Hay que tener en cuenta que en las películas de Luis no existe música de fondo, un invento casi nefasto, ¿verdad? Entonces, las películas de Luis, secuencia tras secuencia, son equilibrio en el alambre, sin red». Este equilibrio producido por una continuidad rítmica asombrosa, que no busca ningún tipo de apoyo que no se sustente en el diálogo o en la propia imagen, hace que la puesta en escena de las películas de Buñuel, por ese extraordinario ritmo interno que poseen, sean obras absolutamente musicales. Parece como si el sentido musical de este sordo genial, que tanto lamentaría haber perdido el oído y con ello uno de sus queridos placeres estéticos [2], hubiera producido, en compensación, la admirable capacidad de realizar a través de las imágenes música silenciosa.

El discreto encanto de la burguesía

Dos años después de rodar *Tristana,* Buñuel vuelve a trabajar con Silberman y Carrière -ya no les dejará- en una de sus películas más inteligentes y divertidas, *El discreto encanto de la burguesía* (1972). Al terminar de escribir con Carrière el guión de esta película -un guión trabajadísimo, que conoció cuatro redacciones distintas-, añadía socarronamente: «Ahora es tan bueno que sería una lástima rodarlo...». En esta irónica frase se encuentran las mejores virtudes y los vicios de esta última fase de Buñuel *(Tristana* sería cosa aparte). Sus últimas películas, llenas de humor, son perfectas formalmente hablando; su puesta en escena es de una elegancia notable; el dominio del oficio que Buñuel demuestra en ellas es aplastante. Pero nos resultan películas frías, carentes de emoción, demasiado perfectas, y añoramos en cambio las geniales irregularidades de la época mexicana, y sobre todo, la rotunda mezcla de genialidad y emoción de la que están impregnadas sus películas hispánicas *(Viridiana, El ángel exterminador, Tristana).* Exagerando un poco lo que digo, pero no carente de razón, su hijo Juan Luis comentaba a Max Aub: «El factor español acaba siendo determinante. Sus películas buenas son las que tocan temas españoles, creo». Pero al margen ya de sus fuertes constantes raciales -que, en efecto, dan a sus películas una fuerza poderosísima-, existe el paradójico hecho de que, cuando, a partir del éxito comercial de *Belle de Jour* (1966), cuando puede hacer ya prácticamente lo que quiere, cuando no tiene ya ningún tipo de restricción económica ni censorial, cuando es la meta de los productores de todo el mundo, Buñuel se encuentra cansado, es ya un realizador con muchas obras maestras a sus espaldas -hechas, muchas de ellas, en las condiciones más adversas-, ha perdido fuerza, pasión, capacidad de emoción. Ha ganado, en compensación, como señalábamos hace unas páginas, en ironía, en ingenio, en humor, rasgos que constituyen, justamente, las características más notables de *El discreto encanto de la burguesía,* que obtendrá el Oscar concedido en 1973 a la mejor película extranjera del año, premio que al viejo realizador no le importaba ciertamente demasiado.

El cóctel resultante de *La edad de oro* más *El ángel exterminador* produce *El discreto encanto de la burguesía,* película que, entre otras cosas, le gustaba a Buñuel porque en ella pudo dar por fin la receta del *dry-martini.* La base argumental de la película partió, sin embargo, de Silberman. Buñuel quería plantear su nueva película a partir de una serie de acciones repetitivas. «Estábamos buscando un pretexto para una acción repetitiva -dice en sus memorias-, cuando Silberman nos contó lo que acababa de ocurrirle. Invitó a varias personas a cenar en su casa, un martes por ejemplo. Olvidó hablar de ello a su mujer y olvidó que ese mismo martes tenía una cena fuera de casa. Los invitados llegaron hacia las nueve, cargados de flores. Silberman no estaba. Encontraron a su mujer en bata, ignorante de todo, cenada ya y disponiéndose a meterse en la cama.» De ese mismo modo comienza la película. «No había -continúa Buñuel- más que proseguirla, imaginar diversas situaciones en las que, sin forzar demasiado la verosimilitud, un grupo de amigos intentan cenar juntos sin conseguirlo.» En efecto, las tres parejas protagonistas de la película, a lo largo de sus diversas intentonas para poder completar una comida o cena, se van encontrando personajes y situaciones de lo más curioso, personajes que, por supuesto, cubren la nómina habitual de Buñuel: militares, curas, policías... Unas veces estas situaciones están situadas en el plano de lo real; otras en el de lo onírico; aunque Buñuel consigue, conforme la película avanza, que no sepamos ya distinguir lo uno de lo otro, y que todo se mezcle, como en la misma vida.

Cinco sueños entretejen la línea narrativa de *El discreto encanto de la burguesía.* Dos de ellos, ajenos a los personajes principales (el sueño del teniente y el del soldado), tienen en común el tema de la madre añorada y ausente. Los tres sueños restantes corresponden a cada uno de los tres personajes que protagonizan la historia y son los más enrevesados. En un momento de la película, llegamos a oír a Thévenot (Paul Frankeur) decir: soñé que Sénéchal (Jean-Pierre Cassel) soñaba que... Los tres sueños de los burgueses tienen como nexo el hecho de que en todos ellos mueren o están a punto de morir, despertándose sobresaltados en el momento fatal... Son como bromas pesadas que les gasta su propio inconsciente. Alguno de estos sueños, como el del soldado o el sueño del teatro, fueron vividos por el propio realizador[3]. En los otros sueños, las vivencias del propio realizador se implican en la narración onírica. En el primero de los sueños un «melancólico teniente» nos cuenta cómo asesinó por orden de su madre, rediviva, a su falso padre. Del buñueliano armario ropero visto a través del espejo de tocador del dormitorio, también vemos salir, de entre la ropa, el brazo mortecino de la desaparecida madre, animando al niño –el teniente tiene ahora unos doce años– a envenenar al padrastro. El niño pone arsénico en el vaso de leche de aquél, que muere entre atroces dolores. Una vez ha contado su sueño, en el que Buñuel desarrolla un «corto» de terror, el melancólico teniente deja a las señoras del lujoso salón de té –a ellas iba dirigida la tragedia infantil: «Tuve una infancia muy desgraciada», les dice– y regresa cortésmente a su mesa después de haber comprobado los miembros de esta extraña tertulia, un tanto sorprendidos, que en el establecimiento no hay ni café, ni leche, ni té, ni ninguna otra infusión.

En la película se reúnen muchas de las últimas obsesiones de Buñuel: la explosión demográfica (irónica discusión de los ministros en casa de los Sénéchal, mientras los anfitriones están en el jardín tratando de hacer el amor...); el terrorismo (la joven mirandesa, el grupo terrorista que irrumpe en la cocina, etc.); el creciente militarismo (las constantes y abundantes maniobras que interrumpen absurdamente la cena, etc.)... Y, desde luego, una gran cantidad de *gags* y de pequeños detalles que hacen constante referencia al propio realizador. En realidad, Buñuel, en estas sus últimas películas desliza de una manera siempre lúdica todo aquello que difícilmente podría haber introducido en otras épocas. Si en la película anterior, *Tristana,* los elementos surreales -siempre presentes en su cine- estaban latentes, aflorando sólo en contados momentos, aquí las situaciones surreales y absurdas aparecen por doquier; la frontera entre lo onírico y lo real, entre lo soñado y lo vivido, se borra.

A través de los distinguidos modales de esos buenos burgueses, Buñuel nos muestra en *El discreto encanto de la burguesía* el enorme vacío de los rituales sociales, sus absurdos e inútiles formulismos, todo ese culto de las apariencias bajo el que se oculta la más diversa gama de miserias morales. Miserias a las que no es ajeno el propio Buñuel, ya que, una vez más, el realizador vuelve a hacer en esta película una nueva y valiente demostración de sus irónicos, lúcidos y a veces despiadados autoanálisis.

El fantasma de la libertad

En *El fantasma de la libertad,* realizada en 1974, siguiendo la última pauta de rodar una película cada dos años, pero sacándoselas en realidad Silberman con fórceps, Buñuel acusa ese afán suyo de insertar en sus últimas películas sus viejos sueños, sus antiguos *gags,* todas aquellas cosas que había guardado en el baúl personal por no haberlas podido utilizar en las obras anteriores. La sombra de Benjamin Péret, señalada expresamente por Buñuel, parece ser muy grande en *El fantasma de la libertad;* sin embargo, el propio realizador reconoce que tampoco su película logró recrear del todo el mundo humorístico del poeta francés. Este *fantasma* es una especie de oficina de objetos personales perdidos, reagrupados a través de la técnica del *collage:* objetos personales cuyo recuerdo suele ser bastante divertido, pero un poco frustrante, porque, aunque la película no pretende tener aparentemente ninguna estructura ni responder, también en apariencia, a dramaturgia alguna –al contrario de lo que ocurre con *La Vía Láctea* y *El discreto encanto de la burguesía,* sus dos películas hermanas: no en vano, Buñuel habla de un tríptico o trilogía–, acaba siendo un poco de todo y un mucho de nada; saldos, en fin, de la vieja cosecha surrealista. Así, Aranda dice en su biografía crítica que cuando Buñuel se despoja de la máscara (de la máscara que otorga una determinada ficción dramática o documental), queda empobrecido: «Estos filmes –escribe Aranda, refiriéndose a la citada trilogía–, aclamados por la crítica más sospechosa como los más surrealistas del autor, son los menos. Estamos más bien ante una manifestación "neo-dadá". El surrealismo, al fin y al cabo, como toda doctrina que pretende actuar sobre lo moral y lo social, exigía una dialéctica rigurosa».

El hombre, nos viene a decir el penúltimo Buñuel, en una clave humorística, no es libre, puesto que depende de demasiados factores internos, que lo dominan, o externos, que le son ajenos. Esta falta de libertad individual encuentra su trasposición social en ese pueblo, que es el nuestro y el suyo, que prefiere las castizas cadenas absolutistas (el famoso «¡vivan las caenas!» que grita el populacho a la vuelta de Fernando VII, el Deseado) a las posibilidades de cambio que ofrecía la alternativa bonapartista, aprobada por buena parte de los ilustrados españoles.

A pesar de su aparente caos constructivo –«todo el filme, escribe Drouzy, tiene ritmo de *glissando,* deslizándose un episodio hasta desembocar en otro y utilizando de modo sistemático la antífrasis y reunión de contrarios: water/comedor, condenado/liberado, vivan/las caenas, etc.»–, la película está llena de piruetas narrativas en las que Buñuel juega con el espectador. Muchas de las escenas, por ejemplo, están interrumpidas voluntariamente (la supuesta violación del cadáver de doña Elvira por el oficial francés; la secretaria del comisario vuelve a leer el informe sobre el atentado y Buñuel vuelve a dejarlo interrumpido en el mismo instante en que antes dejó de leer el comisario, etc.), al igual que en *El discreto encanto de la burguesía* dificultaba, por medio de diversos sonidos de ambiente, la comprensión de determinados diálogos. Buñuel juega también con una serie de dobles escenas (doble violación de la tumba, doble médico, doble detención), que llegan a desconcertar amablemente al espectador. Las convenciones sociales son puestas por enésima vez en solfa. Es divertidísima la escena del comedor-retrete y de la *toilette*-lugar de encuentro social; la comida, parece sugerirnos Buñuel en una humorada escatológica, entra por un agujero y sale por el otro... ¿A qué sacralizar tanto la primera operación y ocultar hasta tal punto la otra? El final de la película, por otra parte, queda totalmente abierto. Vemos un primer plano largo de la cabeza del avestruz mirando a todas partes, entre asustado y expectante, mientras en *off* oímos los mismos sonidos de la primera secuencia: la de los fusilamientos de Príncipe Pío, en donde, por cierto, los «fusilados» por los franceses eran el productor Silberman, el doctor Barros –médico personal y amigo de Buñuel–, José Bergamín y el propio Buñuel, cómo no, vestido de monje.

En *Mi último suspiro,* refiriéndose a este tríptico suyo que cierra precisamente *El fantasma de la libertad,* dice: «Los mismos temas, a veces incluso las mismas frases, se encuentran presentes en las tres películas. Hablan de la búsqueda de la verdad [de la que], es preciso huir en cuanto cree uno haberla encontrado, del implacable ritual social. Hablan de la búsqueda indispensable de la moral personal, del misterio que es necesario respetar».

El viejo-joven cineasta sigue manteniéndose fiel a sus postulados ideológicos iniciales. En unas declaraciones de esta época que cita Carlos Fuentes en su excelente prólogo, ya mencionado, al libro de Fernando Cesarman, encontramos palabras como estas: «El pensamiento que me sigue guiando hoy, a los setenta y cinco años, es el mismo que me guió a los veintisiete. Es una idea de Engels. El cineasta describe las relaciones sociales auténticas con el objeto de destruir las ideas convencionales de esas relaciones, poner en crisis el optimismo del mundo burgués y obligar al público a dudar de la perennidad del orden establecido». Y ese pensamiento sigue impregnando toda la producción final de Buñuel –de *Belle de Jour* a *Ese oscuro objeto del deseo*–. En todas sus últimas películas, como en casi toda su filmografía, plantea la búsqueda –como expresa en la importante cita del párrafo anterior– de una moral personal. En todas ellas se burla inteligentemente de los rituales sociales y nos pone en presencia del azaroso misterio.

Ese oscuro objeto del deseo

En 1976 Buñuel realiza su última película, *Ese oscuro objeto del deseo,* con su equipo de producción habitual. El argumento lo toma de *La mujer y el pelele (La femme et le pantin),* novela de Pierre Loüys que fue muy del agrado de los surrealistas. Buñuel, como acostumbraba hacer con las obras literarias que trasponía al cine, toma la novela como pretexto para desarrollar, una vez más, su propio mundo interior. *Ese oscuro objeto del deseo* se convierte así, tras *Tristana,* en un segundo testamento cinematográfico; aunque escribirá un último guión, *Agón,* es ya consciente de que ésta va a ser su última obra.

La película comienza en Sevilla. Mateo –de nuevo un extraordinario Fernando Rey– acude a su casa y pregunta a su criado en el jardín cuánto tiempo hace que ella se marchó. Apenas cinco minutos, responde. Mateo le dice que le acompañe y ambos entran en una habitación en la que todo está patas arriba; en un cojín hay rastros de sangre. Alarma del criado. El señor le tranquiliza: no es nada, sangró por la nariz. Unas braguitas mojadas. Posiblemente una alusión a que se meó de miedo. Mateo decide marchar a París. Saca los billetes. En el tren viaja con él un señor con quien tiene un amigo común –su primo, magistrado–, una señora con su niña y un simpático enano, psicólogo por más señas. Por el andén camina una bella joven, con señales de haber recibido una paliza, que intenta subir al tren. Mateo se lo impide y arroja sobre ella un cubo de agua. El tren parte, y la joven, tras reaccionar, deja su maleta en el andén y sube al tren en marcha. Los compañeros de departamento de Mateo, que han presenciado tan sorprendente mojadura, parecen pedir, con su silencio expectante, explicaciones a Mateo. La niña rompe el hielo. ¿Por qué hizo eso, señor? Éste, ante el interés del auditorio, inicia su relato. *Ese oscuro objeto del deseo* será el relato de Mateo. De vez en cuando, volvemos al tren, es decir, al presente. El trayecto del viaje y de la propia historia será el itinerario Sevilla-Madrid-París. El viejo realizador, con este procedimiento argumental del viaje en tren, homenajeará a su querido método itinerante, que tan buenos resultados había ya dado en sus anteriores películas y en toda la literatura clásica española.

Tras la mojadura de Conchita –ese es el nombre de la joven, doblemente interpretada por Ángela Molina y Carole Bouquet, consiguiendo el tremendo prestidigitador que es Buñuel que lleguemos a identificar dos físicos tan diferentes– [4], Mateo explica a sus compañeros de viaje: «Es mejor mojar a alguien que asesinarlo», una verdadera trasposición humorística de su tardío reconocimiento de que el pensamiento no delinque, de que la imaginación es libre como el viento y de que, por monstruosos que sean sus hijos, sus efectos no molestan a nadie. A su vez Buñuel, el fabulador, llega, en esta película, al límite de las trasposiciones. Al contar el director la historia de Mateo, Mateo cuenta la historia de Buñuel y el personaje de ficción acaba convirtiéndose en narrador de su propio creador. Si Buñuel se identificaba con el físico y el talante de Fernando Rey, éste, por su parte, llegó a declarar en cierta ocasión a Max Aub: «El problema es que yo no puedo hacer un análisis de un personaje al que amo y admiro, y que, además, es lo que a mí me hubiera gustado ser. A mí me hubiera gustado ser Luis Buñuel».

Si no un «perfecto caballero cristiano», porque Mateo es un hombre de mundo, el protagonista de *Ese oscuro objeto del deseo* es un perfecto caballero español, un hombre de otra época, decimonónico en sus modales (Mateo recoge, en el parque de Lausanne, el pañuelo que Conchita ha dejado caer), obsesionado por la virginidad de su amada. Cuando Mateo intenta averiguar el porqué de los constantes caprichos y arbitrariedades de Conchita, ésta le dice, picarona, sonriendo: «Es que soy mocita». Y Mateo se deshace materialmente de gusto. La presunta virginidad de Conchita hará enloquecer de pasión a Mateo. Éste hace después toda una confesión amorosa a su anhelado y oscuro objeto de deseo que puede recordar *l'amour fou* surrealista: «Muy pocas veces –dice– he poseído a una mujer sin amarla apasionadamente...». Sólo que, pocos minutos después, Conchita, con su boquita embustera, tira por el suelo esos mismos presupuestos del amor pasión en una burla buñueliana de *l'amour fou*. «¿Me querrás –le dice a su vez– cuando sea viejecita?» (¡Cuánto sarcasmo en semejante contexto! ¡Qué tremendo sarcasmo!...) Y qué capacidad de burlarse de sí mismo despliega aquí, como en muchas otras ocasiones, el viejo zorro.

La visión de la mujer que Buñuel nos da en esta su última película es terrible. «Si vas con mujeres, no olvides el palo», se dice citando a un filósofo alemán... Cuando, en uno de los numerosos *flash-back*, Mateo regresa a Sevilla, su criado (pariente de toda la saga buñueliana de domésticos: los de *Él*, *Archibaldo*, *El ángel exterminador*, entre otras películas), preguntado por el señor acerca de lo que opina de las mujeres, le contesta que no sabe, pero que un amigo suyo que sabe mucho de mujeres dice que «todas son un saco de excrementos». En otra escena de la película Buñuel se burla del feminismo y de la autorrealización femenina al hacer decir a Conchita, que es una verdadera furcia: «No soy de nadie; soy de mí misma». Sus burlas más negras, por supuesto, alcanzan asimismo al hombre, al propio Mateo; al propio realizador, en una palabra. La casa que Mateo le pone a Conchita en Sevilla, emplazada en el hermoso barrio de Santa Cruz, está al final de una callecita en cuyo inicio hay un establecimiento que se llama «Las cadenas». Si el pensamiento, si la imaginación, son libres, el hombre está atado -parece indicarnos Buñuel- siempre por sus pasiones. Por eso, cuando al final de *Mi último suspiro*, habla de la vejez, de la desaparición del deseo sexual, señala que encontraba en ello cierta satisfacción, una calma nueva, una liberación.

La vejación moral absoluta que provoca Conchita en Mateo tiene su correspondencia en la soberana paliza que éste le propina. «Mateo, tú no conoces a las mujeres...», le dice ella antes, y después, sangrando: «Ahora sí que te amo. ¡Soy todavía virgen!». Aparte ya de la irresoluble confrontación de los sexos, con toda su compleja dialéctica, Buñuel hace en *Ese oscuro objeto del deseo* un análisis, humorístico al tiempo que despiadado, de la obsesión por la virginidad, de su propia obsesión, que acaba siendo para el espectador una farsa absoluta.

Merece la pena recordar las últimas imágenes que rodó Buñuel. Conchita y Mateo, aparentemente reconciliados, pasean por una galería comercial mientras se oye la radio. Grupos armados terroristas de extrema izquierda (dirigidos por el grupo armado del Niño Jesús) contra grupos armados de extrema derecha. Monseñor Fièble, obispo de Siena, ha resultado gravemente herido en un atentado terrorista (y a continuación el locutor habla de cómo los médicos mantienen su vida vegetativa, en clara alusión a la agonía de Franco). Se detienen ante un escaparate. Una mujer, en el interior del mismo, coge de un saco de arpillera una tela ensangrentada y comienza a zurcirla. Mateo mira esta escena con ternura, pero después discute con Conchita sin que podamos oír lo que dicen, ya que nuestro punto de vista está ahora dentro del escaparate, como si fuéramos la misma cámara. Mientras se alejan, discutiendo, estalla una bomba.

Agustín Sánchez Vidal escribe a propósito de estas últimas imágenes: «Buñuel ha hecho notar que ésta es la última escena rodada por él. Con ella su filmografía se cierra sobre sí misma circularmente. La mujer zurcidora recuerda el cuadro de Vermeer *La encajera*, cuya reproducción presenta la cámara en *Un perro andaluz* al arrojar la protagonista el libro que está leyendo. Pero, sobre todo, esta secuencia final de su última película remite a la escena inicial de su primer filme, suturando aquel programático seccionamiento del ojo con el que abría una trayectoria presidida por el deseo y sus penumbras» [5].

Buñuel estaba tan seguro de que ésta iba a ser su última película que en un momento de ella hace entrar a su propio productor, Silberman, en un lujoso coche; y justo al dar la orden de «Al banco...» y poner el chófer la llave de contacto, coche, productor y chófer saltan por los aires.

12. «Mi último suspiro»

A finales de los setenta van muriendo los mejores amigos de la época surrealista de Buñuel, cuyos nombres apunta tristemente en un cuaderno al que llega a llamar «El libro de los muertos»: Man Ray, Calder, Max Ernst, Prévert... Buñuel, que siempre fue un hombre abierto de par en par a la amistad, se va quedando solo. Solo con sus recuerdos. La madre, doña María, ha muerto en 1969. En el último guión en que trabaja, *Agón,* nos habla de los cuatro nuevos jinetes del Apocalipsis: la superpoblación, la ciencia, la tecnología y la información. Este mundo que nos envuelve, y muchas veces nos agobia, el mundo de los euromisiles, de la constante amenaza nuclear, de la guerra de la galaxias, este mundo de la contaminación, y de los países ricos cada día más ricos y de los países pobres cada día más pobres, le resulta cada vez más ajeno.

El final de *Agón* es enormemente estremecedor. Son justamente las últimas imágenes que ideó Buñuel:

«EXT. CIELO-DÍA
El cielo, sombrío y amenazador.
En el cielo se eleva el lúgubre hongo atómico.

Las nubes que coronan el hongo se disipan lentamente.

Una silueta imprecisa aparece sobre las nubes.

Esta silueta, que reposa sobre la cima del hongo, se aproxima a nosotros. Se aproxima a nosotros. Podemos reconocer a Cristo, con la mano derecha levantada, inmóvil.

Se aproxima poco a poco, rodeado de nubes cada vez más sombrías.

Sus ojos no son más que órbitas vacías» [1].

En 1980 Buñuel rechaza el nombramiento de doctor *honoris causa* que le otorgaba la Universidad de Harvard. Acepta, sin embargo, dicho título al año siguiente de mano de la universidad Complutense, como reconocimiento a la ciudad en la que transcurrieron los mejores años de su juventud. En el mismo 1981 comienza a trabajar en su libro de memorias, transcrito, como ya hemos mencionado, por su colaborador y amigo Jean-Claude Carrière; el testimonio fundamental -junto a las tantas veces citadas *Conversaciones con Buñuel*, de Max Aub- que nos ha legado el gran realizador. Por esa época permite a Sánchez Vidal la edición crítica de su *Obra literaria*, en la que aparecen algunos inéditos, aunque el grueso de los textos ya había sido publicado fragmentariamente y en la importante *Biografía crítica* de J. Francisco Aranda.

«Sin ilusión sobre la muerte -constata en sus memorias-, a veces me interrogo, no obstante, por las formas que puede adoptar. Me digo a veces que una muerte repentina es admirable como la de mi amigo Max Aub, que murió de pronto mientras jugaba a las cartas. Pero, de ordinario, mis preferencias se dirigen a una muerte más lenta, más esperada, permitiendo saludar por última vez toda la vida que hemos conocido. Desde hace varios años, cada vez que abandono un lugar que conozco bien, donde he vivido y trabajado, que ha formado parte de mí mismo, como París, Madrid, Toledo, El Paular, San José Purúa, me detengo un instante para decir adiós a ese lugar. Me dirijo a él, digo, por ejemplo: "Adiós, San José. Aquí conocí momentos felices. Sin ti mi vida hubiera sido diferente. Ahora, me voy, no te volveré a ver, tú continuarás sin mí, te digo adiós". Digo adiós a todo, a las montañas, a la fuente, a los árboles y a las ranas.

»Claro está que a veces regreso a un lugar del que ya me he despedido. Pero no importa. Al marcharme, le saludo por segunda vez» [2].

Durante los últimos años, los sentidos lo van abandonando, aunque conserva una gran lucidez. Sus únicos alicientes diarios son el aperitivo alcohólico que invariablemente toma antes de comer y su copa de antes de la cena. Este viajero *malgré lui* apenas viaja ya. Teme morir en algún hotel, lejos de su hogar mexicano. Teme también una larga agonía, como la del general Franco, cuya terrible muerte compadece. Anhela una muerte consciente y bonancible.

«La muerte forma parte de mi vida. Nunca he querido ignorarla, negarla. Pero no hay gran cosa que decir de la muerte -declara- cuando se es ateo como yo. Habrá que morir con el misterio. A veces me digo que quisiera saber, pero saber ¿qué? No se sabe ni durante, ni después. Después de todo, la nada» [3].

La muerte, por lo tanto, no le sorprende. Le llega el último fin de semana del mes de julio de 1983. Sin estridencias, acompañado de su familia y de unos pocos íntimos.

«El día 29 de julio de 1983 -escribe su sobrino Pedro Christian-, don Luis anuncia a su esposa: "Ya muero". Momentos después, sobre las cuatro de la tarde, fallece por paro cardiorrespiratorio.

»El día 30 de julio su cadáver es incinerado según sus deseos en el crematorio de Las Lomas. Al acto acuden su viuda, hijos y unos pocos amigos.»

En las últimas líneas de *Mi último suspiro,* imaginándose ya muerto, Buñuel había dictado este magnífico texto: «Una cosa lamento: no saber lo que va a pasar. Abandonar el mundo en pleno movimiento, como en medio de un folletín. Yo creo que esta curiosidad por lo que suceda después de la muerte no existía antaño, o existía menos, en un mundo que no cambiaba apenas. Una confesión: pese a mi odio a la información, me gustaría poder levantarme de entre los muertos cada diez años, llegarme hasta un quiosco y comprar varios periódicos. No pediría nada más. Con mis periódicos bajo el brazo, pálido, rozando las paredes, regresaría al cementerio y leería los desastres del mundo antes de volverme a dormir, satisfecho, en el refugio tranquilizador de la tumba».

Genio, humor y figura hasta la sepultura

El entrañable Luis Buñuel se nos fue, pero nos ha dejado una obra riquísima y difícilmente abarcable. Una obra en la que se ve su mano de agudo, certero y, al tiempo, conmovedor y entrañable humorista. Agudo y certero porque criticó, a través de la mejor de las técnicas cinematográficas, por la mera mostración, todo aquello que le disgustaba de nuestra civilización poscristiana y cientifista. Conmovedor porque su conocimiento del ser humano fue verdaderamente profundo (apenas puso fronteras a las fuerzas creadoras de lo irracional), e incluso se cristalizaban en él muchas de las contradicciones que desgarran al hombre del siglo XX. Entrañable porque sentía, en esa mente impregnada de corazón que tanto lucimos y sufrimos los mediterráneos, esas constantes hispánicas que hasta hace poco tiempo parecían ser eternas: la presencia exagerada de la madre en la vida del joven y hasta el hombre ya maduro, el recuerdo castrador de la figura paterna, la influencia totalizadora de la mitología católica, de la «tentadora» idea de transgresión o pecado, del plúmbeo peso de las llamadas instituciones en el orden ético, económico y social de los individuos...

Pero, sobre todo, nos deja el sabor de muchas impecables imágenes preñadas de amor y de humor, de una inteligentísima capacidad irónica, de misterio y también de hechizo. Porque Buñuel era, además de un sobrio y eficaz narrador, un poderoso y delicado poeta. A mediados de los años cincuenta, tuvo una intervención -cosa rara en él- en la Universidad de México, titulada *El cine, instrumento de poesía.* En ella decía: «El cine parece inventado para expresar la vida subconsciente, que tan profundamente penetra por sus raíces, la poesía; sin embargo, casi nunca se emplea para esos fines».

Su cine sí lo hizo. Buñuel creó un mundo que, a pesar de ser complejo y personalísimo, logró convertirse al tiempo en universal. Un mundo poético que muchos estudiosos nos comienzan a revelar y que muchos de los hombres y mujeres que en estos umbrales del siglo XXI todavía siguen haciendo posible el milagro de hacer películas, tienen, y tendrán, cada vez más presente.

Notas

Las claves bibliográficas citadas en las notas corresponden a las siguientes obras: Aranda: J. Francisco Aranda, *Luis Buñuel. Biografía crítica,* Barcelona, Lumen, 1975. 2.ª ed.

Max Aub: Max Aub, *Conversaciones con Buñuel,* Madrid, Aguilar, 1985.

Ado Kyrou: Ado Kyrou, *Buñuel,* París, Seghers, 1962.

Memorias: Luis Buñuel, *Mi último suspiro (Memorias),* Barcelona, Plaza y Janés, 1982.

Prohibido asomarse al interior: José de la Colina y Tomás Pérez Turrent, Entrevistas a *Luis Buñuel,* México, Joaquín Mortiz-Planeta, 1986.

1. La tierra del arraigo

1. Aranda, p. 26.
2. La grafía «x» de «México», «mexicano», etc., no es responsabilidad del autor.
3. Este divertido detalle de doña María Portolés no era, por cierto, tan descabellado. En la sabrosa entrevista con Rafael Alberti que recoge Max Aub en su imprescindible libro póstumo *Conversaciones con Buñuel,* el poeta gaditano dice con respecto a Buñuel: «Yo creo que efectivamente se pueden llegar a reunir las Iglesias y nombrar papa a Buñuel» (p. 294). En esa misma compilación, que recoge tres lar-

gas e interesante entrevistas con Buñuel, además de más de cuarenta conversaciones con personalidades que conocieron estrechamente al artista, Salvador Dalí añade: «A mí no me extrañaría que un día canonizaran a Buñuel» (p. 560).

4. Aranda, p. 28.
5. Memorias, p. 17. Una primera redacción de este texto, como bien nos hace ver Pedro Christian García Buñuel, es bastante anterior a *Mi último suspiro.*
6. Sus hermanas, por poner sólo uno de los numerosos y posibles ejemplos, contaban a Ricardo Muñoz Suay que la mayor parte de los detalles y curiosidades de *Diario de una camarera* eran recuerdos literales de la vida familiar en la casa de Calanda cuando todos ellos eran aún niños.
7. Max Aub, p. 179.
8. Memorias, p. 19.
9. Max Aub, p. 159.
10. Max Aub, p. 526.

2. Las carreras de un residente

1. Max Aub, p. 99.
2. Memorias, pp. 64-65. «Don Alberto», el director de la Residencia, es Alberto Jiménez Fraud.
3. «Pintor checoslovaco» llama Buñuel a Dalí en su libro de memorias (p. 66), en tanto que «pintor polaco» en sus conversaciones con Aub (p. 548). Dalí declara a Aub refiriéndose a la pasión que Federico sentía por él: «¡Ah! Pues Federico, como todo el mundo sabe, estaba muy enamorado de mí, y probó a darme por el culo dos veces, pero como yo no soy maricón y me hacía un daño terrible, pues lo acabé enseguida y se quedó en una cosa puramente platónica y en admiración. Hizo la *Oda* que..., la *Oda a Salvador Dalí*» (ibídem, p. 549).
4. Max Aub, p. 257.
5. Todas estas declaraciones sobre Pepín Bello se encuentran en Max Aub, pp. 273, 276, 287 y 324.
6. Zaragoza, Ediciones del Heraldo de Aragón, 1982. Recientemente, y bajo el título *Escritos de Luis Buñuel,* acaba de aparecer una nueva edición de los textos literarios de Buñuel, más amplia que las anteriores, prologada por Carrière y preparada por Manuel López Villegas (Páginas de Espuma, Madrid, 2000).
7. El ultraísmo había sido importado a España por Vicente Huidobro, en la visita que hizo a nuestro país a mediados de 1918. Cansinos Assens se erigió en la cabeza de este primer vanguardismo español,

que intentaba asimilar las escuelas vanguardistas europeas, del dadaísmo al futurismo. La afirmación ultraísta de lo nuevo contra lo viejo estaba salpicada, en el grupo de Buñuel (Guillermo de Torre, Barradas, Chabás, Garfias, incluso Borges...), de un afán socializante muy cercano al anarquismo: «En aquel tiempo -declara Luis- los que, como yo, se interesaban por el aspecto sociopolítico de la época, no podían sino acercarse al anarquismo» (*Contracampo*, núm. 16, 1980, p. 30). Sánchez Vidal, en su edición ya citada, califica al Buñuel de la época «anarquista ultraísta» (p. 19).

8. «Max Aub habla de Buñuel», en *Reseña*, núm. 5, Madrid, julio-agosto, 1972, p. 55.
9. Todos estos trabajos pueden hallarse, bien anotados, en A. Sánchez Vidal: *Luis Buñuel. Obra literaria*. Las frases transcritas de «Tragedias inadvertidas como tema de un teatro novísimo» se encuentran en la p. 93.
10. Max Aub, p. 177.
11. Memorias, pp. 73-74.
12. Max Aub, p. 286.
13. En sus Memorias, Buñuel confunde *Viridiana* con *Tristana* a la hora de evocar la secuencia de esta última película en la que Catherine Deneuve (Tristana) se inclina sobre la escultura yacente del cardenal Tavera.
14. Max Aub, p. 223. «La Ginebrosa -explica Repollés- era un pueblo que se encontraba cerca de lo que llaman el desierto de Calanda, un pinar cercano en el que Buñuel solía cazar.»
15. Max Aub, p. 43. Como en alguna otra ocasión, Buñuel, en sus memorias, cambia algunos de los datos, muy precisos, proporcionados en estas *Conversaciones* con Max Aub (publicadas después de *Mi último suspiro*, pero grabadas casi una docena de años antes). Por ejemplo, en las memorias, adelanta en un día las visiones alucinatorias en las que se le aparece el padre muerto, situándolas la misma noche de su fallecimiento. Este mismo pasaje es mucho más sintético y «menos fuerte» que en la viva descripción hecha en las conversaciones con Max Aub. Por lo general, y a pesar de su sinceridad, dulcifica mucho más en sus memorias su tono narrativo; probablemente debido a la mano «literaria» de Carrière.
16. Max Aub, p. 44.

3. París era una fiesta

1. «En el estudio del pintor Manolo Ángeles Ortiz de la rue Vercingétorix conocí, poco después de mi llegada, a Picasso, que ya era céle-

bre y discutido. A pesar de su llaneza y su jovialidad, me pareció frío y egocéntrico –no se humanizó hasta la época de la Guerra Civil, cuanto tomó partido– no obstante lo cual nos veíamos a menudo [...] Había momentos en los que su legendaria facilidad me hartaba. Lo único que puedo decir es que el *Guernica* no me gusta nada, a pesar de que ayudé a colgarlo. De él me desagrada todo, tanto la factura grandilocuente de la obra como la politización a toda costa de la pintura. Comparto esta aversión con Alberti y José Bergamín, cosa que he descubierto hace poco. A los tres nos gustaría volar el *Guernica*, pero estamos ya muy viejos para andar poniendo bombas» (Memorias, pp. 82-83). Por lo general, al margen de gustos y simpatías, siempre legítimos, Buñuel demuestra personalmente poca sensibilidad hacia la pintura. «No siente la pintura. No creo que la sienta», confiesa su amigo Joaquín Peinado a Max Aub, y éste asiente (Max Aub, p. 357). Otra cuestión será su posterior dominio, como realizador cinematográfico, de la imagen, de la composición dentro del encuadre, casi siempre de una gran economía y precisión plástica.

2. Max Aub, pp. 318-319.
3. Memorias, p. 88. Las anteriores citas de la autobiografía preparada para el MOMA han sido transcritas de Aranda, pp. 46-47.
4. En sus memorias matiza Buñuel, entre paréntesis, tras constatar que el cine de Gance no le gustaba: «Lo cual era inexacto, ya que su *Napoleón*, proyectado en tres pantallas, me había impresionado bastante». Estas palabras y la cita textual pueden hallarse en Memorias, pp. 89-90.
5. Max Aub, p. 330. Juanita se refiere, claro está, a Joaquín Peinado, Manolo Ángeles Ortiz y Francisco García Lorca.
6. Posiblemente este silencio fue el origen del «olvido» en el que incurre algunas veces Buñuel a la hora de recordar, o de serle recordadas en su presencia, sus grandes influencias (Ramón, Lorca, Favre, Galdós, Sade, Péret...). Así, cuando Aub, en sus *Conversaciones*, afirma: «Ramón ha sido el hombre que más ha influido en toda nuestra generación», Luis diluye la parte que le corresponde contestando: «Así, en general, tienes razón. En todos» (Max Aub, p. 105). Justo es constatar que, muchas veces, Buñuel reconoce, sin reticencias, a sus «padres espirituales»; más, también hay que decirlo, a los franceses (Sade a la cabeza, Favre, Péret...) que a los españoles.
7. A. Sánchez Vidal, ed. cit., pp. 23 y 265. Este estudioso señala que otro de los títulos manejados para su primera película era *Un marista en la ballesta*. Buñuel, por su parte, manejó antes la denomina-

ción *Prohibido asomarse al interior* (a veces aplica este título también a *La edad de oro),* juego de palabras muy oportuno sobre la conocida advertencia de las compañías ferroviarias «Prohibido asomarse al exterior». A su vez, Aranda razona, en su biografía crítica, el tan debatido título *Un perro andaluz.* Para ello transcribe parte de la interesante carta que Luis envía con fecha del 14 de septiembre de 1928: «A Federico lo vi en Madrid, volviendo a quedar íntimos; así mi juicio te parecerá más sincero si te digo que su libro de romances *El romancero gitano* me parece [...] muy malo. Es una poesía que participa de lo fino y *aproximadamente* moderno que debe tener cualquier poesía de hoy para que guste a los Andrenios, a los Baezas y a los Cernudas de Sevilla». Y, a continuación, Aranda (pp. 65-66) introduce una importante nota: «He aquí desvelado el misterio del significado del título *Un chien andalou,* tan debatido por la crítica de cine: Buñuel ha repetido que se trataba de un título al acaso, sin ningún sentido. Por este párrafo, y otra correspondencia que conocemos de Buñuel, vemos que él, Dalí, Bello y otros amigos oriundos del norte, llamaban "perros andaluces" a los béticos de la Residencia, poetas simbolistas insensibles a la poesía revolucionaria de contenido social preconizada por Buñuel, quizá antes que nadie en España (aunque años después Alberti y otros seguirían ese camino). En efecto, pensando en ello, vemos que *Un chien andalou* es una biografía aplicable a muchos miembros del grupo, en su aspecto subconsciente y protoparanoico: sus complejos de infantilismo, castración, ambivalencia sexual y de personalidad, etc., y su lucha interior por la liberación de la carga burguesa y la afirmación de lo adulto. Hasta físicamente Batcheff recuerda a ese tipo de poetas y no es de extrañar que Dalí se felicite (en *La vida secreta de Salvador Dalí)* por haber encontrado en el actor el físico por él prefigurado».

8. Fernando Cesarman, *El ojo de Buñuel. Psicoanálisis desde una butaca,* con un magnífico prólogo de Carlos Fuentes, Barcelona, Anagrama, 1976, p. 36.
9. «La caja abierta con una llave –escribe el psicoanalista– y la corbata envuelta en papel de seda representan el deseo de la relación sexual: caja-vagina y llave-corbata-pene. Inclusive la armonía plástica de todos estos elementos que convergen en líneas oblicuas –la lluvia, intensidad del deseo; la caja, vagina; el papel de seda, probable himen; la corbata, pene– puede considerarse como la imposibilidad de alcanzar relaciones verticales y, sin todavía negárselas definitivamente, quedar estancados en el impulso oblicuo» (Cesarman, ed. cit., p. 74).
10. José de la Colina y Tomás Pérez Turrent: *Luis Buñuel. Prohibido asomarse al interior,* México, Joaquín Mortiz-Planeta, 1986.

11. Aranda, p. 101.
12. Nos estamos refiriendo, claro está, a su unión amorosa con Jeanne Rucar. Como también se ha indicado, Luis reproduce de alguna manera el modelo paterno en la elección de la joven y bella Jeanne como compañera de por vida; ni siquiera una personalidad tan aparentemente liberada como la suya puede romper el molde paterno-materno. Por otra parte, el propio Luis sería víctima de la «fantasía» del asesinato del padre, como hemos indicado al final del capítulo segundo.
13. El padre Valentín Arteta ha subrayado, con notable acierto, el carácter musical de la película. En sus conversaciones con Max Aub, declara: «El gran acierto de *Un perro andaluz*, para mí, lo podría decir así, es la parusía de la imagen. La imagen que es contenido en sí misma, como la música. Uno escucha la *Tercera sinfonía* de Beethoven: es música, sonido, no podemos precisar su contenido, pero, a través de esas notas, como por un tamiz, como por un filtro, nos llega una serie de contenidos emocionales que nos alteran, nos excitan, nos entristecen, etc. Es el primer hallazgo de Buñuel en su primera película, *Un perro andaluz*, a ese nivel, como la poesía. Es a un nivel poético o a un nivel musical, en el que están dichas las cosas entre líneas, con gran contenido, sin que se pueda decir de otra forma que con esas imágenes» (p. 473).
14. La cita es de *La vida secreta de Salvador Dalí*. Durante mucho tiempo, Dalí, a quien le gustaba, cómo no, mucho más *Un perro andaluz* que *La edad de oro*, deseó hacer a toda costa la segunda parte de la primera y única película de ambos. Hasta llegó a telegrafiar a Buñuel cuando ya no se hablaban, para animarle a realizarla. «Siempre he encontrado *La edad de oro* muy bueno como filme, me gusta mucho, aunque menos que *Un perro andaluz*», diría al cabo de los años a Aub. Sólo que, años antes, como pronto veremos, había atacado maliciosamente *La edad de oro*, cuyo mayor defecto para él, sin lugar a dudas, era que finalmente no había podido colaborar apenas en ella.
15. Max Aub, p. 361.
16. Ado Kyrou, p. 15.
17. Pepín Bello ha hecho en los últimos años nuevas declaraciones reafirmando su papel en la primera película de Buñuel.

4. El hallazgo de una nueva moral

1. Max Aub, p. 68.
2. Memorias, p. 107.

3. Es este uno de los puntos oscuros de la biografía de Buñuel. Luis confiesa tajantemente a Max Aub: «Yo nunca he pertenecido al Partido» (Max Aub, p. 127); mientras que tanto Aub como, sobre todo, Louis Aragon piensan lo contrario. Transcribo a continuación la charla que en ese importante libro mantienen ambos al respecto:
«Es exactamente lo que contestó Roces –dice Aub– en el treinta y seis, cuando Roces le pidió que viniera a España. Le dijo: "No; yo pertenezco al Partido francés. Hace falta que pida, etc."
»–Que él perteneció al Partido francés es verdad. En esa época sí estaba, y Buñuel salió del grupo surrealista al mismo tiempo que yo y por las mismas razones.
»–¿Eso fue en el veintisiete, veintiocho o veintinueve?
»–No, fue en el treinta. Fue después que volví a Jarkov.
»–¿Entonces él se inscribió en el Partido poco más o menos al tiempo que tú?
»–Ah, no sé cuando se inscribió él. No me preocupé de averiguarlo. Pero él se inscribió en el Partido y era miembro del Partido» (p. 361).
Parece, en consecuencia, cierto que Luis, escindido siempre entre anarquismo y comunismo, no militó nunca en el Partido Comunista Español y sí parece que perteneció al Francés, aunque no tenemos ninguna prueba que documente esa suposición por desagradables que le resultaran en adelante las etiquetas. En cuanto a la pugna Aragon-Breton, que fue otro de los debates profundos de su vida, Ricardo Muñoz Suay comenta a Max Aub: «Sin embargo, él siempre quiso más a Breton, personalmente me lo ha dicho, ¿verdad?, y se sentía humanamente más cerca de Breton, y evidentemente las ideas de Breton, desde el punto de vista político, si consideramos que Luis es un autor, ¿verdad?, más cerca del comunismo que de otra cosa, resulta de nuevo una contradicción absolutamente insalvable entre ese bretonismo y el comunismo» (p. 438).
4. Este «notable» era el ceramista Llorens Artigas. El discurso que pronunció realmente, inventado sobre la marcha, fue, por lo visto, para desternillarse de risa. «Quien lo oyó –confiesa Dalí a Max Aub– no lo olvida, todavía muerto de risa.»
El rodaje de *La edad de oro,* en el que participaban gentes muy cercanas a Buñuel –su propia mujer, Jeanne, era la contable de la película–, estuvo lleno de simpáticas anécdotas y de momentos muy risueños. Los protagonistas –Gaston Modot y Lya Lys–, que eran los únicos profesionales, se lo pasaron francamente bien. Modot, años después de rodar *La edad de oro,* comunicaba a Joaquín Peinado:

«¡Oh, Buñuel! ¡Qué gusto trabajar con él! ¡Qué director!». Y Lya Lys, siempre admirada por Luis, llegó a hacerse querer tanto en el rodaje que, cuando se marchó de España, una escuadrilla entera de cazas –cuyos miembros habían *conocido* a la actriz durante la filmación de la película– escoltó su tren hasta la mismísima frontera.

5. La pasión de Buñuel por la música de Wagner, que, dentro de la total economía de sus bandas sonoras, es la que más usa en sus películas, viene de su primera juventud. «Yo era de esos aficionados –declara Max Aub– que iban al Real con su partitura, y la seguía. Cuando empezaron a salir en discos las óperas, yo ya tenía *Los maestros cantores, Las walkirias* y *Parsifal* completas. Más tarde, en París, en una reunión donde estaban los "seis", hablaba de eso con Auric. Todos odiaban a Wagner. No podía creer lo que oía. Llamó a los demás, a Poulenc y a los otros. "¡Vengan! ¡Vengan!" Los reunió a mi alrededor. "¿A que no saben qué músico le gusta a Buñuel? ¡Wagner!" Lo odiaban» (Max Aub, p. 108).
   Tristán e Isolda aparece, al menos, en tres de sus películas: en *Un chien andalou,* en *La edad de oro,* como acabamos de comprobar, y en la emocionante secuencia final de su película mexicana *Abismos de pasión,* su personal adaptación de *Cumbres borrascosas,* novela admiradísima por los surrealistas, que Luis intentó ya rodar en los años treinta. Buñuel, que, a pesar de su sordera, tuvo siempre excelentes ideas acerca de la utilización de la música en el cine, iría eliminando, poco a poco, los típicos subrayados musicales o sonoros de sus películas, hasta llegar a convertir los momentos musicales o sonoros en aportaciones esencialmente dramáticas, con un valor real en la estructura del filme.
6. Ado Kyrou, p. 26. Aludiendo a este extraordinario momento, Aranda escribe: «El diálogo mencionaba hechos sin relación directa con la acción. Una de las mejores variantes es la del jardín en que los amantes, silenciosos, se dicen las palabras que pronunciarían si estuvieran en la cama, mediante la voz en *off* usada por primera vez en la historia del cine y una de las pocas en que lo ha sido con riqueza» (p. 126). Buñuel, consciente de su aportación, manifiesta a José de la Colina: «Era la primera vez que se utilizaba en el cine la voz pensada» (ob. cit., p. 29).
7. Ado Kyrou, p. 25. Y, un poco más adelante, Kyrou pone un ejemplo: «En *La edad de oro* el monólogo interior (empleado por vez primera) no es un *truco,* sino un elemento primordial para la expresión del contenido latente de la vida».
8. Max Aub, p. 341. Buñuel explica que, mientras escribía el guión, iba leyendo, casi día a día, lo que quedaba escrito a los Noailles, quie-

nes se mostraban encantados con todo lo que el cineasta plasmaba en el papel.

9. Ado Kyrou, p. 34.
10. Así señala Aranda: «La influencia de un *filme* como éste hubiese sido considerable si se hubiese exhibido. Habiendo quedado reducida su visión a algunos especialistas, sólo éstos han utilizado su conocimiento en algunas escenas de sus obras, sobre todo en el cine francés. La importancia del filme es, sin embargo, enorme desde el punto de vista del lenguaje. Confinado en las cinematecas, todavía hay mucho que aprender de *L'âge d'or*» (p. 127).
11. Freddy Buache: *Luis Buñuel*, Madrid, Guadarrama, 1976, p. 27.
12. Las citas entresacadas del último capítulo del *Manifiesto de los surrealistas a propósito de «La edad de oro»* han sido traducidas de su publicación en los núms. 27 y 28 de *Un perro andaluz* y *La edad de oro;* correspondiente a 1963. En esa misma publicación aparecen íntegramente publicados los guiones de *Un chien andalou* y *L'âge d'or;* de ellos han sido asimismo traducidas las citas textuales que hemos manejado en los comentarios hechos al hilo del argumento de estas películas.
13. «El poeta Buñuel», *Las peras del olmo,* Barcelona, Seix Barral, 1971, p. 183.

5. El sueño americano y la realidad española

1. En diciembre de 1930, concreta en sus memorias, mientras que a Max Aub le señala que llegó a Hollywood en noviembre de 1930.
2. Max Aub, p. 75.
3. Memorias, pp. 130-131.
4. Max Aub, pp. 75-76.
5. Emilio Sanz de Soto: «Buñuel y Hollywood», en VV.AA., *Luis Buñuel,* Venecia, La Biennale, 1984, p. 68.
6. Memorias, p. 132.
7. Memorias, p. 134.
8. César Arconada: «Luis Buñuel y *Las Hurdes*», artículo reeditado en *Tres cómicos del cine,* Madrid, Castellote Editor, 1974, pp. 95 y 96, respectivamente.
9. Ado Kyrou, p. 38.
10. *Luis Buñuel. Obra cinematográfica,* p. 88.
11. J. Francisco Aranda: «La etapa española 1932-37», en VV.AA., *Luis Buñuel,* Venecia, La Biennale, 1984, p. 47.

6. Sainetes madrileños con el ritmo de Hollywood

1. Max Aub, p. 240. Concha Mantecón se refiere a la conocida foto del homenaje que, en la primavera madrileña de 1936, se tributó a Hernando Viñes; foto en la que figuran casi todos los miembros de la generación de la República (véase p. 120).
2. Max Aub, p. 77. Ricardo Urgoiti, fundador de Filmófono, era hijo del, a su vez, fundador y director del prestigioso periódico *El Sol.* «Encontré a Ricardo Urgoiti -explicaba Buñuel en sus Memorias-, productor de películas muy populares, y le propuse una asociación. Al principio él se echó a reír. Luego, cuando le dije que podía disponer de ciento cincuenta mil pesetas que me prestaría mi madre (la mitad del presupuesto de una película) dejó de reírse y accedió. Yo no puse más que una condición: la de que mi nombre no figurara en la ficha técnica» (p. 140).
3. J. Francisco Aranda: «La etapa española 1932-37», en VV.AA., *Luis Buñuel,* Venecia, La Biennale, 1984, p. 48.
4. Memorias, p. 140.
5. Aranda, p. 169.
6. En las entrevistas posteriores a la etapa de Filmófono, Buñuel casi siempre minimiza la importancia que estas películas tuvieron en su trayectoria profesional, e incluso habla despectivamente de ellas. Algunas de las personas entrevistadas por Aub, en sus citadas *Conversaciones,* hablan también, pienso que erróneamente, o por desconocimiento real del tema, muy mal de estas películas. J. R. Masoliver, se refiere a «sus vergüenzas del cine comercial», y tacha a *Don Quintín* de producto «asqueroso». Pero más desconcertante es que un hombre de cine, como Carlos Velo, se refiera a las «películas malísimas» de Filmófono y afirme que Buñuel no se ocupaba de ellas. Algo que, hasta su propia esposa, Jeanne -a la que mantuvo, como antes se ha dicho, tan apartada de su trabajo durante toda su vida-, tenía perfectamente claro. En su entrevista con Max Aub, mantienen el siguiente diálogo:
   «-En Madrid, los primeros años [interviene Max] que tú fuiste allí, él trabajó y supervisó, como él dice, muchas películas. Pero ¿es verdad, las hizo?
   »-Sí, eso sí.
   »-¿Él las dirigió?
   »-Completamente, con otro nombre.
   »-¿Con otro nombre? ¿De quién?
   »-Con el nombre del asistente, ¿no?» (Max Aub, p. 332).

7. El pueblo en armas

1. Memorias, p. 139.
2. Memorias, p. 148.
3. Memorias, p. 150.
4. Memorias, pp. 165-166 y Max Aux, p. 234.
5. Memorias, pp. 154-155.
6. J. Francisco Aranda: «La etapa española 1932-37», en VV.AA., *Luis Buñuel,* Venecia, La Biennale, 1984, p. 51.
7. Max Aub, p. 78.
8. Memorias, p. 157.
9. Oferta que, sin duda, estaba muy en la línea del Buñuel surrealista que despreciaba enormemente cualquier tipo de sacralización del arte. En sus conversaciones con Max Aub, declara: «Estaba en París cuando la guerra [*sic*] de los conventos, el treinta y dos. Les dije a los surrealistas: "Éste es el momento. Vámonos y quemamos el Prado". Breton se escandalizaba. Como cuando le propuse quemar –en la Place du Théâtre– el negativo de *La edad de oro,* ¡Hombre! Nuestras obras, no. ¿Qué quedaría? Así eran. Hoy [esta conversación es de 1969], me propondrían quemar todas mis películas y lo haría sin pensar un momento. Y quemaría todas las obras de arte sin el menor remordimiento. A mí no me interesa el arte, sino la gente» (Max Aub, pp. 71-72).
10. Esta ambigüedad cabe extenderla a la esporádica relación personal que el propio Buñuel mantuvo con Franco. Según cuenta Emilio Sanz de Soto, Luis había conocido ya a Franco durante la República, concretamente cuando el general, que era amigo de Azaña, se hizo cargo de la dirección de la Academia General Militar de Zaragoza. Franco, que por entonces era uno de los generales más liberales de la República, se interesó, al instalarse en Zaragoza, por frecuentar las tertulias sociales más recomendables de aquellos pagos, y en una de ellas, en la de unos aristócratas apellidados Montenegro, conoció a la familia Buñuel. Incluso parece ser que Luis intentó enseñar a jugar al *bridge* a Franco. «Imposible –le comunicó a Sanz de Soto–, no había manera de hacer de él un buen jugador.»
    Muchos años después, en la época en que preparaba *Tristana,* llegó –nos cuenta Max Aub– a entrevistarse con Franco: «Regresó anoche Buñuel de Madrid, y comimos hoy juntos en el Parador. Está igual. En seguida le pregunto por su entrevista con Franco.
    »–Bien, muy bien. Es un tipo estupendo. Con una visión... Fenomenal tipo. Muy simpático. Estuvimos hablando media hora. Pero lo que más me gustó es que, cuando me marchaba, se acercó a la puer-

ta y gritó: "¡Carmencita, haz una tortilla con chorizo para Buñuel, que se marcha!". Muy español, muy español.

»Le gusta tanto –prosigue Max–, que media hora más tarde me lo vuelve a contar, con una variante: «¡Carmelita! ¡Carmelita! Haz un par de huevos fritos para Buñuel, que se marcha» (Max Aub, p. 143).

8. América otra vez

1. Buñuel regresa a Estados Unidos en 1938, y no en 1939, como erróneamente deja entender en sus Memorias (p. 173). Max Aub, dialogando en sus *Conversaciones* con Muñoz Suay, elabora una teoría –discutible, desde luego, pero que no deja de tener su interés– sobre las oportunas salidas de Buñuel (de España en 1936, de París en 1938, de Estados Unidos en 1947, de París, nuevamente, en mayo de 1968...), una teoría basada en el supuesto pavor de Buñuel por una muerte violenta (p. 435).
2. Max Aub, p. 82. El préstamo que le hace Sánchez Ventura tuvo sus avatares, que transcribo a continuación porque nos muestran muy bien el singular carácter de Buñuel: «También me enfadé con Sánchez Ventura. Mejor dicho, él se enfadó conmigo. Me prestó ochocientos dólares, el treinta y ocho, para ir a Norteamérica, luego fueron mil más, y me sirvieron muchísimo porque yo no tenía nada. Luego me escribió, desde México, que no tenía nada y que por favor le devolviera lo prestado. Yo pregunté con cuánto se podía vivir allí, me dijeron que con sesenta dólares y le fui mandando sus sesenta dólares cada mes. Tengo todos los recibos arriba. Yo ganaba muy poco –doscientos dólares a la semana– y tenía que pagar el piso y mantener a la familia. Él empezó a decir que yo bebía champán y que le tenía en la miseria. Lo del champán no era cierto; whisky, sí. Pero creo que le mandaba lo necesario. Y le devolví hasta el último céntimo. Luego, cuando fui a México, me lo encontré en la avenida Juárez. Iba a pasar sin decirme nada. Volvió. Me dio la mano. Nos dimos un abrazo. Y ya. Con los amigos pasan las cosas más raras» (pp. 82-83).
3. La copia del original de este importante documento, escrito en Los Angeles con fecha del 28 de julio de 1939, se halla en el Museo de Arte Moderno de Nueva York. (Los subrayados de estos fragmentos son míos.)
4. Pedro Christian García Buñuel: *Recordando a Luis Buñuel*, Zaragoza, Ayuntamiento de Zaragoza-Diputación Provincial de Zaragoza, 1985, p. 98.

5. Memorias, p. 178.
6. Memorias, p. 171.
7. La referida situación de la alucinante mano está curiosamente recreada por Julio Cortázar en uno de sus cuentos más hermosos, «Estación de la mano».

9. Renacer en México

1. Memorias, pp. 193-194. Volviendo a su cita, su aversión a las escenas sentimentales tópicas era tan profunda, que en *Él* llega a cortar, sin razón alguna, una escena romántica que tiene lugar en la acción. «En *Él* –explica a Max Aub– corté la sonata, creo de Schubert, que están tocando en el piano mientras Arturo de Córdova mira a su amada embobado, que daba susto, ridículo. Por eso rompí la escena con otra: se oye un ruido de vajilla rota, Arturo de Córdova se dirige a una puerta, la abre, ve al criado, que ha dejado caer unos platos. Sin ninguna razón, porque sí» (Max Aub, p. 126).
2. «Éste es uno de los comportamientos de los partidos comunistas –continúa en sus Memorias– con los que siempre he estado en desacuerdo. Existe otro, a menudo ligado al primero, que siempre me ha chocado, el que consiste en afirmar después de la "traición" de un camarada: "¡Escondía bien su juego, pero traicionaba desde el principio!".»
3. «Guardo bastante buen recuerdo de *Subida al cielo,* relato de un viaje en autobús, rodado ese mismo año de 1951. El guión se inspiraba en algunas aventuras acaecidas al productor de la película, el poeta español Altolaguirre, viejo amigo de Madrid, que se había casado con una cubana riquísima» (Memorias, p. 197).
4. Ob. cit., p. 76.
5. El machismo mexicano llegaba a tales extremos que Pedro Armendáriz, el actor que encarna al bruto, se negaba «enérgicamente a llevar camisas de manga corta, las cuales, decía, están hechas para los pederastas». «Yo –continúa contando Buñuel en sus Memorias– le veía aterrorizado ante la idea de que pudiera tomársele por un pederasta. En esta película, mientras es perseguido por unos degolladores del matadero, encuentra a una joven huérfana, le pone la mano en la boca para impedirla gritar y, luego, cuando los perseguidores se alejan, como tiene un cuchillo clavado en la espalda, tiene que decirle:
»–Arráncame eso que llevo ahí detrás.
»Durante los ensayos, le vi de pronto enfurecerse y gritar: "¡Yo no digo detrás!". Temía que el sólo uso de la palabra "detrás" fuera fa-

tal para su reputación. Palabra que yo suprimí sin ningún problema» (pp. 207-208).

6. En unas notas publicadas por Buñuel en *Nuevo cine* decía de *Él:* «Me satisface sobre todo por lo que tiene de documento verídico sobre un caso patológico... Pero toda la exposición minuciosa, detallada, documentada, del progreso psicopático del personaje resulta inverosímil para el gran público, que se reía frecuentemente durante las proyecciones del filme. Ello me confirmó el hecho de que el cine tradicional común y corriente ha cultivado en el público un gran apego a lo convencional, al sentido común superficial y falso... Suprimiría gustoso la parte melodramática, que es la que precede al matrimonio del personaje central y que no es más que una intriga amorosa entre la que habrá de ser su esposa, el novio de ésta y el propio paranoico... La intención final del filme, más que anticlerical, es humorística. Sin embargo, el personaje es patético. A mí me conmovía ese hombre con tales celos, con tanta soledad y angustia dentro y tanta violencia exterior. Lo estudié como a un insecto...».
7. Curiosamente hay en *Él* situaciones, no precisamente humorísticas, muy semejantes a *Encadenados;* concretamente algunos momentos de Gloria (Delia Garcés) que rápidamente emparentamos con la Ingrid Bergman secuestrada por su marido en aquella magnífica película de Hitchcock.
8. Así, Aranda (pp. 241-242) escribe acerca de esta película: «*Abismos de pasión* es visceral. Buñuel alteró el argumento para ser fiel al espíritu del libro. Soslayó a los malos actores utilizándolos como objetos de una composición en la que la cámara y el montaje desempeñaban el papel protagonista [...] Por seguir fielmente el proyecto de 1932, obtuvo una producción con una calidad de anacronismo, algo así como un viejo filme de Dimitri Kirsanoff, que según algunos, estropea la película y, según otros, le otorga fascinación adicional. En mi opinión es una obra maestra de cabo a rabo».
9. «Además –explica en sus Memorias– como se habla a menudo del machismo mexicano, quizá no sea inútil recordar que esta actitud "viril", y, por consecuencia, la situación de la mujer en México, tiene su origen español que de nada sirve disimular» (p. 202).
10. «Lo que no me gusta –nos confirma Buñuel– es la tesis que la película parece sostener, tesis que procede del libro que le sirvió de base: "Instruyámonos, interesémonos, hagámonos todos universitarios, y dejaremos de matarnos entre nosotros. No lo creo"» (Memorias, p. 202). Recuérdense a este respecto, sus opiniones, ya transcritas, acerca de la guerra civil española donde señala que no

por tener más cultura y desahogo económico fue menos cruel el bando franquista.

11. En la secuencia que sirve de prólogo a la película, el niño Archibaldo juega en la habitación de su madre mientras la institutriz está ocupada en otros menesteres. Entra en el gran armario ropero materno, y sale calzando dos grandes zapatos de tacón. Buñuel recuerda la impresión que de niño solían causarle los armarios, verdaderas cavernas mágicas donde se escondían los espíritus familiares. Los propios mimos que recibe Archi de su madre, su despotismo infantil, la clase social pudiente a la que pertenece, nos evocan también la propia infancia del realizador.
12. En *Arts,* núm. 638, octubre 1957.
13. La secuencia que nos sugiere ese intento de violación es muy significativa. En ella, el enloquecido viejo, asustado, es, a su vez, cruelmente violentado por el comisario de policía, y el alboroto que arman las enlutadas mujeres ante el desgraciado hecho es constantemente comparado por Buñuel con las gallinas que corretean por ahí. No es precisamente casual que los únicos personajes que aceptan con resignación el desgraciado incidente del viejo y la niña, y que no manifiestan hipócritamente su indignación, sean Clara y Valerio. Por otra parte, ese paralelismo entre las gallinas y las atolondradas y maledicentes mujerucas es utilizado por Buñuel en otras ocasiones. Y ya que mentamos las gallinas, los personajes positivos de *Así es la aurora* miman a los animales (Valerio y Sandro acariciando a los gatitos, Valerio regalándole una tortuga a Clara en una de las escenas de amor más delicadas de la historia del cine), mientras que los negativos, en la película todos aquellos que encarnan los poderes burgueses, los ignoran.
14. «En compensación [a haber conocido a Signoret], gracias a *La muerte en este jardín,* conocí a Michel Piccoli, que se convirtió en uno de mis mejores amigos, hemos hecho juntos cinco o seis películas. Me gusta su humor, su generosidad secreta, su pizca de locura y el respeto que no me manifiesta» (Memorias, p. 209).
15. Aunque *Viridiana* parte de una vieja idea suya, está muy influida por *Halma,* de Galdós. Carlos Velo, en sus conversaciones con Aub, declara a este respecto: «[Viridiana] es la continuación de *Nazarín:* la marquesa de Halma, y el castillo y todos los mendigos; pero Buñuel no lo reconoce ni aparece el nombre de Galdós. Ama a Galdós, pero él se considera de tal modo creador, y lo es en sus obras, que olvida de dónde sale, de dónde arrancó» (Max Aub, p. 409).
16. «Prohibido asomarse al interior», p. 122.

17. Irónicamente Buñuel hará que el mismo actor que interpreta magníficamente el papel de Nazarín, su amigo Francisco Rabal, su «sobrino», como gustaba llamarle, sea «primo» de Viridiana en la famosa película del mismo título.
18. Max Aub, p. 129.
19. Memorias, p. 210.

10. La madura juventud de la imaginación buñueliana

1. En realidad Buñuel rodó *Los ambiciosos* porque tenía un anterior compromiso verbal con Gerard Phillipe para rodar una película con él, ya que el actor francés quiso antes de morir hacer una película con el maestro; moriría, en efecto, víctima de un cáncer galopante, poco después. En *Los ambiciosos,* Buñuel intenta convertir este melodrama político en una especie de *Tosca* de nuestra época, pero falla por la falta de dramatismo, de convicción que demuestra la famosa pareja protagonista (María Félix y el pobre Phillipe; destaca, sin embargo, la excelente interpretación de Jean Servais), y por la confusión que el argumento -bastante enrevesado- produce en el hilo narrativo. A pesar de ello, hay algunos hallazgos visuales interesantes, además de un implacable análisis de los mecanismos de corrupción del poder en las repúblicas bananeras.
2. Extracto de la entrevista «Prohibido asomarse al interior».
3. Ocurre, sin embargo, que en algunas de sus películas encontramos, infiltradamente, personajes positivos: los ingenuos y pobres trabajadores de muchos de los filmes mexicanos, los personajes principales de *Así es la aurora,* el mismo Nazarín, etc. Personajes que dejan alentar una cierta esperanza en el destino de la condición humana.
4. Gabriel Figueroa, que era un excelente director de fotografía, pero un hombre bastante alejado en el fondo del mundo de Buñuel se alarmó al ver la película montada y llamó urgentemente al realizador:
   «-Luis, hay una cosa muy grave.
   »-¿El qué?
   »-El plano en que entran en la casa está montado dos veces.
   »¿Cómo pudo pensar -se pregunta Buñuel- ni por un instante, él, que había filmado los dos planos, que un error tan enorme podía escapársenos al montador y a mí?» (Memorias, p. 232).
5. Memorias, p. 232.
6. Nueva ironía buñueliana. Al comienzo de la cena, el coronel menciona los manriqueños versos: «... los ríos que van a dar a la mar».

7. El título inicial de la película era *Los náufragos de la calle Providencia.*
8. El propio Alatriste, el productor, en unas declaraciones a Max Aub reconoce con creces los numerosos problemas que se plantearon en *Simón:* «*Simón del desierto* fue una película que contó con todas las carencias como para ser una pésima película. Se puede decir que en *Simón* don Luis filmó, por horas, once días máximo. Creo que menos. No sé si fueron nueve u once. Se localizó muy mal el lugar donde estaba Simón, donde se iba a filmar *Simón:* en la ruta de los ciclones. Pésima la localización. De tal forma que a las diez de la mañana teníamos un tiempo, y a las once otro, y a las doce otro. Muchas escenas que usted ve de *Simón* de noche están tomadas a las doce del día. Si don Luis hubiese contado con los suficientes recursos, creo que hubiera hecho una maravillosa película. No obstante, creo que *Simón* es una extraordinaria película» (Max Aub, p. 451).
9. La madre, evidentemente, es la encarnación de la tierra (creo recordar que hasta hay una alusión muy concreta en los diálogos a esta madre-tierra). Pese a que Simón apenas la presta atención, su inconsciente está con ella. Hay un momento muy bello en el que Simón se deja llevar de sus ensoñaciones, y lo vemos, jugando con la madre, persiguiéndola por el desierto y riendo, riendo... Como si se tratara de una pareja de niños enamorados.
10. Con su acostumbrada sorna, Buñuel, en sus Memorias, apostilla así esta película: «*Belle de Jour* fue quizá el mayor éxito comercial de mi vida, éxito que atribuyo a las putas de mi película más que a mi trabajo» (p. 236).
11. Max Aub, pp. 155-156. Y ya que acabamos de hablar de la importancia que concedía al guión, cabe recordar ahora que le gustaba que sus guionistas fuesen fundamentalmente escritores. Envidiaba concretamente a los escritores, que con sólo un papel en blanco podían crear todo un mundo, ajenos a las complicaciones materiales del cine. Él mismo, recordémoslo, quiso ser escritor, poeta, antes que cineasta. En sus Memorias nos habla muy francamente de esta necesidad suya de trabajar con escritores: «Aunque creo que nada es más importante en la fabricación de una película que un buen guión, nunca he sido hombre de letras. En casi todas mis películas (menos cuatro) he necesitado un escritor, un guionista, para ayudarme a poner en negro sobre blanco el argumento y los diálogos. Eso no significa que este colaborador –matiza– sea un simple secretario encargado de registrar lo que digo. Al contrario. Tiene el derecho y el deber de discutir mis ideas y proponer las suyas, aunque

sea yo a fin de cuentas, quien deba decidir [...] En un guión me parece lo esencial el interés mantenido por una buena progresión, que no deja ni un instante de reposo a la atención de los espectadores. Se puede discutir el contenido de una película, su estética (si la tiene), su estilo, su tendencia moral. Pero nunca debe aburrir» (pp. 236-237).

12. Memorias, p. 238.

11. El risueño cansancio de un viejo surrealista

1. Una muerte anunciada, con la despedida de Horacio, su malograda alternativa amorosa natural (terrible la escena del piano, instrumento que Tristana convierte, ante su ex amante, en una verdadera ametralladora); también en la boda negra con don Lope...
2. Su sobrino Pedro Christian, en su libro, nos explica muy bien la progresiva sordera de su tío: «En uno de sus viajes a Zaragoza (habla de los años treinta), después de una larga sesión de disparos junto con su amigo Pelayo, en el Club de Tiro de Torrero, empieza a tener sus primeros síntomas de sordera sobre todo en el oído izquierdo. Más tarde, con la edad y su diabetes, esta sordera se irá haciendo progresivamente más profunda.
»Luis me dijo que hubiera dado cualquier cosa por recuperar el oído, ya que su deterioro le aislaba del contacto social, de la naturaleza y de la música. Me explicó cómo numerosos especialistas le aseguraron que poco podía hacerse, ya que la afectación había llegado a ser triple: timpánica, laberíntica y esclerosa del nervio acústico. Según él, su afición por las habitaciones grandes, llenas de alfombras y cortinas no le atraían por su lujo, sino porque, al evitar las reverberaciones, le permitían una mejor audición» *(Recordando a Luis Buñuel,* p. 90).
3. Al margen de los propios sueños evocados por Buñuel en sus Memorias, remitimos al lector a la magnífica relación detallada de los sueños recurrentes de Buñuel que se halla en Max Aub, pp. 162-166.
4. Buñuel explicaba a Silberman (ob. cit.): «Tú conoces a mi mujer, Jeanne; vivo con ella desde hace cuarenta años y, sin embargo, hay veces en que me parece otra. Una mujer no es siempre la misma, tiene muchas caras, muchos momentos». Aparte de su propia explicación, este juego de la doble actriz se planteaba, por un lado, como un reto narrativo y, por otro, como una manifestación plástica de la bipolaridad ángel-puta, que tanto la misoginia original de la novela como la traumática bipolaridad del propio realizador (madre-de-

monio) mantenían al respecto. Así tenemos en una sola mujer a la angelical Carole Bouquet y a la terrenal Ángela Molina.

5. *Luis Buñuel. Obra cinematográfica,* p. 383.

12. «Mi último suspiro»

1. El guión de *Agón* será publicado en 1995 por Pedro Christian García Buñuel en la colección Luis Buñuel que primorosamente edita el Instituto de Estudios Turolenses. En esa misma colección pueden también encontrarse los guiones de *Goya, Là-bas, Johnny cogió su fusil (Johnny got his Gun)* –en colaboración con Dalton Trumbo– y *La joven.*
2. Memorias, p. 249. En los hermosos parajes de San José Purúa, donde había un estupendo balneario, escribió muchos de sus guiones cinematográficos.
3. Memorias, p. 249.

Bibliografía mínima

ARANDA, José Francisco, *Luis Buñuel. Biografía crítica,* Barcelona, Lumen, 1975.

AUB, Max, *Conversaciones con Buñuel,* Madrid, Aguilar, 1985.

BARBÁCHANO, Carlos, *Entre cine y literatura,* Zaragoza, Prames, 2000.

BUACHE, Freddy, *Luis Buñuel,* Madrid, Guadarrama, 1976.

BUÑUEL, Luis, *Mon dernier soupir* (autobiografía transcrita por Jean-Claude Carrière), París, Robert Laffont, 1982. Existe traducción española: *Mi último suspiro,* Barcelona, Plaza y Janés, 1982.

COLINA, José de la, y PÉREZ TURRENT, Tomás, *Luis Buñuel. Prohibido asomarse al interior,* México, Joaquín Mortiz-Planeta, 1986, y Madrid, Plot, 1993.

EVANS, Peter William, *Las películas de Luis Buñuel: la subjetividad y el deseo,* Barcelona, Paidós, 1998.

KYROU, Ado, *Buñuel,* París, Seghers, 1962.

LÓPEZ VILLEGAS, Manuel, *Sade y Buñuel,* Teruel, Instituto de Estudios Turolenses, 1998.

RUBIO BARCIA, José, *Con Luis Buñuel en Hollywood y después,* A Coruña, Ediciós do Castro, 1992.

RUCAR DE BUÑUEL, Jeanne, *Memorias de una mujer sin piano* (escrito por Marisol Martín del Campo), Madrid, Alianza Editorial, 1991.

SÁNCHEZ VIDAL, Agustín, *Luis Buñuel, Obra literaria,* Zaragoza, Heraldo de Aragón, 1982.

Índice

Guillermo Altares

Esto es un infierno

Los personajes del cine bélico

LP 7004

ESTO ES UN INFIERNO. LOS PERSONAJES DEL CINE BÉLICO no es una obra erudita que intente reflejar todo el cine de este género producido en el mundo durante este siglo del cinematógrafo, sino una historia sobre cómo el género ha descrito la guerra. En sus páginas, GUILLERMO ALTARES, periodista y colaborador en varias publicaciones especializadas, trata con suma amenidad de películas de todo tipo –buenas y malas, brillantes y oscuras, famosas y desconocidas, belicistas y pacifistas, estadounidenses y europeas, limítrofes incluso con el melodrama y el policiaco–, sin olvidar a todos aquellos actores cuyo rostro ha dotado de carne y espíritu a esos personajes comunes a través de los cuales se ha contado la guerra contemporánea.

Alberto Elena
Marina Díaz López

Tierra en trance

El cine latinoamericano en 100 películas

LP 7005

Pese al notable avance de la historiografía del cine en Latinoamérica durante las últimas dos décadas y la mayor facilidad para acceder a las producciones fílmicas surgidas en su ámbito, el cine latinoamericano todavía necesita una guía que nos permita acercarnos cómodamente a algunas de sus obras mayores. TIERRA EN TRANCE se centra preferentemente en las películas sonoras, procurando guardar un cierto equilibrio entre épocas, países, tendencias, etcétera. En los breves textos introductorios a los distintos periodos de este cine («Tradición y renovación», «Nuevos cines» y «Perspectivas»), ALBERTO ELENA y MARINA DÍAZ LÓPEZ suministran algunas claves para aquellos lectores más impacientes, y una bibliografía básica permite al interesado ampliar sus conocimientos.

Carlos F. Heredero

20 nuevos directores del cine español

LP 7006

CARLOS F. HEREDERO traza en este libro una radiografía individual y colectiva de la visible renovación creativa que, encabezada por una amplia nómina de nuevos cineastas, ha reconciliado al público más joven con las producciones de nuestro país desde el inicio de los años noventa. El estudio preliminar que abre el volumen enmarca el fenómeno y da paso, sucesivamente, a un retrato personal de cada uno de los veinte directores que gozan de mayor reconocimiento y que integran la avanzadilla más prometedora de este proceso, un comentario crítico de sus películas, una filmografía y una bibliografía de cada uno de ellos. La obra se completa con un listado de los 158 directores que han dirigido por primera vez un largometraje entre 1990 y 1998 y con una bibliografía general de referencia.

Augusto M. Torres

El cine norteamericano en 130 películas

LP 7008

El cine producido en los Estados Unidos es para muchos no sólo el origen, sino la única fuente en la que a lo largo de su historia han bebido las demás cinematografías. EL CINE NORTEAMERICANO EN 130 PELÍCULAS pertenecientes a otros tantos directores cuenta una historia que nos conduce de «Intolerancia» –donde para algunos estudiosos Griffith sentó las bases del lenguaje cinematográfico– hasta la reciente «American Beauty». La extensa cultura cinematográfica de AUGUSTO M. TORRES le permite componer un extenso mosaico en el que, tras una ficha técnica y un fotograma representativo, una descripción de cada una de las películas se completa con algunas consideraciones sobre el estilo y filmografía del director, conformando de esta manera una original historia del cine norteamericano.